Entspannte Eltern – entspannte Kinder

Titel der amerikanischen Originalausgabe:
"Liberated Parents, Liberated Children. Your Guide to a Happier Family"

This edition published by arrangement with G.P. Putnam's Sons, an imprint of Penguin Publishing Group, a division of Penguin Random House LLC.

Übersetzt aus dem amerikanischen Englisch von Tobias Schudok.

Titelfoto: tunedin/fotolia.com
Foto Umschlagrückseite: John Mazlish
Fotos: S. 10 Oksana Kuzmina/fotolia.com, S. 28, 146 detailblick-foto/fotolia.com, S. 40, 132 nuzza11/fotolia.com, S. 46, 228 Kzenon/fotolia.com, S. 54 famveldman/fotolia.com, S. 68 pressmaster/fotolia.com, S. 82 JackF/fotolia.com, S. 160 Aliaksei Lasevich/fotolia.com, S. 168 contrastwerkstatt/fotolia.com, S. 180 Monkey Business/fotolia.com
Satz und Herstellung: Alfons Schmid, ism, München
Druck: Publikum, Belgrad

Verlag: Oberstebrink
c/o Körner Medien UG
Herzog-Heinrich-Str. 5
80336 München
Tel.: 089/33095656, Fax: 089/33095473
info@koerner-medien.de
www.oberstebrink.de

ISBN: 978-3-934333-64-2

Adele Faber / Elaine Mazlish

Entspannte Eltern – entspannte Kinder

Verständnis und Verständigung als Schlüssel zum Glück

OberstеBrink

Danksagung

Unseren Kindern: Kathy, Liz und John Mazlish; Carl, Joanna und Abram Faber dafür, dass sie über die Jahre hinweg ihre Gedanken und Gefühle mit uns geteilt haben. Jeder Einzelne hat auf seine Weise Beiträge geleistet, die dieses Buch bereichert haben.

Leslie Faber, der viele Stunden damit verbracht hat, unsere ersten Entwürfe zu begutachten, und dessen Anmerkungen und Fragen uns stets dazu brachten, zu überdenken, zu verfeinern und zu verdeutlichen.

Robert Mazlish, der unsere ersten ungeschickten Aufzeichnungen betrachtete und ein fertiges Buch darin sah. Sein Glaube an uns half uns, an uns selbst zu glauben.

Den Mitgliedern unserer Gruppe, mit denen wir uns über die großen und kleinen Dramen in unserem Leben austauschten. Bei jedem Treffen haben wir aus ihrer Unterstützung Kraft geschöpft.

Unserem Herausgeber Robert Markel für seine einfühlsame Führung durch die verschiedenen Schritte der Buchherstellung bis zur Veröffentlichung.

Dr. Virginia Axline, Dorothy Baruch, Selma Fraiberg, und Carl Rogers, deren Schriften uns geholfen haben, uns unserer eigenen Erfahrung zu vergewissern und sie zu vertiefen.

Dr. Alice Ginott für ihre herzliche Ermutigung und ihre vielen hilfreichen Anmerkungen.

Und ganz besonders Dr. Haim Ginott dafür, dass er unser Manuskript sorgfältig gelesen hat; für seine unschätzbaren Vorschläge und dafür, eine beständige Quelle der Inspiration zu sein. Wir danken ihm für die Erlaubnis dieses Buch zu veröffentlichen, das auf seinen Prinzipien der Kommunikation mit Kindern beruht.

Inhalt

Erziehung mit Würde

Wie lernen wir, so zu sprechen, dass uns andere Menschen zuhören und verstehen? Ich schreibe bewusst nicht von „Kindern". Denn die Sprache des Mitgefühls, die beschreibende Sprache, die eine neue Richtung weist, ist nicht nur eine Sprache, die das Verhältnis zwischen Eltern und Kindern heilt. Sie ist eine Sprache für alle, die miteinander umgehen und sich verständigen möchten. Und das gilt vom Eltern-Kind-Dialog bis zum Gespräch zwischen Verhandlungspartnern auf höchster politischer oder wirtschaftlicher Ebene.

Aber Letzteres wagen wir gar nicht anzustreben. Adele Faber und Elaine Mazlish ging und geht es immer um das Gespräch in der Familie. Sie haben die Erkenntnisse des berühmten Kinderpsychologen, Lehrers und Psychotherapeuten Dr. Haim Ginott aufgenommen, in ihr Werk integriert und weiter entwickelt. Seither haben Millionen Kinder und Eltern davon erheblich profitiert. Weltweit gibt es derzeit wohl über 40.000 Elternkurse, die sich auf die beiden berufen.

Dieses Buch ist ihr erstes Buch. Es ist gleichzeitig ihr ursprünglichstes und authentischstes. Denn hier erzählen die beiden ihre eigene Geschichte. Es ist die Geschichte von zwei Frauen, die neue Wege gehen wollten, um die Voraussetzung für ein glückliches und gelungenes Familienleben zu schaffen. Es ist eine Geschichte über das Lernen und über Erfolge. Und es ist genauso eine Geschichte über Zweifel, Enttäuschungen und heftige Rückschläge, die zeigt, dass der Dialog zwischen Kindern und Eltern oftmals nicht weniger kompliziert scheint, als die Verhandlungen zwischen verfeindeten Nationen.

Aus dem eigenen Erleben heraus und auf Basis wissenschaftlicher Erkenntnisse ist die verständnisvolle und praktische Herangehensweise von Faber und Mazlish entstanden, die schließlich die Antworten auf zumindest drei der wichtigsten Fragen unseres Lebens beinhaltet:

1. Wie schaffe ich es, dass mir meine Kinder zuhören?
2. Was kann ich dazu tun, dass sich meine Kinder zu glücklichen und erfolgreichen Erwachsenen entwickeln?
3. Wie lernen wir alle, miteinander zu leben?

Natürlich wollen wir alle, dass unsere Kinder glücklich sind und engagieren uns demzufolge auch entsprechend. Folgerichtig berichten die beiden Autorinnen davon, dass es für Eltern natürlich scheint, festzuhalten, zu beschützen, zu kontrollieren, Ratschläge zu geben, zu lenken. Dazu gehört auch der Wunsch von unseren Kindern gebraucht zu werden, wichtig für sie zu sein, lebensnotwendig. Kindern zu erlauben, sich abzumühen. Uns selbst entbehrlich zu machen. Loszulassen. Dass Eltern das überhaupt tun können, ist ein Wunder.
Und sie erzählen davon, wie schwierig es deshalb ist, anzuerkennen, dass es nicht die wichtigste Aufgabe der Eltern ist, unsere Kinder glücklich zu machen, sondern ihnen zu helfen, menschlicher und selbstständiger zu werden. Denn das sind die wirklichen Schlüssel zum Glück der Menschen. Sie berichten davon, wie schädlich überschwängliches Lob ist und wie wichtig es ist, gegenüber unseren Kindern authentisch aufzutreten und unsere eigenen Gefühle zu leben.
Es geht um eine Erziehung, die die wertvollsten Eigenschaften der Menschen zum Vorschein bringt: Selbstbewusstsein, Selbstwertgefühl, Selbstreflektion, Selbstständigkeit, Empathie, Respekt, Achtung und Achtsamkeit und schließlich Liebe und Glück. Faber und Mazlish laden uns alle ein, einen zutiefst menschlichen Weg in der Erziehung zu gehen. Ein Weg, auf dem es nicht sinnvoll ist, seinen gelegentlichen Zorn wegzuschließen. Doch statt im Zorn Beleidigungen um uns zu schleudern, schleudern wir unsere Gefühle, unsere Werte, unsere Erwartungen. Auf diesem Weg lernen wir, dass wir manchmal am meisten helfen, indem wir nicht helfen – indem wir uns selbst entbehrlich machen. Und wir haben alle Freiheit, noch einmal über unsere Entscheidungen nachzudenken, unsere Meinung zu ändern, mehr auf der Grundlage unserer aufrichtigen momentanen Gefühle zu leben.

- Wir lernen, dass Gefühle nicht richtig oder falsch sind. Gefühle sind einfach da. Wichtig ist es, wie wir damit umgehen, was wir fühlen. Dabei schätzen wir immer noch Spontaneität. Aber jetzt ist uns die enorme Kraft unserer Worte bewusst und wir versuchen, das Hilfreiche und das Schädliche voneinander zu unterscheiden.
- Wir lernen, wie wir mit den starken Gefühlen unserer Kinder umgehen sollten. Dass wir nicht versuchen sollten, sie abzuschwächen oder zu ver-

ändern. Sondern dass wir ihre Gefühle anerkennen müssen, um ihnen Gesundheit und Stärke zu verleihen.

- Jedes Mal, wenn wir einem Kind erlauben, den komplizierten Prozess zu durchleben, in dem es seine eigene Entscheidung trifft, ermöglichen wir ihm eine unschätzbare Erfahrung – jetzt und für seine zukünftige Unabhängigkeit.
- Wir lernen, dass die Außenwelt nur allzu schnell zur Stelle ist, um Flügel zu stutzen und dass es ein Privileg der Eltern ist, die Träume der Kinder zu nähren.
- Wir lernen, dass die Fortschritte eines Kindes darauf beruhen, dass wir es so behandeln, als ob es bereits dasjenige erreicht hätte, was es einmal werden könnte.
- Und wir lernen, dass alles, was wir mit unseren Kindern tun, auf einen Weise geschehen muss, die ihre Würde nicht angreift.

Damit ist die Würde der zentrale Begriff, der eine Erziehung der Bevormundung und der behütenden Unterdrückung von einer Erziehung zur Selbstständigkeit und Freiheit unterscheidet. In diesem Sinne wünsche ich ihnen viel Gewinn bei der Lektüre dieses Buches.

Gernot Körner — im August 2016

Vorwort

An alle Eltern auf der Welt,
die je zu sich selbst sagten:
„Es muss doch besser gehen!"

Uns ist ein einzigartiges Privileg zuteil geworden. Mehr als fünf Jahre waren wir Teil eines Workshops unter der persönlichen Leitung von Dr. Haim Ginott – Psychologe, Dozent und Autor. Er war ein besonderer Lehrer, mit der Fähigkeit, schwierige Konzepte mit großer Klarheit vorzustellen. Geduldig wiederholte er, was wir noch einmal hören mussten. Mit seiner Begeisterung für neue Konzepte steckte er uns immer wieder an. Im Gegenzug erwartete er von uns, dass wir experimentierten, unsere Entdeckungen teilten und unsere eigenen Fähigkeiten erforschten.

Diese Erfahrung hatte weitreichende Folgen. Während wir uns darum bemühten, die Theorie in die Praxis umzusetzen und in der Praxis unsere eigenen Interpretationen zu finden, bemerkten wir Veränderungen an uns selbst, unseren Familien und an den Mitgliedern unserer Gruppe.

Wir verdanken Dr. Ginott vieles. Er zeigte uns, wie wir unsere Kinder besser unterstützen und gleichzeitig großzügiger zu uns selbst sein können. Wir werden ihm das nie vergelten können. Wir zeichnen hier unsere Erfahrungen auf, um sie mit Ihnen zu teilen, in der Hoffnung, dass Sie daraus lernen, was für Sie wichtig ist.

Sobald wir den Plan zu diesem Buch gefasst hatten, stießen wir auf ein Problem: Wie konnten wir unsere Geschichte erzählen, ohne die Privatsphäre sowohl der Mitglieder unserer Gruppe als auch unserer eigenen Familien zu verletzen? Wir erfanden eine fiktive Gruppe von Personen. Ihre Erlebnisse sind eine Zusammenfassung der Erfahrungen, die wir selbst oder Eltern aus unserem Bekanntenkreis gesammelt haben. Unsere Erzählerin Jan vereint unsere besten Eigenschaften und Erfahrungen und unsere schlechtesten. Obwohl sie keine von uns ist, spricht sie wirklich für alle von uns.

Adele Faber
Elaine Mazlish

1

Im Anfang waren die Worte

In diesem Kapitel erfahren Sie:

- Welche Rolle die Eltern für ihre Kinder spielen.
- Wie die Sprache, die wir nutzen, das Vehalten unserer Kinder beeinflussen kann.
- Wie Sie eine Drohung in eine Wahl umwandeln.
- Dass auch anderen Eltern vieles nicht auf Anhieb gelingt.

Es passte nicht zusammen: Wenn das, was ich tat, richtig war, wieso ging dann so vieles schief?
Ich hatte nicht den geringsten Zweifel daran, dass meine Kinder, wenn ich sie lobte – sie wissen lies, wie sehr ich jede ihrer Anstrengungen, jede ihrer Leistungen schätzte –, automatisch selbstbewusst werden würden. Wieso war Jill dann so unsicher?

- Ich war davon überzeugt, dass meine Kinder, wenn ich vernünftig mit ihnen sprach – ihnen ruhig und logisch erklärte, warum gewisse Dinge getan werden mussten –, im Gegenzug auch vernünftig reagieren würden. Wieso löste dann jede Erklärung einen Streit mit David aus?
- Ich glaubte wirklich, dass meine Kinder, wenn ich sie nicht ständig bemutterte –, sie alles, selbst machen ließ, was in ihrer Kraft lag – lernen würden, unabhängig zu sein. Wieso klammerte und weinte Andy dann so sehr?

Es war alles ganz schön zermürbend. Aber was mir am meisten Sorgen bereitete, war mein eigenes Verhalten in letzter Zeit. Was für eine Ironie! Ich, die angehende Mutter des Jahrhunderts – ich, die mich den schrillen, an Armen zerrenden, „schlechten" Müttern im Supermarkt immer so überlegen gefühlt hatte; ich, die sicher ging, dass meine Kinder niemals unter den Fehlern leiden müssten, die meine eigenen Eltern gemacht hatten; ich, die das Gefühl hatte, soviel geben zu können: meine Wärme, unerschütterliche Geduld, meine Lebensfreude – war heute Morgen ins Kinderzimmer gegangen, hatte den mit Fingerfarben verschmierten Fußboden angeblickt und einen Schrei losgelassen, der die Supermarkt-Mami aussehen ließ wie eine gute Fee. Aber am übelsten fühlte es sich an, was ich gesagt hatte: „Widerliche ... Schlamper ... kann ich euch nicht eine Minute lang vertrauen?" Das waren genau die Worte, die ich in meiner eigenen Kindheit gehört und gehasst hatte.
Was war mit meiner unerschütterlichen Geduld geschehen? Wo war all die Freude, die ich weitergeben wollte? Wie hatte ich so weit von meinem ursprünglichen Traum abkommen können?
In dieser Stimmung kam mir ein Merkblatt vom Kindergarten in die Hände, das die Eltern daran erinnerte, dass es an diesem Abend einen Vortrag von einem Kinderpsychologen geben sollte. Ich war müde, aber ich wuss-

te, dass ich hingehen würde. Ob ich wohl Helen überreden konnte, mich zu begleiten?

Das war zu bezweifeln. Helen hatte schon oft ihr Misstrauen gegenüber „den Experten“ zum Ausdruck gebracht. Sie verlässt sich lieber auf etwas, was sie „gesunden Menschenverstand und natürliche Instinkte“ nennt. Im Gegensatz zu mir stellt sie nicht so viele Ansprüche an sich als Mutter, ebenso wenig macht sie sich Sorgen darum, ob ihre Kinder irgendwelche „langfristigen Ziele“ erreichen werden. Vielleicht liegt es daran, dass sie Bildhauerin ist und eher individualistische Ziele hat. Jedenfalls beneidete ich sie manchmal um ihre gelassene Haltung, ihren totalen Glauben an sich selbst. Sie schien immer alles unter Kontrolle zu haben ... Obwohl sie sich in letzter Zeit durchaus über die Kinder beschwerte. Offenbar hingen sie sich schon seit ein paar Wochen an den Kehlen und nichts, was sie sagte oder tat, änderte etwas daran. Es schien, dass weder ihr Instinkt noch ihr gesunder Menschenverstand ausreichten, um mit den Kämpfen umzugehen, die sie täglich veranstalteten.

Als ich Helens Nummer wählte, dachte ich, dass sie vielleicht wegen der jüngsten Veränderung der Lage ihre Vorurteile gegenüber Fachleuten hintanstellen und mich begleiten würde.

Aber Helen ließ nicht mit sich reden.

Sie sagte, sie würde zu keinem weiteren Vortrag über Kinderpsychologie gehen, selbst wenn Sigmund Freud ihn persönlich halten würde.

Sie sagte, sie habe es satt, diese frommen Plattitüden zu hören, darüber, dass Kinder Liebe brauchten, Sicherheit, verbindliche Grenzen, Liebe, Flexibilität, Liebe ...

Sie sagte, als sie das letzte Mal zu so einem Treffen gegangen war, ging sie anschließend drei Tage lang nervös durchs Haus und versuchte abzuschätzen, wie viel „Liebe“ sie wohl gerade aussandte.

Sie sagte, sie sei von dieser Erfahrung noch nicht hinreichend genesen, um sich weiteren Angst erzeugenden Verallgemeinerungen auszusetzen.

Ein Schrei kam von Helens Ende des Telefons.

„Das werde ich sagen! Das werde ich sagen!“

„Wenn du es sagst, mache ich es noch mal!“

„Mami, Billy hat einen Baustein nach mir geworfen.“

„Sie ist auf meinen Finger getreten!“

„Bin ich nicht. Du bist ein Kacka-Haufen!“

„Oh Gott“, stöhnte Helen, „sie machen es schon wieder! Egal wie, ich will hier einfach nur mal raus!“
Ich holte sie um acht ab.

Der Vortragende, der an diesem Abend auf dem Programm stand, war Dr. Haim Ginott, Kinderpsychologe und Autor eines neuen Buches: „Eltern und Kinder“. Er begann seinen Vortrag mit folgender Frage: „Was ist an der Sprache, die ich gegenüber Kindern benutze, anders?“
Wir schauten einander verständnislos an.
„Die Sprache, die ich benutze“, fuhr er fort, „bewertet nicht. Ich vermeide Ausdrücke, die den Charakter eines Kindes oder seine Fähigkeiten beurteilen. Ich vermeide Wörter wie ‚dumm, ungeschickt, böse‘ und selbst Wörter wie ‚hübsch, gut, wundervoll‘, weil sie nicht hilfreich sind; sie sind dem Kind im Weg. Stattdessen verwende ich Worte, die beschreiben. Ich beschreibe, was ich sehe; ich beschreibe, was ich fühle.
Vor Kurzem kam ein kleines Mädchen in mein Spielzimmer, brachte mir ein Bild und fragte: ‚Ist es gut?‘ Ich schaute es mir an und antwortete: ‚Ich sehe ein lila Haus, eine rote Sonne, einen gestreiften Himmel und viele Blumen. Es gibt mir ein Gefühl, als wäre ich auf dem Land.‘ Sie lächelte und sagte: ‚Ich werde noch eines malen!‘
Angenommen, ich hätte geantwortet: ‚Wunderschön, du bist eine großartige Künstlerin!‘ Ich kann ihnen garantieren, dass dies das letzte Bild gewesen wäre, das sie an diesem Tag gemalt hätte. Wohin kann jemand schließlich noch gelangen, nach ‚wunderschön‘ und ‚großartig‘? Ich bin überzeugt: Wörter, die bewerten, behindern ein Kind. Wörter, die beschreiben, befreien es.“
Er fuhr fort: „Ich mag beschreibende Worte auch deshalb, weil sie ein Kind dazu einladen, seine eigenen Lösungen zu erarbeiten. Zum Beispiel: Wenn ein Kind ein Glas Milch verschüttet, sage ich: ‚Ich sehe verschüttete Milch‘, und gebe ihm dann einen Schwamm. Auf diese Weise vermeide ich den Vorwurf und lege die Betonung auf das, was wichtig ist – das, was getan werden muss. Wenn ich stattdessen sagen würde: ‚Dummkopf. Immer verschüttest du alles. Du wirst es nie lernen oder?!‘, können wir sicher sein, dass das Kind seine ganze Energie für seine Verteidigung aufwenden würde, statt für die Lösung. Sie würden hören: ‚Bobby hat meine Hand gestoßen!‘, oder: ‚Das war ich nicht; der Hund war es.‘“

An dieser Stelle hob Mrs. Noble, eine lautstarke Autorität für die meisten Belange in der Gemeinde, ihre Hand. „Dr. Ginott, was Sie uns erzählt haben, ist sehr interessant. Aber ich war mir immer schon sicher, dass es nicht so wichtig ist, was man einem Kind sagt, solange es weiß, dass man es liebt. Wenn es sich meiner Liebe sicher ist, kann ich ihm fast alles sagen."
Dr. Ginott hörte nachdenklich zu. „Nach Ihrer Meinung sind die Worte selbst nicht so wichtig, solange es die Liebe gibt. Ich habe eine andere Meinung. Stellen Sie sich vor, Sie wären auf einer Feier und würden aus Versehen ein Getränk verschütten. Ich schätze, es würde Ihnen schon etwas ausmachen, wenn Ihr Mann, selbst wenn es liebevoll gemeint wäre, sagen würde: ‚Du Tollpatsch, du hast es ja schon wieder gemacht. Wenn es einen Preis dafür gäbe, ein Haus möglichst gründlich zu verwüsten, wäre dir der erste Platz sicher.'"
Mrs. Noble lächelte unbehaglich.
„Meine Vermutung wäre, dass es Ihnen lieber wäre, wenn Ihr Mann sagte: ‚Schatz, ich sehe ein verschüttetes Getränk. Kann ich dir helfen? Hier, mein Taschentuch.'"
Das war das erste Mal, dass wir erlebten, wie Mrs. Noble keine Worte fand.
Dr. Ginott fuhr fort: „Ich streite die Kraft der Liebe nicht ab. Liebe ist Reichtum. Aber selbst bei materiellem Reichtum stellen wir fest, dass größere Summen in kleinere Währungen gewechselt werden müssen. In einer Telefonzelle ist eine kleine Münze mehr wert als ein großer Schein. Damit unsere Liebe unseren Kindern nützt, müssen wir lernen, wie wir sie in die Worte einwechseln, die ihnen helfen – in jedem einzelnen Moment – wie, wenn Milch verschüttet wird oder eine Zeichnung bewertet werden soll. Und selbst, wenn wir wütend sind, können wir noch die Art von Worten gebrauchen, die den Menschen, um die wir uns sorgen, nicht schaden und sie nicht zerstören."
Dann sprach Dr. Ginott über etwas, das er „Zorn ohne Beleidigung" nannte. Er stellte klar, dass es unrealistisch und unnötig sei, als Eltern stets geduldig zu sein. Er wies darauf hin, dass es nützlich für Eltern sein konnte, ihrem Zorn Ausdruck zu verleihen – solange die Kinder dabei nicht beleidigt wurden. Tatsächlich sagte er: „Unser aufrichtiger Ärger ist mit der wichtigste Antrieb, um unser Verhalten zu ändern. Und wie setzen wir das in der Praxis um? Erneut benutzen wir Worte, die beschreiben. Wir greifen niemanden persönlich an. Wenn zum Beispiel das unordentliche

Zimmer eines Kindes jemanden ärgert, sollte er sich frei fühlen, sein aufrichtiges Gefühl auszudrücken – aber nicht mit Beleidigungen und Vorwürfen. Nicht mit: ‚Wieso bist du so ein Schlamper?' Nicht mit: ‚Du kümmerst dich nie um deine Sachen; du hast alle schönen Dinge, die ich dir je gekauft habe, ruiniert.' Nun ist es möglich, dass das Kind, selbst bei solchen Worten, sein Zimmer aufräumt. Aber dennoch wird Feindseligkeit gegenüber den Eltern in ihm zurückbleiben und es wird sich selbst schmutzig vorkommen.

Die Frage ist, wie könnten Eltern dieselben Gefühle auf hilfreiche Weise ausdrücken? Wieder könnten sie beschreiben. Sie könnten sagen:

‚Der Anblick dieses Zimmers gefällt mir nicht!'

Oder: ‚Ich sehe etwas, das mich zornig macht. Kleidung und Bücher und Spielsachen gehören auf das Regal!'

Oder: ‚Wenn ich überall auf dem Boden Dinge liegen sehe, werde ich wahnsinnig! Ich fühle mich, als müsste ich das Fenster aufreißen und alles rausschmeißen!'"

Ein Mann im Publikum hob die Hand. „Dr. Ginott", sagte er, „einige der Methoden, die Sie beschreiben, scheinen mir besser zu einem ausgebildeten Fachmann zu passen. Ich kann mir nicht vorstellen, dass gewöhnliche Eltern diesen Ansatz nutzen können."

Dr. Ginott antwortete ihm: „Ich habe großes Vertrauen in ‚gewöhnliche Eltern'. Wem liegt das Wohlergehen eines Kindes mehr am Herzen als den gewöhnlichen Eltern? Meine Erfahrung ist, wenn Eltern die Fertigkeiten entwickeln, sich unterstützender zu verhalten, sind sie nicht nur in der Lage, sie anzuwenden, sondern sie füllen sie auch mit einer Wärme und einem Stil, der ganz allein der ihrige ist."

Dr. Ginotts Vortrag dauerte noch eine weitere halbe Stunde. Er stellte die Idee vor, dass Eltern die „Verteidiger" der Kinder seien. Er erklärte, dass Kinder sich genügend Richtern, Geschworenen und Staatsanwälten gegenüber sahen. Und er gab Beispiele dafür, wie Eltern „Verteidiger" sein könnten. Er arbeitete den Wert heraus, den es hatte, die Gefühle der Kinder zu akzeptieren – all ihre Gefühle. Er beschrieb, wie man selbstschädigende Muster, wie Sarkasmus, Warnungen und Versprechen vermeiden konnte.

Am Ende seines Vortrags war Dr. Ginott umringt von Eltern, die ihn persönlich sprechen wollten. Wir entschieden uns, nicht in die Gruppe zu drängen. Stattdessen gingen wir hinaus in die kalte Nachtluft, setzten uns ins Auto und blieben still sitzen, während der Motor warmlief. Wir wussten beide, dass wir da auf etwas gestoßen waren, das uns tief bewegte.

Aber noch konnten wir nicht genau ausmachen, was es war. Wir hatten an diesem Abend Dinge gehört, die scheinbar einfach genug waren, um sie sofort nutzbringend anzuwenden, und trotzdem spürten wir, dass diese einfachen Aussagen auf einer Idee basierten, die so komplex war, dass sie unendliche Möglichkeiten barg.

Auf dem Weg nach Hause versuchten wir unsere Gedanken zu ordnen:

- Würden wir anwenden können, was er uns heute Abend beigebracht hatte?
- Würde es funktionieren?
- Wäre es nicht seltsam, Dinge anders auszudrücken?
- Wie würden die Kinder reagieren?
- Würden sie den Unterschied überhaupt bemerken?
- War es schon zu spät, um etwas zu verändern?
- Hatten wir schon bleibenden Schaden angerichtet?
- Wie würden wir das Ganze unseren Männern erklären?

Ich dachte über meinen Ausbruch wegen der Fingerfarben an diesem Morgen nach. „Helen, ich glaube, ich hätte diese ganze Szene vermeiden können, wenn ich einfach gesagt hätte: ‚Ich sehe Fingerfarben auf dem Boden. Wir brauchen ein paar Lappen.‘“

Helen sah mich an und schüttelte den Kopf. „Ich bin nicht überzeugt. Du warst heute Morgen ziemlich wütend. Jetzt bist du es aber nicht mehr.

Dr. Ginott hat gesagt: ‚Wenn Sie es fühlen, zeigen Sie es.‘“

„In Ordnung“, sagte ich, „wie wäre es damit? ... ‚Wenn ich Fingerfarben auf dem Boden sehe, werde ich so zornig, dass ich am liebsten alle Farbdosen nehmen und sie in den Müll werfen würde!‘“

„Ich bin sehr beeindruckt“, sagte Helen, „aber wird das mit echten Kindern funktionieren? Hey! Ich hatte gerade einen fürchterlichen Gedanken. Was, wenn sie nie wieder etwas verschütten?“

Wir lachten, als wir bemerkten, dass wir uns eigentlich auf das nächste Missgeschick freuten. Wir hofften, es käme bald, jetzt, da unsere neue Erfahrung noch frisch war.

Wir mussten nicht lange warten. Die Sonne ging auf; die Sonne ging unter. Die Milch wurde verschüttet. Wir beschrieben. Sie wischten es auf! Es war ein kleines Wunder.

Erstaunt über unseren Erfolg, selbst wenn es Anfängerglück sein mochte, wollten wir mehr lernen. Wir kauften Dr. Ginotts Buch „Eltern und Kinder" und waren hocherfreut, als wir entdeckten, dass es voller praktischer Ratschläge war, die wir sofort umsetzen konnten. Die gedruckten Wörter zu sehen und die Möglichkeit zu haben, bestimmte Abschnitte immer wieder zu lesen, gab uns etwas, an das wir uns halten konnten.

Zum Beispiel war ich an einem Abend gerade im Begriff, auszugehen, als mein jüngster Sohn Andy sich an mein Bein klammerte und schrie: „Geh nicht, Mami! Bleib zu Hause!" Ich machte ihn sanft los, nahm das Buch vom Nachttisch, schloss mich im Badezimmer ein, fand den Abschnitt mit der Überschrift „Eltern brauchen keinen Erlaubnisschein, um sich zu amüsieren", und las in halsbrecherischer Geschwindigkeit.

Als ich wieder herauskam, war ich gerüstet. Ich sagte: „Schatz, ich weiß du wünschst dir, wir würden heute Abend nicht ausgehen. Du wünschst dir, wir würden zu Hause bleiben ... aber dein Vater und ich werden uns heute zusammen einen Film ansehen." Auch wenn ich nur einen auswendig gelernten Text aufsagte, schaffte ich es doch, dass wir, ohne die übliche Szene, ins Kino gehen konnten.

Das Kapitel über Lob fanden wir hilfreich. Früher hatte Helen den fünfjährigen Billy gelobt, indem sie sagte: „Du bist großartig, wunderbar, der Beste!" Sie hatte nie verstanden, wieso er meist widersprach: „Nein, bin ich nicht. Jimmy ist besser." Oder: „Hör auf, mit mir anzugeben."

Also versuchte sie es mit Dr. Ginotts Rezept für Lob. An dem Tag als Billy die verstopfte Spüle in Ordnung brachte, widerstand sie dem Drang zu sagen: „Fantastisch! Du bist genial!" Stattdessen beschrieb sie, was sie fühlte und was sie sah: „Da war ich so ärgerlich und dachte, ich müsste den Klempner rufen, und da kommst du herein mit der Saugglocke für die Toilette, und zwei Minuten später läuft das Wasser wieder ab. Wie ist dir das nur eingefallen?"

Und dann kam von einem kleinen Kind das süßeste Lob von allen – das Lob, das es sich selbst ausspricht: „Ich habe meinen Verstand benutzt", sagte es, „ich bin ein guter Klempner."

Ein Rundschreiben unserer örtlichen Erziehungsberatungsstelle kündigte an, dass Dr. Ginott eine Arbeitsgruppe für Eltern in unserer Gemeinde eröffnen wollte. Ein Anmeldeformular für diejenigen, die Interesse an der Teilnahme hatten, lag bei. Wir beide sandten unsere sofort ein.
Helen und mir gefiel es, wie vielfältig sich die Gruppe zusammensetzte, die sich am ersten Tag traf. Die Frauen waren zwischen 23 und 50. Die Größe ihrer Familien variierte auch – von einem Kind bis zu einer Horde von sechs Kindern. Die meisten der Frauen waren verheiratet, eine war geschieden und eine verwitwet. Unter uns waren Hausfrauen, Lehrerinnen, Geschäftsfrauen, eine Künstlerin und eine Musikerin. Unsere religiösen Hintergründe unterschieden sich auch. Es gab Protestanten, Katholiken, Juden und Atheisten. Was wir alle gemeinsam hatten, waren Kinder.

Am Anfang hatten die Sitzungen die Form von Vorträgen und in jedem Vortrag lernten wir eine neue Fertigkeit. Wir lernten über die Grenzen der Logik beim Umgang mit einem Kind und über die Kraft, die darin lag, zu seinen Gefühlen zu sprechen. Wir erfuhren, wie es möglich war, einem Kind in der Fantasie das zu geben, was wir ihm in der Realität verwehren mussten.
Für mich, die sich so auf den vernünftigen Ansatz versteift hatte, war diese Erkenntnis wie ein Geschenk. Ich kann immer noch den Klang meiner eigenen Stimme hören, als ich im Auto saß und einem mürrischen David geduldig erklärte, dass wir *alle* durstig waren, dass wir nichts dagegen tun konnten, dass wir im Verkehr feststeckten, dass es keine Möglichkeit gab, anzuhalten und etwas zu trinken zu kaufen, dass das Auto nicht schneller fahren würde, wenn wir uns beschwerten ...
Was für eine Erleichterung es war, dass ich mich in derselben Situation nun zu meinem Sohn umdrehen und sagen konnte: „Hey, ich höre einen Jungen, der großen Durst hat. Bestimmt hättest du jetzt gerne sofort einen Eimer voll eiskaltem Apfelsaft!“
David grinste plötzlich breit und sagte: „Wie wäre es mit einer Badewanne voll?!“ Ich fühlte mich dankbar für mein neues Wissen.

Eine andere Technik, die die Grundstimmung in unserem Haushalt veränderte, war die Möglichkeit, eine Drohung in eine Wahl umzuwandeln: „Wenn du die Wasserpistole noch einmal im Wohnzimmer benutzt, wird es dir leid tun!“ wurde jetzt zu: „Die Wasserpistole ist nicht für das Wohnzimmer gedacht. Du kannst im Badezimmer damit spielen oder draußen. Es ist deine Entscheidung."

Wir bemerkten auch, dass wir selbst uns auf gewisse Weise veränderten. Zum einen fiel uns auf, dass wir weniger mit unseren Kindern sprachen. Offenbar hatte ein Ausspruch Dr. Ginotts, den er häufig wiederholte, einen Effekt auf uns: „Wann immer möglich, ersetzen Sie einen Absatz mit einem Satz, einen Satz mit einem Wort, ein Wort mit einer Geste." Während wir weniger sprachen, hörten wir andererseits mehr zu – und zwar auf eine andere Weise als bisher. Wir begannen unter der Oberfläche zu hören, was ein Kind wirklich sagte.

Andys angriffslustiges „Du wählst immer David-Orte aus – die Bücherei, den Zahnarzt, die Pfadfinder" hörte ich jetzt als: „Mein Bruder nimmt zu viel deiner Zeit in Anspruch. Ich mache mir Sorgen."

Also übersprang ich die lange Erklärung und sprach über Andys wirkliche Sorgen: „Würdest du gerne mehr Zeit mit mir verbringen? ... Das würde mir auch gefallen."

Wir entwickelten auch eine gewisse emotionale Distanz zu unseren Kindern. Wir wurden nicht mehr so leicht durch ihre miese Laune beeinflusst, durch ihren Sturm und Drang. Für Helen, die häufig das Gefühl hatte, an einer Kriegsfront zu leben, war ihre neue Fähigkeit, sich herauszuhalten, ein Segen. Statt loszustürmen und die Waffen für die eine oder andere Seite zu ergreifen, blieb sie nun ruhig und gab die Art von Anweisungen, die zu einem friedvollen Ausgang führen konnten. Als ihre Kinder sich darum stritten, wer die Schaukel benutzen dürfe, konnte sie sagen: „Kinder, ich bin mir sicher, dass ihr eine Lösung ausarbeiten könnt, die für euch alle gerecht ist."

Aber den wirklichen Triumph erlebte sie fünf Minuten später, als eine kleine Stimme vom Hinterhof rief: „Mami, wir haben uns entschieden. Wir werden uns abwechseln."

Nicht alle unsere Geschichten hatten solch ein gutes Ende. Auf der Sollseite erschienen genug Einträge, um uns davon abzuhalten, eingebildet zu werden. In Wirklichkeit war diese neue Sprache noch kein richtiger Teil von uns. Die Worte, die Helen benutzt hatte, und andere von ähnlicher Art, fühlten sich immer noch fremd auf unseren Zungen und seltsam in unseren Ohren an. Auch die Kinder wirkten etwas verwirrt von den neuen Tönen. Es kam immer wieder vor, dass sie zu uns hoch starrten, mit einem Gesichtsausdruck, der sagte: „Wer ist diese Frau?“ – und es gab Zeiten, zu denen selbst wir nicht mehr sicher waren, wer „diese Frau“ war. Unsere Männer brachten uns ebenfalls ein gewisses Misstrauen entgegen. Man brauchte keinen Abschluss in Psychologie, um die Feindseligkeit zu erkennen, die in Aussagen steckte, wie: „Okay Mutter, du bist die Expertin. Kümmere du dich um seinen Tobsuchtsanfall.“ Oder: „Da alles, was ich sage, falsch zu sein scheint, solltest du mir meinen Text vielleicht aufschreiben.“

Und manchmal benahmen wir uns wie die sprichwörtliche Kuh, die gute Milch gibt und dann den Eimer umtritt. Wir sagten all die richtigen Sachen und fügten dann, unfähig zu widerstehen, noch einen weiteren Satz hinzu („Du wirst es bald vergessen haben.“ Oder: „Das Leben ist kein Ponyhof, das wirst du auch noch lernen.“) und machten damit unsere ganze gute Arbeit zunichte.

Wir wurden auch von dem natürlichen Drang geplagt, es mit jeder neuen Fertigkeit erst einmal zu übertrieben. Als wir zum ersten Mal die außerordentliche Kraft von „Das macht mich wahnsinnig!“ entdeckten, waren wir begeistert. Es fühlte sich so gut an, das zu sagen, und die Kinder horchten fast immer auf und korrigierten ihr Verhalten. An dem Tag, an dem ich „Ich bin wahnsinnig!“ rief und daraufhin mein erstes „Das ist sicher schlimm für dich!“ erntete, erkannte ich, dass ich es ganz schön übertrieben hatte.

Weil Helen so fasziniert von der Idee der Fantasie-Wunscherfüllung war, stimmte sie gegenüber ihrer siebenjährigen Tochter so oft an: „Oh, du wüschst dir, du hättest ...“, dass Laurie eines Tages jammerte: „Mami, du machst es schon wieder!“

Als Helen dies Dr. Ginott gegenüber äußerte, antwortete er: „Manche dieser Ausdrücke sind sehr kraftvoll und sollten sparsam gebraucht werden. Wie bei starken Gewürzen, wird der Geschmack durch die richtige Menge erzeugt. Zu viel kann eine Speise ungenießbar machen.“

Unser Studienkurs neigte sich dem Ende zu, aber unsere Probleme taten es ihm nicht gleich. Es gab Zeiten, zu denen mit den Kindern alles wunderbar funktionierte – sie hatten keine Probleme in der Schule, schlossen Freundschaften, erforschten zufrieden ihre Welt, und es war eine Freude, mit ihnen zu leben. Aber auf diese sonnigen Zwischenspiele folgte fast

stets eine Serie von Stürmen, die aus dem Nichts aufzogen und ohne jede Vorwarnung. (Er ist von anderen Kindern an der Bushaltestelle angegriffen worden ... Er weigert sich, morgens zur Schule zu gehen ... Er fängt plötzlich an, ins Bett zu machen.) Und manchmal wurden genau die Fertigkeiten, die wir erlernt hatten, weil wir uns darauf verlassen können wollten, zu einer Quelle von Verdruss, weil sie uns zu neuen Fragen führten, die ihrerseits nach neuen Antworten verlangten.
„Wenn ich ihm erlaube, all seine Gefühle auszudrücken, und er sagt mir, er hasst seinen kleinen Bruder, was mache ich dann, Dr. Ginott?"
Vielleicht brauchten wir eine weitere Reihe von Sitzungen.

Dr. Ginott erklärte sich bereit, fortzufahren. In den Sitzungen, die folgten, gab es zwei neue Entwicklungen. Die eine waren Anzeichen für Veränderungen an unseren Kindern. Neue Töne klangen an. Helen berichtete, dass sie gehört hatte, wie ihre Tochter einer Freundin erzählte: „Bei uns zu Hause beschuldigen wir uns nicht gegenseitig." Und ich werde nie den Moment vergessen, in dem mein ältester Sohn David in das Zimmer seines Bruders stürmte, schrie: „Ich bin so wütend, dass ich dir den Schädel einschlagen könnte – aber ich mache es nicht!", und dann wieder hinausstürmte. Für einen Außenstehenden sieht das vielleicht nicht wie ein Fortschritt aus, aber in unserem Zuhause war es ein Wunder der Selbstbeherrschung und eine blutige Nase weniger.
Das zweite neue Element war unser Gefühl der Freiheit. Wir machten uns nun seit einer ganzen Weile Sorgen, dass wir unsere Spontaneität verlieren könnten. Würden wir während unseres restlichen Lebens stets jedes Wort abwägen – und uns dabei um die Auswirkungen jedes einzelnen Satzes sorgen? Intellektuell verstanden wir, dass das Meistern einer neuen Fertigkeit stets ein vorübergehendes Weniger an Spontaneität bedeutete. Selbst ein Horowitz muss sich selbst Übung, Disziplin und strenge Treue zur Form auferlegen, ehe er etwas von sich selbst in die Musik legen kann.
Trotzdem ärgerten wir uns. Es war so schwer, nicht spontan zu sein, in dieser nächsten und wichtigsten aller Beziehungen. Und daher waren wir sehr erleichtert, als wir uns plötzlich viel natürlicher und behaglicher fühlten. Wir nutzten Gelegenheiten, improvisierten, experimentierten. Wir klangen nicht mehr alle gleich oder so wie Dr. Ginott. Natürlich nutzten

wir alle dieselben grundlegenden Fertigkeiten – aber nun brachten wir etwas von uns selbst in die Musik ein.
Dann waren diese Sitzungen zu Ende. Auszeit für die Sommerferien, aber mit dem Versprechen, dass die Gruppe sich im Herbst wieder treffen würde.

Der Sommer kam und verging – und mit ihm ging viel von unserer hart erarbeiteten Kompetenz. Ein ganzer Sommer voller Kinder, Kinder, Kinder hatte uns zugesetzt. Wir, die wir im Juni Musik gespielt hatten, waren bis September auf ein paar bittere Noten reduziert worden. Uns wurde bewusst, dass das Leben mit Kindern, egal wie begabt die Eltern oder wie bezaubernd die Kinder waren, eine anstrengende und verwirrende Arbeit darstellte und Mühsal und widerstreitende Bedürfnisse mit sich brachte. Die Kinder waren laut, wenn wir Ruhe wollten. Sie wollten Aufmerksamkeit, wenn wir Zeit für uns allein brauchten. Sie waren unordentlich, wenn wir uns Ordnung wünschten. Und das Necken und Hänseln und wie sie aus Kleinigkeiten große Probleme machten: „Ich will meine Zähne nicht putzen!“, „Wieso muss ich einen Schlafanzug anziehen?“, „Ich brauche keinen Pullover!“
Unter der ständigen Bearbeitung glitten wir wieder in unsere alten Gewohnheiten ab. Das Leuchten der frühen Erfolge erlosch langsam. Wir waren außer Übung.
Dr. Ginott hatte oft gesagt, dass dieser Ansatz wie das Erlernen einer neuen Sprache sei – Französisch oder Chinesisch. Wir stellten nun fest, dass wir sogar etwas noch Schwereres taten. Während wir diese neue Sprache lernten, mussten wir den vorherigen Sprachgebrauch einer ganzen Lebenszeit aktiv *ver*lernen. Einen Sprachgebrauch, der von Generation zu Generation an uns weitergereicht worden war.
Formulierungen wie ...

- Wieso kannst du nie ...
- Du wirst immer ein ...
- Nie machst du ...
- Wer war das?
- Was ist nur los mit dir?

... waren wie hartnäckiges Unkraut, dessen Wurzeln man nie ganz entfernen konnte. Sie hatten die teuflische Kraft, sich selbst wieder zum Leben zu erwecken, und erstickten den zarten Wuchs von:

- Du wüschst dir ...
- Ich bin sicher, dass du ...
- Dann fühlst du dich wirklich ...
- Es wäre hilfreich, wenn ...

Wir hatten also gemischte Gefühle, als wir im September zurückkehrten – ein bisschen skeptisch, aber immer noch mit der Hoffnung, dass zumindest ein wenig unseres ursprünglichen Enthusiasmus zurückkehren würde.
Als die Sitzung begann, stellten wir fest, dass wir nicht die einzigen mit diesen Gefühlen waren. In den Stimmen der anderen hallten unsere Empfindungen wider. Wir hörten: „Mensch bin ich diesen Sommer zurückgefallen." Und: „Ich glaube ich habe alles vergessen, was ich je gelernt habe."
Dr. Ginott hörte sich diese Kommentare ruhig an und stellte dann folgende Frage: Was ist unser höchstes Ziel als Eltern?
Jemand traute sich: „Das Eltern-Kind-Verhältnis zu verbessern."
Jemand anders sagte: „Bessere Möglichkeiten zu finden, uns mit unseren Kindern zu verständigen."
Eine weitere Frau sagte schlagfertig: „Kinder hervorzubringen, die, unter anderem, brillant, höflich, liebenswert, ordentlich und gehorsam sind, natürlich."
Dr. Ginott machte ein ernstes Gesicht. Offensichtlich hatte ihm diese letzte Antwort nicht gefallen. Er beugte sich vor und sagte: „Ich sehe das so: Ich denke, unser größtes Ziel ist es, die Methoden zu finden, mit denen wir unseren Kindern helfen können, menschlich und stark zu werden.
Denn was hilft es uns, wenn wir einen ordentlichen, höflichen, liebenswerten Sprössling haben, der dazu imstande wäre, das Leid anderer zu sehen und nicht einzugreifen?
Was haben wir erreicht, wenn wir ein Kind aufgezogen haben, das brillant ist – Klassenbester –, aber seinen Verstand einsetzt, um andere zu manipulieren?

Und wollen wir wirklich Kinder, die so gehorsam sind, dass sie in einer ungerechten Situation, statt einzugreifen, lieber gehorsam bleiben? Die Deutschen hielten sich allzu gehorsam an die Befehle der Nazis, Millionen ihrer Mitmenschen zu töten.

Verstehen Sie mich richtig: Ich habe nichts dagegen, wenn ein Kind höflich, ordentlich oder gebildet ist. Die entscheidende Frage ist für mich: Welche Methoden wurden angewandt, um diese Ziele zu erreichen? Wenn die Methoden Beleidigungen, Beschimpfungen und Drohungen sind, dann können wir uns ganz sicher sein, dass wir diesem Kind auch beigebracht haben, zu beleidigen, zu beschimpfen und zu drohen und nachzugeben, wenn es bedroht wird.

Wenn wir dagegen Methoden anwenden, die menschlich sind, dann haben wir ihm etwas viel Wichtigeres beigebracht als eine Reihe isolierter Werte. Wir haben dem Kind gezeigt, wie man ein Mensch ist, ein menschliches Wesen, das sein Leben mit Stärke und Würde lenken kann."

Helen saß auf der anderen Seite des Raumes. Unsere Blicke trafen sich. Da war es. Diese schwer fassbare Idee, die uns beim ersten Treffen so bewegt hatte, war endlich identifiziert. Es war das Konzept eines Prozesses der Menschwerdung – ein Konzept, das besagte, dass jede Form des Umgangs mit einem Kind eine Bedeutung hatte, etwas zählte, Eingang in das Gewebe fand, das diesen Menschen ausmachte.

Ich begann nun zu sehen, dass wir, als wir zu dem Kind sagten „die Milch ist verschüttet" und ihm einen Schwamm reichten, mehr taten, als eine schlaue Technik anzuwenden, mit dem Missgeschick eines Kindes umzugehen. Auf einer viel tieferen Ebene sagten wir: „Ich sehe dich als einen Menschen, der in der Lage ist, sich selbst zu helfen."

Wir sagten ihm:

- „In schwierigen Zeiten beschuldigen wir niemanden."
- „In schwierigen Zeiten konzentrieren wir uns auf Lösungen."
- „In schwierigen Zeiten reichen wir uns gegenseitig eine helfende Hand."

Plötzlich wurde mir völlig klar, dass ich – wenn allein die Art und Weise, in der man mit einem Kind umgeht, beeinflusst, was für ein Mensch es einmal sein wird – nie wieder auf dieselbe Weise über meine Rolle als Mutter denken können würde. Natürlich, die täglichen Ärgernisse würde es immer noch geben. Aber ich sah sie jetzt als Möglichkeiten – Möglichkeiten, den Charakter unserer Kinder zu formen, Möglichkeiten, die Werte zu bekräftigen, an die ich glaubte.

Die Frau, die zuvor die schlagfertige Antwort gegeben hatte, sprach erneut. „Mir war nicht klar, dass ich so wichtige Arbeit leiste."
Dr. Ginott lächelte. „Es hängt immer davon ab, wie Sie es betrachten. Lassen Sie mich Ihnen eine Geschichte erzählen: Ein Dorfbewohner traf auf drei Arbeiter. ‚Was macht ihr da?', fragte er sie. Der erste Arbeiter sagte: ‚Ich verdiene meinen Lebensunterhalt.' Der zweite Arbeiter sagte: ‚Ich mauere.' Der dritte antwortete: ‚Ich baue eine Kathedrale.'"
Stille. Die Frau nickte ruhig.
Ich dachte, dass auch wir Arbeiter seien.

- Unsere Arbeit ist – Kinder zu erziehen.
- Unsere Ziegel sind – unsere Reaktionen, in jedem einzelnen Moment.
- Unsere Kathedrale ist – die Verwirklichung der vollen Menschwerdung unserer Kinder.

Kinder sind Menschen

2

Sie haben Gefühle

In diesem Kapitel erfahren Sie:

- Wie Wichtig es ist alle Gefühle anzuerkennen ...
- ... auch die negativen!
- Dass auch schlechte Erfahrungen wichtig für die Entwicklung eines Kindes sind.

Von Anfang an wies Dr. Ginott auf die Bedeutung der Achtung und des Respekts vor den Gefühlen der Kinder hin. Er formulierte seine Überzeugungen dazu auf verschiedene Weise:

- Alle Gefühle sind erlaubt, Handlungen sind begrenzt.
- Wir dürfen die Wahrnehmungen und Empfindungen eines Kindes nicht leugnen.
- Erst, wenn sich ein Kind richtig fühlt, kann es auch richtig denken.
- Erst, wenn sich ein Kind richtig fühlt, kann es auch richtig handeln.

Ich war nicht einmal sicher, ob ich diese Ideen vollständig verstand. War es wirklich derart wichtig, die Gefühle der Kinder zu akzeptieren? Und wenn ja, was hatte das damit zu tun, Kinder menschlich und stark zu machen? In meiner eigenen Vergangenheit schienen die Gefühle eines Kindes nur sehr wenig zu zählen. „Sie ist nur ein Kind; was weiß sie schon? So wie sie sich aufführt, könnte man meinen, die Welt geht unter." Als Kind gewann ich den deutlichen Eindruck, dass meine Gefühle nicht ernst genommen werden. Ich war gewohnt zu hören:

- „Es ist dumm, sich so zu fühlen."
- „Du hast keinen Grund, dich so aufzuregen."
- „Du machst wegen Nichts ein Theater."

Ich hinterfragte das niemals. So war es eben. Und doch wurde mir jetzt als Elternteil erzählt, meine Aufgabe bestünde darin, meinen Kindern zu helfen, ihre wahren Gefühle zu erkennen, weil es hilfreich für sie war, zu wissen, was sie fühlten.

- „Du scheinst dich zu freuen, dass du es alleine geschafft hast, das Puzzle zu legen."
- „Du musst enttäuscht sein, dass Tommy nicht zu deiner Party kommen konnte."

Wir hörten auch, dass alle Gefühle unserer Kinder anerkannt werden sollten, selbst die negativen:

- „Ein Spielzeug, das so schwer zu bedienen ist, muss frustrierend sein."
- „Du hasst es wirklich, wenn Tante Harriet dich in die Wange kneift."

Ich konnte verstehen, dass es einen Nutzen brachte, den Gefühlen einen Spiegel vorzuhalten. In gewisser Weise führte es zu sanfteren Beziehungen innerhalb der Familie, ein Gefühl anzuerkennen, statt es zu bekämpfen. Beim Frühstück an diesem Morgen, als David sagte: „Ihh, dieses Ei ist zu weich!", verzichtete ich auf einen langen Monolog darüber, dass er offenbar keine Ahnung hatte, wovon er sprach. Ich erinnerte ihn nicht daran, dass das Ei exakt so lange gekocht hatte, wie das Ei, das er am vorigen Tag mit Begeisterung verspeist hatte. Ich sagte einfach: „Oh, du bevorzugst ein härteres Ei." Das war viel einfacher und hielt die „Eier-Angelegenheit" davon ab, überzukochen und ein Durcheinander an schlechten Gefühlen zu verursachen.
Aber ich verstand immer noch nicht, was dieses große Geheimnis war, das die Gefühle umgab. Dann geschah etwas, das mir Einsicht in den ganzen Prozess verschaffte.

Während einer stürmischen Nacht beim Abendessen tat es einen Donnerschlag und das Haus versank in völliger Finsternis. Als das Licht ein paar Sekunden später wieder anging, schienen die Kinder Angst zu haben. Ich dachte mir, die beste Möglichkeit, damit umzugehen, sei, Licht auf ihre Furcht zu werfen. Mir entkam fast ein: „Na, das war doch nicht so schlimm, oder?", aber mein Mann Ted sprach zuerst. Er sagte: „Hey, das war ganz schön gruselig." Die Kinder starrten ihn an.
Es klang nett, wie er das sagte. Ich nahm seinen Gedanken auf. „Es ist seltsam", sagte ich, „wenn im Zimmer Licht brennt, fühlt sich alles so freundlich und vertraut an. Aber wenn man denselben Raum nimmt, mit denselben Dingen darin und ihn in Dunkelheit taucht, wird er plötzlich gruselig. Ich weiß nicht, wieso. Es ist einfach so."
Sechs Augen sahen mich mit solcher Erleichterung, solcher Dankbarkeit an, dass es mich überwältigte. Ich hatte eine sehr einfache Aussage über ein sehr gewöhnliches Ereignis gemacht, und doch schien es so viel für sie zu bedeuten. Sie begannen alle gleichzeitig zu sprechen und versuchten einander zuvorzukommen.

David: Manchmal denke ich, dass ein Räuber kommen könnte, um mich zu kidnappen.
Andy: Mein Schaukelstuhl sieht im Dunkeln wie ein Monster aus.
Jill: Am meisten Angst habe ich, wenn die Zweige des Baums an meinem Fenster kratzen.

Die Worte sprudelten hervor. Jedes Kind sprach laut aus, welche Ängste es schon einmal gespürt hatte, als es allein in seinem dunklen Zimmer gewesen war. Wir hörten beide zu und nickten. Sie redeten und redeten. Schließlich waren sie fertig.
In der Stille, die folgte, fühlten wir alle so viel Liebe, dass ich wusste, wir mussten das Herz eines sehr mächtigen Prozesses berührt haben. Das war keine Kleinigkeit, die Gefühle der Kinder zu bestätigen. Wussten andere Menschen davon?
Ich begann auf Gespräche zwischen anderen Eltern und ihren Kindern zu achten.

Im Zoo hörte ich:

Kind (weinend): Mein Finger! Mein Finger tut weh!
Vater: Das kann nicht weh tun. Es ist nur ein kleiner Kratzer.

Im Supermarkt hörte ich:

Kind: Mir ist heiß.
Mutter: Wie kann dir heiß sein? Es ist kühl hier drin.

Im Spielzeugladen hörte ich:

Kind: Mami, schau mal, diese kleine Ente. Ist sie nicht niedlich?
Mutter: Oh, die ist doch für Babys. Du interessierst dich nicht mehr für Babysachen.

Es war erstaunlich. Diese Eltern schienen nicht dazu in der Lage zu sein, auch nur die einfachsten Gefühlsregungen ihrer Kinder wahrzunehmen. Sicher wollten sie mit ihren Antworten keinen Schaden anrichten. Aber was sie ihren Kindern in Wirklichkeit immer wieder sagten, war:

- Du meinst nicht, was du sagst.
- Du weißt nicht, was du weißt.
- Du fühlst nicht, was du fühlst.

Ich musste mich zurückhalten, um nicht jedem dieser Eltern auf die Schulter zu tippen und ihnen vorzuschlagen, was sie stattdessen sagen sollten:

Ich sehe, du hast einen Kratzer. Ein Kratzer kann weh tun.

Oder:

Dir ist wirklich heiß hier drin, was?

Oder:

Oh! Du magst diese flauschige kleine Ente, was?

Ich platzte gleich. Wenn ich es Fremden nicht sagen konnte, dann wenigstens Freunden. Ich musste die frohe Botschaft verkünden. Ich rief ein paar alte Freunde an, von denen ich dachte, dass sie mit meiner Leidenschaft umgehen könnten, und beschrieb ihnen meine neuen Offenbarungen. Sie hörten höflich zu, sogar interessiert. Dann ließen sie das Trommelfeuer an „Abers“ los.
„Aber Janet, ich bin nicht einmal sicher, dass ich verstehe, was du meinst, wenn du sagst ‚Gefühle akzeptieren, Handlungen einschränken‘. Wie würde ich das bei Timmy anwenden?“
Ich dachte mir ein paar Beispiele aus:

„Timmy, ich weiß, dass du gerne einen großen Strauß dieser Narzissen pflücken und mit nach Hause nehmen würdest. Auf dem Schild steht, dass man im Park keine Blumen Pflücken darf.“

„Timmy, ich kann verstehen, dass du gerne in jedes Stück Schokolade in der Schachtel beißen würdest, um zu sehen, was darin ist. Es ist sehr verlockend. Was du darfst, ist, dir jetzt ein Stück aussuchen und morgen ein anderes.“

„Timmy, du bist so wütend auf Eric, weil er dein Rad kaputtgemacht hat. Bestimmt würdest du ihm am liebsten eine pfeffern. Ich weiß. Aber sag es ihm mit Worten, nicht mit deinen Fäusten."

Eine andere Freundin sagte: „Aber Janet, wenn du die Gefühle eines Kindes akzeptierst, bekräftigst du sie dann nicht in Wirklichkeit? Meine Tochter lässt niemanden in die Nähe ihrer Spielsachen. Ich möchte dieses selbstsüchtige Verhalten nun natürlich auf keinen Fall bekräftigen. Ich finde es wichtig, dass Nancy zu einer großzügigen Person heranwächst, also bringe ich ihr bei, dass wir alle teilen müssen."

Und von einer weiteren Freundin hörte ich: „Aber Janet, wenn ich zulasse, dass Roger mir erzählt, wie sehr er das Baby hasst, sporne ich damit nicht seine schlimmsten Gefühle an – verstärke sie noch –, gebe ihm die Erlaubnis zu hassen?"

Es war so schwer zu erklären. Ich versuchte ihnen verständlich zu machen, dass, einem Kind zu helfen, sich über seine Gefühle klar zu werden, nicht bedeutete, den Gefühlen zuzustimmen oder sie anzuspornen; dass ich nicht über eine zustimmende Antwort sprach, wie etwa „Toll Nancy, du hasst es zu teilen!" oder „Fabelhaft Roger, du würdest deine Schwester gerne erwürgen". Dass ich die Art von Zuhören und Antworten meinte, die vom aufrichtigen Versuch herrührte, sich in das Kind einzufühlen.

Dass ein ehrliches, einfaches „Oh" oder „Ich verstehe" dem Kind zu verstehen gibt: *Alle* deine Gefühle sind wichtig – die guten und die schlechten. Sie sind alle ein Teil von dir. Deine Gefühle schockieren mich nicht und machen mir keine Angst.

Dass ein Kind erst, wenn seine wütenden, verletzenden Gefühle offen ausgesprochen sind, erst, wenn sie gehört und akzeptiert wurden, so frei ist, dass es sich ändern kann.

Ich war mir nicht sicher, ob mein unverlangter Eifer gewürdigt wurde, daher freute ich mich doppelt so sehr, als ich ein paar Tage später zwei Telefonanrufe erhielt.

„Janet, gerade ist etwas Unmögliches passiert. Nancys Freundin war heute Morgen bei uns und verlangte, dass Nancy ihr neues Spielzeug mit ihr teile. Zum ersten Mal dachte ich daran, wie Nancy sich fühlen musste. Und etwas Seltsames geschah. Statt wütend auf Nancy zu sein, empfand ich fast zärtlich für sie. Ich sagte: ‚Ich glaube, es muss sehr schwer sein, ein neues Spielzeug zu teilen. Neue Sachen hat man gern lange für sich allein.‘ Dann sagte ich zu Nancys Freundin: ‚Wenn Nancy dazu bereit ist, wird sie teilen.‘ Niemand sagte etwas. Aber eine halbe Stunde später hörte ich tatsächlich wie Nancy verkündete: ‚Okay Barbara, ich bin jetzt bereit zu teilen!‘“

Meine zweite Anruferin klang ebenso ehrfurchtsvoll. „Du wirst es nicht glauben, Janet. Heute Morgen schlief das Baby und Roger lief immer wieder herein, um ihr die Decke wegzuziehen. Ich war im Begriff, ihm zu sagen: ‚Du bist jetzt ein großer Junge – du solltest es besser wissen!‘ Aber ich erinnerte mich daran, was du mir neulich darüber erzählt hast, dass gute Gefühle nicht hereinkönnen, solange die schlechten noch nicht herausgelassen wurden. Also hielt ich nur seine Hand zurück und sagte: ‚Hey Roddy, ich habe darüber nachgedacht, dass dich das Baby manchmal ganz schön nerven muss. Selbst wenn es schläft. Ich schätze, allein dadurch, dass sie im Haus ist und du sie einfach nur siehst, wirst du manchmal ganz schön wütend.‘ Er warf mir einen langen dankbaren Blick zu und sagte: ‚Baby friert. Zudecken.’ Kannst du das glauben?“

Ich fühlte mich beschwingt durch diese Geschichten. Sie bedeuteten, dass ich auf der richtigen Spur war. Ein Gefühl einfach nur zu akzeptieren, machte bereits einen Unterschied; und was für einen Unterschied! Statt genervter Eltern, die versuchen ihren störrischen Kindern ihre erwachsenen Ansichten aufzuzwingen, waren dies Eltern, die wirklich versuchten zuzuhören und zu verstehen – dies waren Kinder, die gehört wurden und die sich verstanden fühlten, Kinder, denen man die Freiheit gegeben hatte, liebevoller zu reagieren.
Dann geschah etwas, das mich innehalten lies. Mary Sue, Jills beste Freundin seit Kindergartentagen, begann sich über Jill lustig zu machen – sie zog sie damit auf, dass sie Babyklamotten trüge, sie lästerte bei anderen Mädchen über sie. Aber Jill vertraute ihrer alten Freundin so sehr, dass sie nicht zu bemerken schien, was vor sich ging. Am Samstag rief Jill Mary Sue an, um sie zum Spielen in unser Haus einzuladen. Diesmal verpasste Mary Ann ihr die volle Breitseite. Sie sagte Jill, dass sie nicht mehr ihre Freundin sein wolle und dass die anderen Mädchen sie auch nicht mochten. Jill stand da, fassungslos, am Boden zerstört. Dann legte sie den Hörer auf

und ging in ihr Zimmer. Eine Stunde später kam ich an ihrer offenen Zimmertür vorbei und sah, wie sie mit verweintem Gesicht auf dem Bett lag und an die Decke starrte. Plötzlich war es mein größter Wunsch, diese Mary Sue in die Hände zu bekommen und sie zu schütteln, bis ihr die Zähne klapperten. Dieses gemeine selbstsüchtige Gör – wie konnte sie es wagen, meiner Jill das anzutun? Ich wollte meinem Kind sagen, dass der Dreck unter ihren Fingernägeln mehr wert sei, als Mary Sue. Ich wollte schreien: „Und der Apfel fällt nicht weit vom Stamm! Man muss sich nur die Mutter ansehen, dieser kalte, aufgesetzte Pfau." Aber vor allem wünschte ich mir die Möglichkeit, Jills Schmerz zu lindern. Ich wünschte mir, die weisen Worte zu kennen, die ihr helfen konnten.
Welchen Rat konnte ich ihr geben? Ich wusste, dass Kinder für gewöhnlich keine Ratschläge hören wollten. Ich wusste auch, dass Jill Zeit brauchte, ihre eigenen Lösungsansätze auszuarbeiten. Und trotzdem hatte ich den Drang, das Problem für sie zu lösen. Mitgefühl schien in diesem Fall keine Option zu sein. Ich fürchtete, wenn ich ihren Schmerz reflektierte, die Zurückweisung, die Einsamkeit, würde sie die Gefühle nicht verarbeiten können.
Mit meiner sanftesten Stimme sagte ich: „Schatz, du kannst nicht durchs Leben gehen und dich dabei nur auf einen einzigen Freund verlassen. Du bist so ein wunderbares Mädchen. Du könntest viele Freunde haben. Wieso rufst du nicht jemanden anderen an, mit dem du heute spielen kannst?"
Jill brach in Tränen aus und schrie: „Du sagst mir immer, was ich tun soll! Wieso glaubst du, dass ich das nicht vorhatte? Tja, *jetzt* werde ich es nicht mehr machen!"

Ich brütete den ganzen Tag über diesen Vorfall. Wenn es die falsche Antwort war, eine Lösung anzubieten, was war dann die richtige? Was hätte ich tun können, um meinem Kind zu helfen? Man konnte doch nicht von mir erwarten, nur mitzufühlen und mich dann zurückzulehnen und sie leiden zu sehen.
Diese sanfte Theorie, die Gefühle unserer Kinder zu akzeptieren, schien ihre Grenzen zu haben. Sicherlich funktionierte es bei kleineren Problemen; dem Kratzer am Finger, dem verlorenen Spielzeug, der Enttäuschung über ein verregnetes Picknick. Aber wie war das mit den großen Verletzungen – echtem Verlust; dem Tod eines geliebten Haustiers, Zurückweisung durch einen Freund? Wäre es angemessen oder sogar hilfreich, diese Ge-

fühle zurückzuspiegeln? Würde ich nicht mehr Schaden als Nutzen anrichten, indem ich diese Wunden aufriss?

Ich ging mit diesen Zweifeln in die nächste Sitzung. Dr. Ginott schüttelte den Kopf. „Ich wünschte, ich wüsste“, sagte er, „auf welche Weise ich Eltern davon überzeugen kann, dass Leid die Entwicklung fördert, dass der Umgang mit Problemen den Charakter stärken kann. Die Eltern wollen so sehr, dass ihre Kinder glücklich sind, dass sie ihnen häufig die Erfahrungen von Enttäuschung, Frust und Trauer vorenthalten, die sie zum Erwachsenwerden brauchen. ‚Weine nicht‘, sagen sie, ‚wir werden dir einen neuen Hund kaufen.‘
Wenn die Eltern nur glauben würden, dass sie ihre Kinder stärken, indem sie ihre schmerzvollen Gefühle identifizieren, hätten sie keine Angst zu sagen: ‚Du vermisst Prinz. Du fühlst dich, als ob dein Herz zerbrechen würde ... Ich weiß. Ich weiß das.‘ *Das* ist tatsächlich die beste Hilfe, die wir unseren Kindern geben können.
Wenn ihr Kind sich schneidet, kann nichts auf der Welt die Wunde sofort heilen. Sie benutzen Desinfektionsmittel, ein Pflaster und wissen, dass die Zeit den Rest erledigen wird. Bei seelischen Verletzungen ist es genau so. Wir leisten emotionale erste Hilfe, aber wir müssen begreifen, dass der Heilungsprozess selbst Zeit braucht. Wir können zu Jill sagen: ‚Es tut weh, wenn sich die beste Freundin nach so langer Zeit von einem abwendet. Es tut sehr weh. Man kann sich dann plötzlich ganz allein fühlen.‘
Dann kann Jill sich sagen: ‚Ich habe zwar eine Freundin verloren, aber ich habe eine Mutter, die mich versteht.‘“

Ich ging etwas benommen, von dem, was ich gehört hatte, nach Hause. Ich hatte noch nie über diese Dinge nachgedacht: der Platz für echtes Leid im Leben eines Kindes ... Die Kraft, die außergewöhnliche Kraft der Eltern, Trost zu spenden, einfach nur dadurch, dass sie die Tiefe der Gefühle verstanden ... Eltern, nicht von der Trauer des Kindes zerstört, die Trauer nicht verleugnend - aber stark, den Kummer hörend, um den Schmerz wissend und dem Kind, durch den bloßen Akt des Zuhörens die tiefgreifendste Botschaft von allen vermittelnd: „Man kann es aushalten. Solange ein anderer Mensch auf der Welt uns wirklich hören kann, wirklich mit uns fühlt, kann man es aushalten.“

Ich war in diese Gedanken versunken, als die Tür ins Schloss fiel. Ich sah den sechsjährigen Andy mitten im Zimmer stehen; sein Gesicht war verzerrt.
„Die Lehrerin hat mich angeschrien“, sagte er heiser. „Ich habe meinen Bleistift vom Boden aufgehoben und sie fing an zu schreien. Sie sagte, ich würde nicht aufpassen. Alle haben mich angesehen. Sie sagte, ich müsse nach der Schule dableiben und dass mir das eine Lehre sein werde. Sie ließ mich nachsitzen. Und du glaubst nicht, wo!“
Mir wurde das Herz schwer. Wie schrecklich musste das für ihn gewesen sein. Schnell, schnell, ich würde den Schmerz beiseitewischen, sagen, dass es nichts, absolut nichts gab, über das man sich ärgern musste. Ich würde ihm sagen, er müsse in Zukunft aufmerksamer sein. Ein Kuss, ein Keks und er wäre wieder ganz in Ordnung!
Dann erinnerte ich mich an ein anderes kleines Kind, das vor langer Zeit in der ersten Klasse in der Ecke stehen musste, weil es geschwätzt hatte. Ich erinnerte mich an die rissige Farbe in dieser dunklen Ecke und das schlurfende Geräusch der vorbeimarschierenden Kinder, die zum Mittagessen nach Hause gingen. Und die schreckliche Stille. Dann plötzlich diese schrille Stimme: „Du kannst jetzt nach Hause gehen, Janet. Ich hoffe, du hast deine Lektion gelernt.“
Ich erinnerte mich, wie ich den ganzen Weg nach Hause lief. Ich wollte rufen. Ich wollte schreien. Ich wollte weinen. Vor allem wollte ich es meiner Mutter erzählen. „Rede nicht so viel“, sagte sie nur immer wieder. „Iss. Du bist spät dran.“ Und ich erinnerte mich daran, wie ich kaute und versuchte das trockene Sandwich herunterzuschlucken.
Ich zog Andy auf meinen Schoß. „Es kann einen sehr ärgerlich machen, wenn ein Lehrer einen anschreit.“ Er schlang seine Arme um meinen Hals und vergrub seinen Kopf an meiner Schulter. „Und wenn die ganze Klasse einen anstarrt! Das macht es doppelt so schlimm. Und dann die ganze Zeit dort sitzen zu müssen, nachdem alle schon nach Hause gegangen sind; und die ganze Zeit möchte man eigentlich selbst nach Hause rennen, aber man darf nicht. Was für eine Menge gemeiner, schmerzhafter Gefühle, die man alle gleichzeitig aushalten muss!“

Ich hatte mich so auf meinen Versuch konzentriert, Andys Erlebnis wirklich nachzuvollziehen, und war so damit beschäftigt, mein schluchzendes Kind zu trösten, dass ich mich erschrak, als ich bemerkte, dass auch an

meinen eigenen Wangen Tränen hinunterliefen und dass ich plötzlich von einem seltsamen Gefühl der Erleichterung erfüllt war.
Ich weiß nicht, wie lange wir da saßen und leise schaukelten. Ich weiß nur, dass ich, als es schließlich vorbei war, mich irgendwie dreißig Jahre weit gestreckt und ein kleines Mädchen aus der Ecke gelassen hatte.

3

Gefühle und Variationen

In diesem Kapitel erfahren Sie:

- Wie Sie das verständnisvolle Zuhören je nach Situation variieren können.
- Welche weiteren Möglichkeiten es gibt, mit den Gefühlen der Kinder umzugehen.

Lange Zeit waren wir uns sicher, dass das zentrale Thema einer menschlichen Beziehung darin bestand, einfach nur zuzuhören und die Gefühle eines Kindes anzuerkennen. Und im Wesentlichen war dem auch so. Aber mit der Zeit entdeckten wir, dass dieses Thema viele Variationen hatte und es nützlich war, sie alle zu kennen.

Variation 1

Manche Kinder zeigten ein so großes Bedürfnis danach, gehört zu werden, das die Fähigkeit ihrer Eltern zum geduldigen Zuhören überstieg. Wir mussten eine Möglichkeit finden, das Gespräch zu beenden und unseren Kindern dennoch zu zeigen, dass wir uns um sie sorgten.

Lee berichtete, dass sie zehn Minuten lang den Klagen ihrer Tochter darüber zugehört hatte, dass sie keine Rolle in der Aufführung des Schultheaters bekommen hatte.

„Ich versuchte, sie zu trösten", sagte sie, „aber Susie schimpfte immer weiter. Es war zu viel für mich. Ich dachte mir: ‚Es ist Zeit, das zusammenzufassen und zu beenden.'

‚Susie', sagte ich, ‚Ich höre, was du sagst. Du hast mir gesagt, dass du wirklich unbedingt eine Rolle in dem Stück wolltest. Du hattest das Gefühl, dass du genauso gut warst wie alle anderen, die vorgesprochen haben – vielleicht sogar besser. Ich verstehe das, aber ich kann nicht mehr zuhören. Ich gehe jetzt in die Küche und während ich das Abendessen vorbereite, werde ich wissen, wie enttäuscht und wütend du bist."

Variation 2

Manchmal drückten die Kinder ihre Gefühle in einer Sprache aus, die so beleidigend war, dass wir nicht zuhören konnten – und erst recht nicht helfen. Jeder von uns hatte eine andere Toleranzschwelle. Aber gewisse Aussagen waren uns allen zu viel.

„Papi sieht wie ein alter Mann aus. Wieso muss ich so einen alten Papi haben?"

„Mein Lehrer ist ein dummer Arsch."

Als Laurie zu Helen sagte: „Ich hoffe du stirbst", erwiderte Helen: „Das ist nicht akzeptabel! Ich sehe, dass du wütend bist. Aber du musst eine andere Weise finden, es mir zu sagen. Und jetzt möchte ich für die nächste Stunde allein sein." Auf Lauries „Wieso?" antwortete sie einfach: „Denk mal darüber nach!"

Variation 3

Manchmal half ein kleines Geschenk einem Kind in Not. Wir fragten nie, ob es das Geschenk wollte oder nicht. Wir gaben es ihm einfach. Einen neuen Buntstift, einen Luftballon, eine Tüte Rosinen zur rechten Zeit sprachen direkt zu seinem Herzen.

Als Roslyns fünfjähriger Sohn sich weinerlich beschwerte: „Mami mag alle lieber als mich", legte sie ihren Arm um ihn und sagte: „Fühlst du dich ungeliebt? Es ist nicht schön, wenn man sich so fühlt - gar nicht schön. Ich glaube, jetzt ist ein guter Zeitpunkt für eine Umarmung und eine Tasse heiße Schokolade."

Als Lees Sohn wegen einer winzigen Schramme, die ihm sein Bruder beim Raufen beigebracht hatte, hysterisch war, nahm Lee zwei Eiswürfel, wickelte sie in einen roten Waschlappen ein und gab ihm diesen, damit er ihn auf seinen „verwundeten" Arm legen konnte.

Variation 4

Wenn ein Kind sich im Griff eines heftigen Gefühls befand, waren wir manchmal in der Lage, ihm dabei zu helfen, seine Gefühle auf kreative Weise abzureagieren. Dr. Ginott hatte gesagt, dass es einen Überfluss an Kreativmaterial im Haus geben sollte - Buntstifte, Bleistifte, Kreiden, Farben, Blöcke, Karton, Tafeln, Schachteln, Ton und so weiter. Die Frauen in unserer Gruppe hatten ihn wörtlich genommen. Es verging kaum eine Woche, in der wir nicht von einem Gedicht hörten, das geschrieben wurde, um die Trauer über eine verstorbene Schildkröte auszudrücken; einen Brief an einen Fernsehsender, um dagegen zu protestieren, dass eine Lieblingssendung aus dem Programm genommen wurde; oder ein wütend gezeichnetes Bild von dem Schläger in der Nachbarschaft.

Für das Kind, das entweder zu jung war oder nicht schreiben oder zeichnen wollte, konnten die Eltern als Sekretäre fungieren.

Evelyns siebenjähriger Sohn Stevie kam an einem Nachmittag wütend vom Schwimmunterricht nach Hause. Der Schwimmlehrer hatte ihm gesagt, solange er die 3-Meter-Rutsche am tiefen Ende des Beckens nicht benutze, würde er aus seiner Schwimmgruppe genommen und müsse ins Kinderbecken. Während Stevie sich ausließ, nahm sein Vater leise einen Stift zur Hand und begann zu schreiben. Als Stevie innehielt, um Luft zu holen, sagte sein Vater: „Mensch, du musst heute ganz schön wütend auf den Schwimmleh-

rer gewesen sein. Hör dir an, was du gesagt hast: ‚Dieser Angeber denkt, er wäre der Chef von allen. Er ist so gemein, ich hasse ihn.'"
Stevie hörte begeistert zu. „Genau", sagte er ernst, „und schreib dazu, dass ich ihn von der Rutsche schubsen werde und ihm den Kopf unter Wasser halten werde, bis er ertrinkt."
Sein Vater schrieb, so schnell er konnte.
„Jetzt schreib, dass ich den Stöpsel aus dem Schwimmbecken ziehen werde, und das ganze Wasser wird durch das Loch verschwinden und er auch."
Dieser Gedanke wurde ebenfalls auf die Liste gesetzt. Als sein Vater ihm seine ganze Ansprache vorgelesen hatte, nickte Stevie energisch und bat darum, es noch einmal zu hören.
„Hier", sagte sein Vater und gab ihm das Blatt Papier. „Du kannst es behalten und lesen, wann immer du willst. Jetzt muss ich einen Brief schreiben. Bitte gib ihn morgen dem Schwimmlehrer. Ich werde schreiben: ‚Mein Sohn Steven muss – egal unter welchen Umständen – nicht auf die 3-Meter-Rutsche, bis *er* das Gefühl hat, dass er so weit ist.'"

Variation 5

Es gibt Raum und Zeit, *nicht* zu verstehen, *nicht* in Verbindung zu sein, *nicht* zu wissen, was ein Kind fühlt. Dr. Ginott beschreibt dies als „jedem Kind seinen Winkel in der eigenen Seele lassen".
Ich kann mich noch immer erinnern, wie meine vierjährige Jill auf dem Bett lag, an ihrem Finger nuckelte und mich anstarrte.
„Weißt du, was ich denke?", fragte sie.
„Nein", antwortete ich.
„Das ist gut", sagte sie und steckte sich den Finger wieder in den Mund.

Variation 6

Es gibt einen Platz im Leben eines Kindes für den Trompetenstoß, der seinen Mut heraufbeschwört – seinen Kampfeswillen. Wir nennen das „die ermutigende Botschaft". Es ist nicht die übliche Aussage von Eltern, die ihre Kinder ermutigen und ihnen eine Rüstung verpassen wollen, um der harten Realität der Wirklichkeit zu begegnen. Es ist nicht das kalte, unpersönliche: „Starkes Kind, du wirst dich durchbeißen", sondern die mitfühlende Bestätigung: „Ja, es ist schwer. Ich respektiere deine Probleme und glaube daran, dass du einen Weg finden wirst."

Zum Beispiel sagte Helen zu Laurie: „Selbst wenn deine Lehrerin dir gegenüber sarkastisch ist, lernst du doch etwas von ihr – trotz ihres unangenehmen Verhaltens!"

Und Ted sagte zu Andy: „Ich habe gesehen, wie du das Kind ignoriert hast, das dich aufgezogen hat, weil du nicht größer bist. Ich nehme an, du weißt, dass wir in dieser Familie an einer Person nicht die Größe, sondern den Charakter schätzen."

Aber das Beispiel, das mich am meisten bewegt hat, betrifft Nell, die ihren Mann wenige Monate zuvor verloren hatte. In einer unserer Sitzungen berichtete sie von einem Problem nach dem anderen, und zu keinem schien es eine Lösung zu geben. Ihr Sohn fühlte sich elend, weil er keinen Vater hatte. Er beschwerte sich pausenlos, gab sogar ihr die Schuld an seiner Misere. Sie fühlte sich hoffnungslos.

In der folgenden tiefen Stille warteten wir darauf, dass Dr. Ginott den Balsam des Mitgefühls auftragen würde. Wir erschraken, als er sie intensiv anblickte und sagte: „Nell, lassen Sie sich vom Leben nicht besiegen."

Ihre Augen füllten sich mit Tränen und jemand wechselte unauffällig das Thema.

In der nächsten Woche sah Nell verändert aus. Helen fragte sie, wie es lief. „Ich bin nicht sicher", sagte sie, „aber etwas hat sich verändert. Als Kenneth das letzte Mal angefangen hat sich zu beschweren, hielt ich ihn auf. Ich sagte: ‚Kenneth, ich weiß, dass es nicht leicht für dich ist, seit Papa gestorben ist. Wir sind jetzt nur noch zu zweit in der Familie und wir wünschten, es wäre anders. Aber ich glaube, es ist für uns beide an der Zeit, dass wir anfangen, darüber nachzudenken, wie wir zu zweit das Beste aus der Sache machen können!'"

An diesem Nachmittag mähte Kenneth, ohne ein Wort seiner Mutter, den lange vernachlässigten Rasen.

4

Wenn ein Kind sich selbst vertraut

In diesem Kapitel erfahren Sie:

- Wie einzigartig, wahr und widersprüchlich Gefühle sein können.
- Wie die Gefühle eines Kindes ihm Schutz und Sicherheit geben.

Während die Wochen verstrichen und mir die Rolle klarer wurde, die Gefühle im Leben meiner Kinder spielten, kamen mir einige Dinge zu Bewusstsein, die sehr neu für mich waren.

Ein Gefühl ist eine Tatsache

Die Gefühle meiner Kinder waren inzwischen so real für mich wie Äpfel, Pfirsiche, Stühle oder andere physische Objekte. Ich konnte die Gefühle meiner Kinder genauso wenig ignorieren wie eine Straßensperre mitten auf der Fahrbahn. Natürlich konnten sich ihre Gefühle verändern – manchmal sehr schnell –, aber in dem Moment, in dem diese Gefühle gefühlt wurden, gab es nichts, was realer war.

Es war nicht ungewöhnlich zu hören:

„Wieso trittst du für Andy ein? Du stehst immer auf seiner Seite."

Oder: „Wir gehen nie irgendwo hin; so wie andere Leute."

Es gab eine Zeit, da wäre ich dieser Art von Unsinn direkt mit der ganzen Stärke meiner Erwachsenenlogik begegnet.

„Das ist nicht wahr. Ich bin oft auf deiner Seite, und das weißt du."

Oder: „Wie kannst du das sagen? Sind wir nicht erst letzte Woche in den Zoo gegangen? Du hast ein schlechtes Gedächtnis."

Nun übermittelten mir diese Aussagen eine andere innere Botschaft. *Das, was ein Kind gerade fühlt, ist in diesem Moment seine Realität.* Als ich dies erkannte, war ich in der Lage, eine andere Antwort zu formulieren.

„Dir kommt es so vor, als ob ich immer auf Andys Seite stehen würde? Verstehe. Danke, dass du deine Gefühle mit mir teilst."

Oder: „Soweit es nach dir geht, macht diese Familie nicht genug Ausflüge. Du wünschst dir, dass wir viel öfter zusammen irgendwohin gehen. Ich bin froh, dass du mir das erzählt hast. Jetzt weiß ich es."

ZWEI ODER MEHR WIDERSPRÜCHLICHE GEFÜHLE KÖNNEN GLEICHZEITIG BESTEHEN

Als ich diesen Gedanken verinnerlicht hatte, wurde eine bestimmte Art von Aussagen überflüssig:
„Nun, vermisst du sie oder nicht?“
„Entscheide dich, entweder willst du ins Zeltlager oder du willst nicht.“
Nun spürte ich eine andere Wahrheit – die Wahrheit von:
„Einerseits vermisst du deine Freundin und andererseits bist du froh, dass sie weggezogen ist.“
„Ein Teil von dir will zurück ins alte Zeltlager, ein anderer Teil will zu Hause bleiben und noch ein anderer Teil möchte ein anderes Zeltlager ausprobieren.“

DIE GEFÜHLE JEDES KINDES SIND EINZIGARTIG

So wie keine zwei Blätter an einem Baum genau gleich sind, so haben auch keine zwei Kinder genau die gleichen Gefühle. Und es war gerade dieser Unterschied, den wir zu schätzen lernten – der Unterschied, der ihn zu „ihm“ machte und niemandem anderen.
Ich konnte nicht mehr mit Verärgerung sagen: „Wieso magst du keine Eiscreme? Du bist der einzige in der Familie, der sie nicht mag.“ Nun konnte ich seine „Andersartigkeit“ mit Vergnügen beobachten. Selbst seine Ablehnung war ein Zeichen der Unterscheidung: „Dein Bruder liebt Eiscreme. Du magst sie gar nicht. Du magst lieber Wassereis.“ Ich versuchte die Botschaft zu vermitteln, dass Unterschiede nichts Schlechtes waren. Ich konzentrierte mich stattdessen auf die Stärken. Ich ersetzte „Alle Jungs sind im Sportverein. Wieso musst du anders sein?“ durch: „Baseball scheint dir keinen besonderen Spaß zu machen. Mir fällt auf, dass du andere Interessen hast".

Wenn Gefühle erkannt und akzeptiert werden, können Kinder selbst besser in Kontakt zu ihren Gefühlen treten

Diese, eigentlich offensichtliche, Beobachtung war für mich nicht immer so offensichtlich. Es brauchte eine Reihe persönlicher Erlebnisse, bis ich verstand, wie wichtig es war, einem Kind beizubringen, den eigenen Empfindungen zu vertrauen.

Der erste Vorfall ereignete sich, als Ted und ich Jills repariertes Fahrrad vom Fahrradladen abholten. Damals war sie sieben. Sowie sie ihr Fahrrad sah, schob sie es nach draußen. Inzwischen ging Ted nach vorne, um zu bezahlen. Einen Moment später war Jill zurück und machte ein besorgtes Gesicht. „Die Bremsen sind nicht in Ordnung", sagte sie.
Der Mechaniker sah genervt aus. „Mit den Bremsen ist alles in Ordnung. Ich habe selbst an dem Fahrrad gearbeitet."
Jill sah mich unglücklich an. „Es fühlt sich nicht richtig für mich an."
Der Mechaniker blieb standhaft. „Sie ist nur ein bisschen fest eingestellt – das ist alles."
Jill sagte schüchtern: „Nein, es ist nicht nur fest, es *fühlt* sich seltsam an." Dann lief sie los, um es ihrem Vater zu sagen.
Das war ein unangenehmer Moment. Der Blick des Mechanikers sagte eindeutig: „Meine Dame, ihr Kind ist eine Plage. Erzählen sie mir nicht, dass sie ihr Wort über das meine stellen wollen." Ich wusste nicht, was ich tun sollte. Ich hatte versucht, Jill beizubringen, dass ihre innere Stimme es wert sei, auf sie zu hören, dass sie zu sich selbst sagen solle: „Wenn ich etwas fühle, kann an diesem Gefühl sicher etwas dran sein." Auf der anderen Seite war hier ein kompetenter Mechaniker, der darauf beharrte, dass alles in Ordnung sei.
Sein finsterer Blick war zu viel für mich. Ich murmelte etwas davon, dass er sicher recht habe und dass Kinder manchmal übertrieben. In diesem Moment kam Ted herüber und sagte sachlich: „Meine Tochter hat das Gefühl, dass etwas mit den Bremsen nicht stimmt."
Mürrisch, ohne ein Wort, hob der Mechaniker das Fahrrad auf einen Ständer, begutachtete das Rad und sagte: „Sie werden es hier lassen müssen. Es braucht ein Ersatzteil für die Nabe. Die Bremsen fehlen."

Ich war so betroffen von dem, was fast passiert wäre, dass ich mir schwor: „Nie wieder!“

Ein paar Wochen später standen Jill und ich an einer belebten Straßenkreuzung und warteten auf den richtigen Moment. Ich nahm sie bei der Hand und begann die Straße zu überqueren. Aber sie zog mich zurück. Ich wollte ihr schon sagen, wie genervt ich war, als ich mich erinnerte. Ich sagte: „Jill, ich freue mich zu sehen, dass du deinem eigenen Gefühl für Timing vertraust, deinem eigenen Gefühl für Sicherheit. Wir werden die Straße überqueren, wenn es sich für dich richtig anfühlt, und das wird so lange dauern, wie es eben dauert.“
Als wir dort fünf Minuten lang standen und zitterten, während denen ich zehn Gelegenheiten sah, um hinüberzugehen, sagte ich mir, dass jeder, der mich sah, mich für verrückt halten musste. Vielleicht übertrieb ich es damit, ihr beizubringen, ihre Gefühle zu respektieren.

Dann ereignete sich etwas, das mein Denken dauerhaft veränderte. Es war ein heißer Sommernachmittag. Jill platzte ins Haus. Sie hatte einen seltsamen Ausdruck auf dem Gesicht. Ihr Badeanzug war noch nass.
„Wir hatten so viel Spaß im Schwimmbad mit diesem netten Jugendlichen, den wir getroffen haben“, sagte sie. „Er hat im Wasser Fangen mit uns gespielt. Dann später hat er Linda und mich an die Seite gebracht, wo die Bäume stehen. Er fragte mich, ob er an meinen Zehen lecken dürfe. Er sagte, es würde Spaß machen.“
Ich atmete kaum. „Und was dann?“, fragte ich.
„Ich wusste nicht, was ich tun soll. Linda fand, es sei lustig, aber ich wollte es nicht. Ich hatte ein Gefühl ... ich weiß nicht.“
Ich sagte: „Du meinst, da war etwas an der ganzen Sache, das dir nicht in Ordnung schien, obwohl du nicht wusstest, was es war?“
„Ja“, sie nickte, „also bin ich nach Hause gelaufen.“
Ich versuchte, sie meine große Erleichterung nicht sehen zu lassen. So beiläufig wie möglich sagte ich: „Du hast deinen Gefühlen vertraut und sie haben dir genau gesagt, was du tun sollst, nicht wahr?“
Und dann wurde mir die enorme Tragweite schlagartig bewusst. Konnte das Vertrauen eines Kindes in sich selbst, in seine eigenen Empfindungen, dabei helfen, es zu beschützen? Und wenn wir einem Kind seine Empfin-

dungen verweigern, schwächen wir damit seine Fähigkeit, Gefahren wahrzunehmen, und machen es verwundbar für die Einflüsse derer, denen sein Wohlergehen nicht am Herzen liegt?

Die Außenwelt arbeitet schwer daran, ein Kind taub für seine eigenen Alarmglocken zu machen:

„Was macht es schon, wenn es keinen Rettungsschwimmer gibt! Du kannst ja schwimmen."

„Es gibt keinen Grund, Angst zu haben. Selbst wenn ein Auto kommt, hast du genug Zeit, deinen Schlitten zur Seite zu steuern."

„Sei kein Feigling. Alle Kinder probieren es mal aus. Man wird nicht süchtig davon."

Ist es möglich, dass manchmal wirklich das Überleben eines Kindes von seinem Vertrauen in seine eigene kleine innere Stimme abhängt?

Wenn mich vor einem Jahr jemand gefragt hätte, welche Bedeutung es habe, die Gefühle von Kindern zu bestärken, hätte ich schwach geantwortet: „Nun, ich schätze, so gibt es weniger Reibereien, und es schadet sicher nicht."

Nun sollte der Fragesteller sich hüten: meine Antwort würde leidenschaftlicher ausfallen. Denn nun ist mir sehr bewusst, dass wir ein Kind, wenn wir ihm sagen, es würde nicht das fühlen, was es fühlt, um seinen natürlichen Schutz bringen. Nicht nur das. Wir verwirren es, nehmen ihm die Orientierung und die Sensibilität. Wir zwingen es dazu, eine falsche Welt aus Worten und Abwehrmechanismen zu erbauen, die nichts mit seiner inneren Realität zu tun hat. Wir trennen es von dem, was es ist. Und wenn wir ihm nicht erlauben, selbst zu fühlen, wird es auch weniger in der Lage dazu sein, sich in andere hineinzuversetzen und für sie zu empfinden.

Aber oh, wenn wir die Realität der kindlichen Gefühle anerkennen, was für großartige Geschenke machen wir da: die Stärke, seinem inneren Antrieb entsprechend zu handeln ... die Möglichkeit zu Liebe und Fürsorge ... die Gelegenheit, einem einzigartigen Menschen ganz nahe zu sein – sich selbst.

6

„Gut“ ist nicht gut genug: Eine neue Art zu loben

In diesem Kapitel erfahren Sie:

- Wieso die herkömmliche Art zu Loben und zu Kritisieren oft schadet.
- Wieso Kinder auf Lob manchmal mit Ärger oder Wut reagieren.
- Wie konkretes, beschreibendes Lob funktioniert.

Roslyn, eine offene, ernste junge Mutter, eröffnete unsere nächste Sitzung. Lebhaft und detailliert schilderte sie eine zufällige Begegnung mit ihrer früheren Mitbewohnerin im Studentenwohnheim.

„Ich habe sie nur kurz gesehen und etwas wirklich Seltsames getan. Ich tat so, als würde ich sie nicht erkennen. Ich weiß nicht wieso. Sie war eigentlich immer ganz nett. Aber irgendwie löste sie ein Gefühl in mir aus, so ... unsicher ... als ob ich nicht ganz helle wäre.

Einen Moment lang überlegte ich, ob ich in die andere Richtung gehen sollte, und dann dachte ich mir: ‚Das ist vollkommen albern! Ich bin jetzt eine erwachsene Frau. Ich habe eine Familie.‘

‚Hallo, Marcia!‘, rief ich, als hätte ich sie gerade erst entdeckt, ‚... Nach so vielen Jahren!'

Sie war so froh, mich zu sehen, dass ich mich wie eine Ratte fühlte, weil ich ihr aus dem Weg gehen wollte. Sie schlang ihre Arme um mich und sagte: ‚Roslyn, lebst du hier in der Nähe? Ich bin gerade hergezogen!‘ Es dauerte nicht lange, bis wir über alte Zeiten sprachen und uns Fotos unserer Kinder zeigten. Dann fragte sie mich, was ich so Interessantes triebe. Irgendwie wollte ich es ihr nicht erzählen. Ich meine, wer erzählt denn herum, dass es seine Hauptbeschäftigung außerhalb des Hauses ist, in einem Klassenzimmer zu sitzen und zu lernen, wie man eine bessere Mutter wird? Aber als sie erwähnte, dass sie behinderte Kinder unterrichtet, dachte ich mir plötzlich, warum eigentlich nicht? Alles, was wir hier lernen, könnte extrem nützlich für einen Lehrer sein.

Also begann ich unseren Kurs zu beschreiben. Ich erzählte ihr, wie wir lernten, unseren Zorn auszudrücken, ohne Schaden anzurichten, wie wir unseren Kindern halfen, sich mehr auf sich selbst zu verlassen und von den wundervollen Dinge, die geschehen waren, seit wir gelernt hatten, die Gefühle unserer Kinder zu akzeptieren. Sie hörte mit großem Interesse zu, bis ich die neue Methode zu loben erwähnte. Da kehrte der vertraute missbilligende Ausdruck auf ihr Gesicht zurück.

‚Beschreiben, was man sieht oder fühlt?‘, sagte sie stirnrunzelnd. ‚Das glaube ich nie im Leben. Wieso sollte man so eine komplizierte Prozedur durchführen, wenn man dem Kind auch direkt sagen kann, was man denkt? Ich sehe nichts Falsches daran, einem Kind, das einem einen ordentlich gearbeiteten Topflappen zeigt, zu sagen, dass seine Arbeit gut ist. Genauso wenig sehe ich, wie es schaden kann, ihm zu sagen, dass er nicht gut gelungen ist, wenn das

der Fall ist. Ich fand es noch nie richtig, Kinder zu verhätscheln.‘
Ich versuchte zu erklären, dass Beschreiben nicht dasselbe wie Verhätscheln ist; dass Beschreiben einfach nur bedeutet, die Werturteile wegzulassen.
Das regte sie wirklich auf. ‚Was ist falsch an Werturteilen?‘, fragte sie in kühlem Ton. ‚Die Aufgabe eines Lehrers ist es, realistische Werturteile zu fällen. Wie soll ein Kind jemals Fortschritte machen, wenn es nicht kritisiert wird? Ganz abgesehen davon, dass das Wichtigste ist, dass meine Schüler wissen, dass ich ehrlich bin. Ich muss meine Zuflucht nicht bei billigen Tricks suchen. Wenn sie einen Fehler machen, weise ich sie darauf hin – auf der Stelle. Wenn sie etwas Dummes machen, nehme ich kein Blatt vor den Mund. Ich sage ihnen: »Dass du das gemacht hast, war dumm.«‘
Ich war schockiert. ‚Du nennst die Kinder dumm?‘
‚Ich nenne nicht *sie* dumm. Ich nenne dumm, was sie *tun*. Das ist ein großer Unterschied.‘
‚Aber, Marcia, wenn jemand sagen würde, was ich tue sei dumm, würde ich mich automatisch auch dumm *fühlen*.‘
‚So funktioniert das nicht. Ein Kind kann den Unterschied erkennen. Egal, es ist Haarspalterei. Wenn die Beziehung gut ist, kann man ein Kind, meiner Erfahrung nach, nennen, wie man will – »Hohlbirne«, »Dussel«, sogar »Dummkopf« –, und es wird das akzeptieren, weil es weiß, dass ich mich um es kümmere und dass ich nur sein Bestes will. Und es wird dich vielleicht interessieren, dass alle meine Schüler wunderbare Fortschritte machen.‘“
Roslyn zuckte hilflos mit den Schultern. „Nun, Dr. Ginott, ich hatte ihr nichts entgegenzusetzen. Und das Schlimmste ist, dass *sie* nun *mich* verwirrt hat. Sie scheint sich wirklich um die Kinder zu sorgen und wenn sie sich ihrer Sache so sicher ist und entsprechende Erfolge erzielt, kann sie dann völlig falsch liegen?“
Laute der Entrüstung waren zu hören. Jeder hatte etwas dazu zu sagen. Dr. Ginott wartete, bis das Getöse abgeklungen war.
„Roslyn“, sagte er, „ich sehe das so: Das wertvollste Geschenk, das wir einem Kind machen können, ist ein positives und realistisches Bild von sich selbst. Nun, wie formt sich dieses Selbstbild? Nicht von einem Moment auf den anderen, sondern langsam, eine Erfahrung nach der anderen.
Vielleicht hilft es, wenn wir uns das Selbstbild eines Kindes wie nassen Zement vorstellen. Stellen Sie sich vor, dass jede unserer Reaktionen einen Abdruck hinterlässt und seinen Charakter formt. Das bedeutet für Eltern und

Lehrer eine ständige Verpflichtung. Wir sollten besser sicherstellen, dass wir keinen der Abdrücke, die wir hinterlassen, später bereuen, wenn der Zement fest wird.
Ein Erwachsener sollte die Macht seiner Worte niemals unterschätzen. Können Sie sich erinnern, was ihr David einmal zu ihnen sagte, Jan? Er sagte: ‚Meine Freunde und ich nennen uns gegenseitig andauernd dumm, das ist nur zum Spaß. Aber wenn deine Mutter oder dein Vater oder deine Lehrerin dich dumm nennt, denkst du, es ist wahr, weil sie das beurteilen können.‘
Was passiert jetzt im Inneren eines Kindes, das akzeptiert hat, dass es dumm ist? Wie begegnet es der neuen Situation? Sehr einfach. Es sagt sich: ‚Ich bin dumm. Also wieso sollte ich es versuchen? Wenn ich es nicht versuche, werde ich auch nicht scheitern.‘ Andererseits, wenn seine Stärken über die Jahre bestätigt wurden, dann übermittelt es sich eine andere Art von Botschaft. Es sagt sich: ‚Ich bin talentiert, also versuche ich es. Wenn es nicht funktioniert, suche ich nach einem anderen Weg.‘
Aber, Roslyn, ich kann verstehen, dass ihr Versuch, diese Ideen weiterzugeben, frustrierend war. Beschreibendes Lob ist ein Konzept, das schwer zu erklären ist. Ich habe zu Elterngruppen gesprochen, auf Ärztetreffen und vor Lehrerverbänden; und obwohl prinzipiell Einigkeit darüber herrscht, dass ständige negative Kritik schädlich sein kann, sehen wenige Menschen einen Unterschied zwischen einer positiven Bewertung des Charakters eines Kindes, wie ‚gut gemacht‘, und einer anerkennenden Beschreibung seiner Handlungen.“

„Du kannst alle Zweifler zu mir nach Hause schicken“, verkündete Katherine. „Ich würde gerne die Unterschiede erklären, weil ich beides erlebt habe. Jahrelang haben meine Kinder nichts anderes zu hören bekommen als ‚guter Junge‘ oder ‚böser Junge‘, je nach ihrem Benehmen. Auf diese Weise hatte meine Mutter immer mit uns gesprochen. Dann, eines Tages, nachdem ich mit Chris, meinem Fünfjährigen, beim Einkaufen war, wollte ich sagen: ‚Du warst heute ein sehr braver Junger.‘ Aber ich dachte mir: Ich versuche die neue Methode. Ich werde wirklich beschreiben, was ich gefühlt und gesehen habe. Also sagte ich: ‚Chris, ich habe mich heute über deine Hilfe im Laden gefreut. Wie du die Flaschen und Schachteln im Einkaufswagen der Größe nach sortiert hast – das hat das Einkaufen sehr vereinfacht. Plötzlich hatte ich viel mehr Platz im Wagen.‘ Und wissen Sie was? Seit diesem Tag ordnet er nicht nur die Einkäufe in meinem Wagen an, er sortiert nun auch den Inhalt der Werkzeugkiste seines Vaters, den meiner Speisekammer, und im Moment bringt er sein Spielzeugregal in Ordnung. Er denkt von sich nicht mehr als von einem guten Jungen oder einem bösen Jungen. Er denkt von sich, als von jemandem, der Dinge in Ordnung bringen kann, wenn er will. Nun, mir scheint das ein großer Unterschied zu sein.“

„Ich habe auch eine Geschichte für die Skeptiker“, sagte Lee. „Ich schätze, Michael war damals etwa acht. Unsere Familie beendete gerade das Abendessen und ich stand auf einem Tritthocker und suchte im Schrank nach einer Dose Pfirsiche für den Nachtisch. Ich bekam die Dose zu fassen und plötzlich war ich übergossen mit warmem Pfirsichsaft. Mir knallte eine Sicherung durch. ‚Irgendjemandem wird es gleich ganz furchtbar an den Kragen gehen!‘, schrie ich.
Sofort sagte Jason: ‚Ich war es nicht.‘ ‚Ich auch nicht‘, stimmte Susie ein. Aber Michael sagte nichts. Wir sahen ihn alle an. Dann sagte er mit schwacher Stimme: ‚Ich glaube, ich war es. Ich glaube, ich habe sie gestern aufgemacht und den Rest zurückgestellt. Ich habe nur einen Pfirsich genommen.‘
Nun, allein der Anblick dieses kleinen, ängstlichen Gesichts sorgte dafür, dass mein Ärger verflog. Ich sprang fast von der Leiter, um ihn zu umarmen und ihm zu sagen, was für ein wunderbarer, ehrlicher Junge er war. Aber mein Mann kam mir zuvor. Er war noch frisch vom letzten Treffen von Dr. Ginotts Vätergruppe und er *beschrieb* einfach nur.
Er sagte: ‚Mensch, Michael, es war gerade bestimmt nicht leicht, die Wahrheit zu sagen – vor allem, weil Mama so laut geschrien hat.‘
Michael schien dankbar für die Worte seines Vaters zu sein und ich dachte, damit wäre es zu Ende. Aber in der folgenden Woche kamen mein Mann und ich aus dem Kino nach Hause und entdeckten einen Zettel, der mit einem Pflaster an der Küchentür befestigt war. Darauf stand: ‚Zerbrochenes Glas. Nicht barfuß reingehen. Von der Person, die es runtergeschmissen hat. Euer ehrlicher Sohn Michael‘ – Und wenn Sie sich erinnern: sein Vater hat ihn gar nicht ‚ehrlich‘ genannt!“

Roslyn hörte unglücklich zu. „Wenn ich diese Geschichte meiner ehemaligen Mitbewohnerin jemals erzählen würde, würde sie darüber spotten. Sie würde sagen: ‚Zunächst einmal, was wäre so schlimm daran, den Jungen ehrlich zu nennen? Wieso um den heißen Brei herumreden?“

„Lassen Sie uns über diese Frage nachdenken", sagte Dr. Ginott. „Stellen Sie sich vor, Lees Mann hätte zu seinem Sohn gesagt: ‚Michael, du bist ein sehr ehrlicher Junge – der ehrlichste Junge auf der Welt.' Was würde in Michaels Kopf vorgehen? Er würde sich denken: ‚Wenn mein Vater nur wüsste. Wenn er nur von all den Gelegenheiten wüsste, bei denen ich nicht genau die Wahrheit gesagt habe.'

Plötzlich fängt Michael an, sich ängstlich zu fühlen. Ihm wird eine Ehre zuteil, die er nicht verdient. Die Latte wird so hoch gelegt, dass er kaum darauf hoffen kann, dieses Niveau zu halten. Er ist in die Ecke gedrängt. In der Falle. Wie kommt er heraus? Vielleicht kann er sich einmal ein wenig schlecht benehmen – nur genug, um seinem Vater zu beweisen, dass er nicht wirklich so ein Engel ist.

Für den Laien ist es stets eine Überraschung, wenn er ein Kind großzügig lobt und das Kind daraufhin unausstehlich wird. Für den Psychologen ist es kein Geheimnis. Er weiß, dass Kinder allumfassendes Lob abschütteln müssen. Es schränkt sie zu sehr ein. Als aufgeklärten Eltern sollte uns bewusst sein, dass wir, wenn wir unsere Kinder allumfassend loben, im Grunde Streit provozieren. Ich denke an Aussagen wie diese: ‚Du bist immer so hilfreich. Du bist das fröhlichste Kind, das ich kenne. Du bist wahnsinnig intelligent.'"

„Autsch!", sagte Helen. „Das klingt schmerzhaft vertraut. Allumfassendes Lob war immer meine Spezialität. Ich habe nie eine Gelegenheit verstreichen lassen, meinen Kindern direkt zu sagen, wie wunderbar sie sind. Ich dachte: Je größer das Adjektiv, desto größer das Kompliment.

Aber meine Kinder haben sich nicht schlecht benommen, sie haben mir bloß nicht geglaubt. Angenommen Billy würde mir eine Zeichnung zeigen und ich würde sagen: ‚Fantastisch!' Er würde fragen: ‚Aber gefällt es dir *wirklich*?' Ich würde sagen: ‚Ja, es gefällt mir *wirklich*. Ich liebe es.' Er würde sagen: ‚Du sagst das nur, damit ich mich gut fühle.' Nur wenn ich sein Werk im Detail beschriebe, würde ich diesen zufriedenen Gesichtsausdruck ernten, der sagt: ‚Wow, das habe ich alles geschafft!'

Roslyn, ich vermute, wenn deine Freundin Marcia auch nur einmal diesen Ausdruck auf dem Gesicht eines Kindes sehen könnte, würde es ihr schwer fallen, wieder zu der alten Methode zurückzukehren."

Roslyn zögerte. „Ich weiß nicht, ob ich ihr das alles erklären könnte. Sie würde ein eindeutiges Beispiel verlangen, das sich auf ihr Klassenzimmer bezieht."

„Nun", sagte Helen, „vielleicht kann ich konkreter werden. Du hast vorhin erwähnt, dass sie, wenn ein Kind ihr einen Topflappen brächte, sagen würde: ‚Gute Arbeit.' Vielleicht könnte sie stattdessen etwas sagen, wie:

‚Wie viel Freude es macht, diese Farben anzusehen! Das Pink und Orange sind ein Augenschmaus.'
Oder ...
‚Es gefällt mir, wie die Streifen in deinem Design verlaufen, waagerecht und senkrecht. Das erinnert mich an ein Bild von Mondrian.'
Oder ...
‚Oh, eine gewisse Mutter wird sich sehr über ihren brandneuen, original handgemachten Topflappen freuen!'
Oder ...
‚Er ist so dick wattiert. Damit würde ich mich selbst vor dem heißesten Topf geschützt fühlen. So etwas kann man wirklich einen Topflappen nennen!'"

„Und das ist es", Dr. Ginott lächelte, „was ich konkretes, beschreibendes Lob nenne. Der Kern, Roslyn, ist nicht, dass es unbedingt etwas Schlimmes ist, einem Kind zu sagen, dass es ‚gut' ist. Es ist nur nicht gut genug. Es ist begrenzt. Helens beschreibendes Lob fügt der Sicht des Kindes auf sich selbst eine völlig neue Dimension hinzu. Ihm werden damit Dinge aufgezeigt, die ihm niemals von selbst eingefallen wären. Zum Beispiel weiß es jetzt, dass es in der Lage dazu ist, etwas herzustellen, was andere beschützt. Es findet heraus, dass sein Sinn für Farben Freude bereiten kann. Es sieht in sich selbst jemanden, der etwas Einzigartiges und Nützliches tun kann. Es entdeckt, dass sein Stil an einen berühmten Künstler erinnert. ‚Wer ist Mondrian?', fragt das Kind. Jetzt hat die Lehrerin einen motivierten Schüler." Roslyn antwortete: „Ich kann genau hören, was meine ehemalige Mitbewohnerin sagen würde: ‚In der Theorie mag das zutreffen. Aber welcher Lehrer ist so clever, dass ihm ständig solche Antworten einfallen?'"
„Wir sprechen hier nicht über Perfektion", sagte Dr. Ginott, „sondern das Weisen in eine Richtung. Ich stelle mir gerne vor, dass wir 70 Prozent anvisieren. Aber selbst zehn Prozent würden einen bemerkenswerten Unterschied machen. Wenn man hungrig ist, ist ein bisschen Nahrung besser als gar keine."
Ich war dem Verlauf mit wachsender Ungeduld gefolgt. Niemand hatte die eine Sache erwähnt, die mich am meisten aufregte.
„Roslyn", sagte ich, „ich sitze hier die ganze Zeit und versuche das Bild eines

behinderten Kindes zu verarbeiten, das seinem Lehrer etwas bringt, an dem es gearbeitet hat, und alles, was es dafür bekommt, ist zu hören, dass es ‚schlecht' sei. Und das macht sie stolz – im Namen der Ehrlichkeit. Ich kenne niemanden – egal, ob Kind oder Erwachsener –, der sich jemals dadurch verbessert hätte, dass man ihm sagte, was er mache, sei schlecht. Und abgesehen davon, hat sie nie bemerkt, wie schnell Kinder ihre eigene Arbeit herabwürdigen – sagen, sie sei ‚Mist'? Wäre ihre Antwort darauf: ‚Du hast recht, seien wir ehrlich – es ist Mist!'"

Dr. Ginott griff dies auf. „Sie weisen da auf einen sehr wichtigen Punkt hin", sagte er. „Wie *können* wir unseren Kindern helfen, mit ihren Enttäuschungen umzugehen? Stellen Sie sich vor, ein Kind sagt: ‚Mein Topflappen ist Mist.' Unsere Antwort könnte sein: ‚Oh, ich höre, dass du nicht zufrieden mit dem Ergebnis deines Topflappens bist.'

‚Ja, die Nähte sind schlecht.'

‚Oh, etwas an den Nähten gefällt dir nicht?'

‚Nun, ja – sie sind schief.'

‚Damit du zufrieden sein könntest, müssten die Nähte also gerade sein.'

‚Genau.'

Diese Art der Gesprächsführung hilft einem Kind, sich darauf zu konzentrieren, was es selbst erreichen will. Nun ist es frei, loszuziehen und etwas zu verändern. Wenn wir seine Arbeit als ‚schlecht' bezeichnen, halten wir es auf. Wir nehmen ihm all seinen Antrieb, weiterzumachen."

Roslyn seufzte wehmütig. „Ich wünschte, sie wären an dem Tag dabei gewesen, als ich Marcia getroffen habe, Dr. Ginott. *Sie* hätten sie überzeugt. Nicht, dass sie sich nicht mit Ihnen gebalgt hätte. Sie hat so einen Verstand, der ständig nach Schlupflöchern sucht. Ich kenne sie. Sie sagt etwas, wie: ‚Das ist gut bei einem Kind, das schon das Gefühl hat, dass etwas nicht stimmt. Aber was ist mit dem Kind, das seine eigenen Fehler nicht sieht. Was ist mit dem Kind, das eine unleserliche Handschrift hat und dabei denkt, sie wäre großartig? Schließt du die Augen und lässt das einfach jahrelang so laufen? Du weißt, dass es ihm langfristig schaden könnte!' Ich würde gerne wissen, wie Sie ihr darauf antworten würden?"

Dr. Ginott wandte sich an die Gruppe: „Gibt es jemanden, der sich der Herausforderung stellen möchte?"

Ich meldete mich freiwillig. „Ich bin bereit für deine Frage, Roslyn. Vor etwa einer Woche brachte David seinen Poesie-Test nach Hause. Über die Seite, auf die er sein erstes eigenes Gedicht geschrieben hatte, hatte die Lehrerin mit roter Tinte ‚Schlampige Handschrift‘ gekritzelt. Ich kam nicht darüber weg. Wieso musste sie die Arbeit eines Kindes derart verunstalten? Was hatte sie dazu veranlasst, eine Schwäche herauszugreifen und seine ganze Anstrengung damit zu etikettieren?

Einen kurzen erregten Moment zog ich in Erwägung, sie damit zu konfrontieren. Ich würde diese Person, die dafür bezahlt wurde, die intellektuelle Entwicklung meines Sohnes zu fördern, darüber informieren, dass der Weg, einem Kind dabei zu helfen, sich zu verbessern, darin bestand, auf seine Stärken zu bauen, nicht ihn mit seinen Schwächen niederzuknüppeln. Dass sie, wenn sie Ergebnisse sehen wollte, gut daran täte, zu würdigen, was er erreicht hatte, bevor sie ihm seine ‚Mängel‘ um die Ohren haute!

Nun ja, das hätte sicher viel Gutes bewirkt ...

Jedenfalls, als David mir das Blatt gab, sagte ich ihm, wie wütend es mich machte. ‚Es stimmt‘, murmelte er. ‚Ich habe eine schlampige Handschrift.‘

Er glaubte ihr! ‚David‘, sagte ich, ‚ich denke, wenn jemand seine Handschrift verbessern soll, sollten wir darüber reden, wie sie sich verbessern lässt, statt uns dafür unhöfliche Worte auszudenken!‘

Dann gab ich ihm einen Bleistift und ein frisches Blatt Papier und bat ihn, drei beliebige Wörter zu schreiben, die ihm gefielen. Er schrieb seinen ersten und zweiten Vornamen und seinen Nachnamen. Es sah aus, wie die Unterschrift meines Arztes auf einem Rezept – praktisch unentzifferbar. Die Lehrerin hatte Recht!

Ich untersuchte das Blatt, bis ich einen respektablen Buchstaben gefunden hatte. Dann sagte ich: ‚David, eine Möglichkeit, eine ordentlichere Handschrift zu bekommen, ist, darauf zu achten, dass alle Buchstaben auf einer Linie stehen. Schau dir das D an, das du hier geschrieben hast. Das ist ein gutes Beispiel.‘

David beugte sich über das Blatt und zeichnete den Buchstaben langsam noch einmal. Er war ein wenig besser. Ich sagte: ‚Du musst das v, das a und D auf eine Linie bringen!‘ Ich dachte, wir sollten Schluss machen, solange es gut lief, aber David wollte weitermachen. ‚Was noch?‘, forderte er.

‚Ein anderer Trick, der hilft, ist es, die Buchstaben sich alle in dieselbe Richtung neigen zu lassen, und das ist nicht einfach.‘

David sagte: ‚Das kann ich auch machen‘, und das tat er – mehr oder weniger. Es war weit davon entfernt, perfekt zu sein, aber die Verbesserung war so

augenfällig, dass David ganz aufgeregt wurde.
‚Sag mir noch etwas, das ich tun soll!', drängte er.
‚Der nächste Schritt ist der schwerste von allen. Es geht darum, denselben Abstand zwischen allen Buchstaben zu halten.'
Wieder beugte sich David über das Papier. Diesmal schrieb er sehr, sehr langsam. ‚Ist es so richtig?', fragte er. Ich begutachtete es eine Weile, ehe ich antwortete. Dann beschrieb ich: ‚Ich sehe ziemlich gleichmäßige Lücken zwischen den Buchstaben. Alle Buchstaben stehen auf derselben Höhe und die meisten neigen sich in dieselbe Richtung. Diese Handschrift sieht man sich gerne an!'
‚Eigentlich', verkündete David, ‚könnte ich eine sehr ordentliche Handschrift haben, wenn ich wollte. Vielleicht übe ich später noch mehr.'
Ich weiß nicht, ob dieses Beispiel deiner Freundin gefallen würde, Roslyn. Vielleicht wäre sie der Meinung, dass ich es übertrieben habe. Aber ich kenne keine andere Weise, mit Kindern zu arbeiten, als mit Anerkennung dafür zu beginnen, wo es gerade steht."
Roslyn sagte nichts. Auf halbem Wege hatte ich ihre Aufmerksamkeit verloren. Ich konnte sehen, dass sie in ihre eigenen Gedanken vertieft war. Aber Dr. Ginott gefiel mein Beispiel. „Sie haben David die Freiheit und die Möglichkeit gegeben, weiterzumachen und seine Handschrift zu verbessern.
Eltern können eine große Hilfe für das Kind sein, das gerade durch Kritik verletzt wurde. Wie? Indem sie für es übersetzen, genau so, wie Sie es getan haben, Jan. Wir können die schlechte Beurteilung in eine Aussage darüber übersetzen, was getan werden muss. ‚Schlampige Handschrift' bedeutet: *die Buchstaben müssen auf einer Linie stehen* ... ‚Mangelnde mathematische Fähigkeiten' bedeutet: *man muss mehr lernen ...*
‚Unverschämtes Verhalten' bedeutet: *man muss mit dem Sprechen warten, bis die Anderen fertig sind* oder *man muss seinen Ärger ausdrücken, ohne Schimpfworte zu verwenden.*
Diese Art Sprache kann unmittelbar nützlich sein.
Aber der beste langfristige Schutz gegen schädliche Kritik ist ein starkes Selbstbild. Das Kind, das ein positives Bild von sich selbst hat, wird sich viel schneller von einer Attacke erholen, als dasjenige, das bereits angefüllt ist mit Zweifeln und Selbsthass.
Es ist mir kürzlich in den Sinn gekommen, dass Eltern sogar in einer besseren Position sind als Therapeuten, wenn es darum geht, das Selbstbild ihrer

Kinder zu stärken. Eltern können nicht nur Anerkennung für gegenwärtiges Verhalten eines Kindes zeigen, sondern sie können sich auch auf die Vergangenheit beziehen, um das Selbstbewusstsein eines Kindes zu unterstützen. Es sind Mutter oder Vater, die Jimmy sagen können, dass er früh angefangen hat zu sprechen, heimatlose Katzen aufgenommen hat, ein tollkühner Kletterer war. Wer sonst würde sich daran erinnern, wie er die Küchenuhr wieder zum Laufen gebracht hat, oder an die Geburtstagsfeier, die er selbst geplant hat, oder die Zeit, als er für alle Frühstück gemacht hat, weil Mami krank war. Jedes Kind hat eine Vielzahl kleiner Erfahrungen gesammelt, die sein Leben von allen anderen unterscheidet. Und alle Eltern können lebendige Lagerhäuser für die schönsten Momente ihres Kindes sein.“

Lee nickte energisch. „Und ein Kind kann sich glücklich schätzen, wenn es Eltern mit einem gut bestückten Lagerhaus hat!“, verkündete sie. „Die früheren Leistungen können einen großen Trost darstellen – besonders wenn er von der Mutter seines besten Freundes beschimpft worden ist.“

Fast neckisch fragte Helen: „Denkst du da an jemanden Bestimmten?“

Lee lächelte schief. „Ja, Michael. Er kam letzten Samstag so aufgebracht nach Hause, dass er kaum sprechen konnte. Aus seiner verworrenen Geschichte stückelten mein Mann Hank und ich zusammen, was geschehen sein musste. Michael und sein Freund Paul spielten Tauziehen mit einem Stock. Irgendwann muss Paul rückwärts gefallen sein und sich selbst mit dem Stock auf die Nase gehauen haben.

Offenbar muss Pauls Mutter ihn weinen gehört haben und hinausgerannt sein. Sie warf einen Blick auf seine blutige Nase und beschuldigte Michael dann anscheinend, ihn geschlagen zu haben. Als Michael dies abstritt, kreischte sie: ‚Du bist ein Lügner!‘

Anscheinend versuchte nun Paul seinen Freund zu verteidigen. Er erzählte seiner Mutter, dass es ein Unfall war – dass sie beide bloß an einem Stock gezogen hatten.

‚Dann seid ihr beide unverantwortlich!‘, schrie sie.

Als die ganze Geschichte heraus war, setzte Hank Michael neben sich auf die Couch. ‚Michael‘, sagte er, ‚wenn Leute dich beschimpfen, ist es nicht wichtig, was sie dir sagen, sondern was du dir selbst sagst. Mein Sohn, was sagst du dir selbst?‘

Michael schrie: ‚Ich bin kein Lügner! Ich bin nicht unverantwortlich!‘

‚Nun, mir scheint‘, sagte Hank, ‚dass ein Junge, der zugibt, eine Dose Pfirsi-

che geöffnet zu haben, wenn er weiß, dass er dafür Ärger bekommen könnte, kaum ein Lügner genannt werden kann.'
Michael starrte ihn mit offenem Mund an.
‚Und mir scheint', fügte Hank hinzu, ‚dass ein Junge, der den Fußboden wischt und ein Schild aufhängt, um die Mitglieder seiner Familie vor möglichen Glassplittern zu schützen – obwohl es ihm niemand angeschafft hat –, kaum unverantwortlich genannt werden kann!'
‚Genau! Das habe ich gemacht, nicht wahr?', sagte Michael atemlos. ‚Sag es ihr, Papi. Geh zu ihrem Haus oder ruf sie an und erzähl ihr von mir!'
‚Du möchtest wirklich, dass Pauls Mutter diese Dinge weiß, nicht wahr? ... Michael, wichtiger als alles, was ich ihr sagen könnte, ist, dass du weißt, was für ein Mensch du bist.'
Michael verließ dann das Zimmer. Etwa zwanzig Minuten später war er zurück, mit einem seltsamen Ausdruck auf dem Gesicht. ‚Ich habe gerade ein Sprichwort erfunden', sagte er, ‚und ich weiß nicht, ob ihr es verstehen werdet.'
‚Wetten, dass?', bot Hank an.
Sehr ernst trug Michael vor: ‚Es geht nicht darum, was sie denken; es geht darum, was ich weiß ... Ergibt das irgendeinen Sinn?'
Ich war erstaunt. Innerhalb einer halben Stunde, war dieses Kind vom Weinen zur Weisheit übergegangen.
‚Irgendeinen Sinn?', wiederholte Hank. ‚Nun, das ist eine tiefgründige philosophische Beobachtung!'
‚Michael', sagte ich, ‚Kannst du mir das aufschreiben, damit ich es mir ansehen und etwas länger darüber nachdenken kann?' Und wisst ihr, ich habe das Sprichwort immer noch an der Kühlschranktür hängen."
Dr. Ginott hatte mit großem Interesse zugehört. „Es scheint mir", sagte er, „dass ein Kind, das diese Art von Aussage formulieren kann, einen entschiedenen Vorteil besitzt. Es hat ein hohes Maß an Schutz gegen die geistlose Charakter-Ermordung, unter der Kinder täglich leiden. Die Leute werden sich schwer tun, ihn in eine Schublade zu stecken – ‚Lügner', ‚unverantwortlich', ‚faul', ‚Dummkopf'. Es hat ein anderes Bild von sich selbst, auf das es sich zurückziehen kann. Dieses Bild ist der Schlüssel zur Freiheit.
Lee, Sie und Ihr Mann haben Michael diesen Schlüssel gegeben. Immer wieder hat er gehört, wie sie ihm seine besonderen Eigenschaften und Fähigkeiten anerkennend beschrieben haben. Sie helfen ihm, auf einer sehr tiefen Ebene zu wissen, was seine Stärken sind; wer er ist.

Ein Mensch, der unter ständiger Beurteilung erzogen worden ist, erlangt selten diese Art der Selbsterkenntnis. Das Leben ist schwieriger für ihn. Oft bleibt er abhängig. Er braucht andere Menschen, die ihm sagen, wer er ist, was er kann, und wie gut er es kann.“

In Roslyn kam plötzlich Leben. „Einen Moment mal!“, platzte es aus ihr heraus. „Das ist es! Das erklärt alles! Ich weiß jetzt genau, was ich Marcia sagen werde. Ich werde sagen: ‚Du hast kein Recht über andere Menschen zu richten. Deine Aufgabe ist es, den Kindern, die du unterrichtest zu helfen, damit sie an sich selbst glauben, und das können sie nicht, wenn sie immerzu beurteilt werden. Möchtest du, dass sie ihr Leben lang anderen ihre Topflappen bringen? Es kommt die Zeit, wo ein Kind seinen eigenen Topflappen betrachtet und sich sagt: ‚Ich bin zufrieden, mit dem was ich gemacht habe.‘ Oder: ‚Ich bin nicht zufrieden.‘ Früher oder später muss ein Mensch in der Lage sein zu entscheiden, was für ihn richtig ist. ‚Was wäre mit Fulton oder Columbus oder den Brüdern Wright geschehen, wenn sie von der Meinung anderer abhängig gewesen wären?‘ ... Was denken Sie, Dr. Ginott?“

„Ich denke“, antwortete er lächelnd, „Sie würden jenen Psychologen zustimmen, die glauben, dass bei einem gesunden Menschen die Quelle oder der Ort der Beurteilung im Inneren liegt.“

„Ich werde sie da zitieren!“, jubelte Roslyn. „Ich werde das verwenden, sobald ich Marcia das nächste Mal sehe! Sie glauben gar nicht, wie sie das beeindrucken wird.“

Plötzlich schnellte ihre Hand vor ihren Mund. „Was sage ich da! Hören Sie nur. Ich versuche immer noch sie zu überzeugen, dass ich recht habe. Es ist fast, als bräuchte ich ihre Erlaubnis, bevor ich Vertrauen in mich selbst haben kann. – Merken Sie, was ich getan habe? Ich habe meinen Ort der Beurteilung an Marcia abgetreten – mich von ihrer Auffassung von gut und schlecht, richtig und falsch abhängig gemacht. Ich habe zugelassen, dass sie mit mir das macht, was sie mit ihren Schülern macht!“

Sie wandte sich an Lee. „Wie ging Michaels Sprichwort noch einmal?“

„Es geht nicht darum, was sie denken; es geht darum, was ich weiß.“

„Tu mir einen Gefallen, ja, Lee? Bitte Michael, es noch einmal aufzuschreiben. Sag ihm, du hast eine Frau getroffen, die es zur Erinnerung verwenden will. Sag ihm, dass sie auch vorhat, den Spruch an die Kühlschranktür zu heften.“

7

Die Rollen, in die wir sie stecken

In diesem Kapitel erfahren Sie:

- Wie wir durch unsere Erwartungshaltung das Verhalten unserer Kinder beeinflussen.
- Wieso Kinder häufig bestimmte Rollen in der Familie spielen.
- Wie wir unseren Kindern helfen können, sich aus diesen Rollen zu lösen.

7.1 Der Waschlappen

Als unsere Gruppe sich wieder traf, wurde uns klar, dass unsere Sitzung über Lob ein Glücksfall für unsere Kinder gewesen war. Unser kombinierter Nachwuchs hatte in den vergangenen zwei Wochen mehr Anerkennung erfahren als in den zwei Jahren zuvor.

„Das Wort, das du gerade benutzt hast, ist schwierig auszusprechen."

„Ich mag deine Frage; sie regt mich zum Nachdenken an."

„Du warst fast eine Stunde mit demselben Puzzle beschäftigt? Dafür braucht man Ausdauer und Konzentration!"

Niemals zuvor war das Ego von so vielen Kindern so gut genährt worden. Wir fühlten uns wie „sehr gute" Mütter. Falls es überhaupt eine negative Seite gab, dann war es unser Übereifer. Zu viel Lob – selbst von der hilfreichen Variante – wurde von den Kindern manchmal als Druck wahrgenommen.

Helen berichtete, dass Laurie gesagt hatte: „Mamaaa, du musst mir nicht *jedes* Mal, wenn ich Klavier spiele, sagen, dass es dir Freude macht!"

Da war etwas dran. Wir würden darauf achten. Aber es blieb eine Tatsache: Beschreibendes Lob sprach direkt zum Herzen eines Kindes. Wir hörten entzückt zu, während eine Frau nach der anderen Zeugnis von der Kraft des geschickten Lobens ablegte.

Nell saß am hinteren Ende des Raumes, abseits der Gruppe. Am Ende eines besonders glühenden Berichts schüttelte sie ihren Kopf. Dr. Ginott sah sie.

„Nell", sagte er, „Sie haben gewisse Zweifel."

Verlegen, weil sie bemerkt worden war, stotterte Nell: „Nein, eigentlich nicht ... Ich ... Ich schätze, ich frage mich nur, was mit mir nicht stimmt. Alle anderen waren so ..." Ihre Stimme brach ab. Dann stieß sie aus: „Dr. Ginott, ich konnte nicht eine Sache an meinem Sohn finden, die lobenswert wäre."

„Und das besorgt Sie", sagte er ernst.

„Nun, es ist furchtbar, niemals etwas Nettes zu seinem eigenen Kind sagen zu können. Wenn es jemanden gibt, der ein wenig Lob brauchen könnte, dann ist es Kenneth. Es mangelt ihm so an Selbstvertrauen. Er glaubt, dass er nichts richtig machen kann. Ich vermute, er hält sich selbst für einen Niemand. Wissen Sie, er ist ein durchschnittlicher Schüler, ein schlechter Athlet ..."

„Wie sehen Sie ihn?", fragte Dr. Ginott.

Nell dachte einen Moment nach. „Nun, die Wahrheit ist, er ist wirklich nicht sehr begabt. Ich weiß, ich sollte verständnisvoller sein, aber manchmal bin ich so genervt von ihm. Ich sehe, wie er im Haus herumschleicht, mit hängenden Schultern und Hundeblick. Es ist, als ob er bewusst versucht ein Waschlappen zu sein.

„Sie meinen, es ist fast so, als ob er sich eine Rolle gewählt hätte, und alles was er tut, muss dieser Rolle entsprechen?"

„So ist es!", rief Nell aus. „Selbst wenn ihm etwas Gutes widerfährt, findet er eine Möglichkeit, es schlechtzureden."

Sie sah sehr finster drein. „Vielleicht spielt er ja wirklich eine Rolle. Aber wenn das stimmt, was bedeutet das dann? Bedeutet das, dass er darin feststeckt? Wird er so bleiben, wenn er erwachsen wird?"

„Das ist möglich", antwortete Dr. Ginott, „sofern ihn nicht zu irgendeinem Zeitpunkt einmal jemand anders sieht."

Nell sah fassungslos aus. „Ich bin nicht sicher, ob ich Sie verstehe."

„Nell, ein Kind kann den wahren Erwartungen seiner Eltern nicht widersprechen. Wenn unsere Erwartungen niedrig sind, können wir sicher sein, dass der Anspruch des Kindes an sich selbst dem ebenfalls entspricht. Eltern, die sagen: ‚Mein Kind wird es nie weit bringen', werden vermutlich sehen, wie ihre Prophezeiung wahr wird."

„Aber, Dr. Ginott", schrie Nell, „Sie sagten doch zuvor, dass das Selbstbild sowohl realistisch als auch positiv sein müsse. Es wäre unrealistisch für mich, große Erwartungen an Kenneth zu haben. Es ist eine Tatsache, dass er nicht gut in der Schule ist. Es ist eine Tatsache, dass man sich nicht auf ihn verlassen kann. Es ist eine Tatsache, dass er leichtsinnig ist."

„Die Frage ist jetzt", sagte Dr. Ginott, „wie können wir einem Kind helfen, sich von jemandem, auf den man sich nicht verlassen kann, zu jemandem zu entwickeln, auf den man sich verlassen kann, von einem mittelmäßigen Schüler zu einem fähigen Schüler und von jemandem, der nicht viel zustande bringt, zu jemandem, der viel Zustande bringt.

Die Antwort ist zugleich einfach und kompliziert: *„Wir behandeln ein Kind, als wäre es bereits so, wie wir hoffen, dass es eines Tages sein wird."*

Nell sah verwirrt aus. „Ich verstehe immer noch nicht", sagte sie. „Meinen Sie, ich sollte versuchen mir vorzustellen, was für ein Mensch Kenneth sein könnte, und mich dann so verhalten, als hätte er das bereits geschafft?" Sie zuckte hilflos mit den Schultern. „Aber ich habe keine Vorstellung davon, wie er sein könnte."

Dr. Ginott sagte langsam: „Nell, ich sehe Kenneth als einen Jungen, der sich schwer damit tut, ein Mann zu werden."
Nell blinzelte für einen Moment. „Ja, aber wie könnte er jemals ..."
Dr. Ginott unterbrach sie. „Wir haben uns da einem schwierigen Thema zugewandt. Vielleicht möchten Sie sich ein wenig Zeit nehmen, um darüber nachzudenken."
Jemand leitete zu einem anderen Thema über. Nach einer kurzen Diskussion sah Dr. Ginott auf seinen Terminplan. Er berichtete uns, dass er auf eine ausgiebige Vortragsreise gehen würde und dass wir uns erst in einem Monat wieder treffen könnten.

Einen Monat später.
Nach den Begrüßungen am Anfang sah sich Dr. Ginott in unserem Kreis um und richtete seinen Blick auf Nell. „*Sie* haben uns etwas zu erzählen", sagte er.
Nell lächelte schüchtern. „Sieht man mir das an?" Sie zögerte, als ob sie nicht wüsste, ob sie weitersprechen sollte. Dann sprach sie mit großer Leidenschaft: „Sie können sich gar nicht vorstellen, wie mich die letzte Sitzung beeinflusst hat. Dr. Ginott, ich konnte Ihre Worte nicht aus dem Kopf bekommen – dass Kenneth sich damit schwertut, ein Mann zu werden. Immer wenn ich darüber nachdachte, fing ich an zu weinen. Ich weiß nicht, wieso ... Vielleicht war es nur dieses Bild des traurigen Jungen, der allen Widrigkeiten zum Trotz versucht, sein Mannesalter zu erreichen. Und niemand steht auf seiner Seite ... nicht einmal seine Mutter." Nell schluckte und versuchte sich zu fassen. Dann fuhr sie fort: „Plötzlich hatte ich das überwältigende Bedürfnis, ihm zu helfen. Es lag so eine gewaltige Aufgabe vor ihm. Ich wollte ihm jede denkbare Hilfe zuteil werden lassen.
Am nächsten Tag war ich erfüllt von meinem neuen Gefühl. Mein gesamter Austausch mit Kenneth – selbst die gewöhnlichsten Anmerkungen – nahmen einen anderen Ton an. Zum Beispiel kam er am Morgen zurück ins Haus gestürmt, weil er sein Pausenbrot vergessen hatte; kein ungewöhnliches Ereignis. ‚Ich habe mein Mittagessen vergessen', entschuldigte er sich. Nun, statt ihn zu tadeln, sagte ich heiter: ‚Mir scheint, Kenneth, dass du dich an dein Mittagessen *erinnert* hast – und genau zum richtigen Zeitpunkt!'
Dann, am selben Nachmittag, nach der Schule, bat Kenneth um eine Tasse Kakao. Wieder überraschte ich mich selbst. Ich schlug vor, dass er sich den

Kakao diesmal selber machen solle und auch eine Tasse für mich.
Ich glaube, das hat ihn erschreckt. Wissen Sie, ich habe ihn noch nie zuvor in die Nähe des Herds gelassen, weil er so leichtsinnig ist.
‚Wie macht man das?', fragte er.
‚Die Anleitung steht auf der Schachtel', sagte ich und ging dann hinaus.
Drei Minuten später erfüllte der unverwechselbare Geruch von angebrannter Milch das Haus. Ich raste in die Küche und da stand Kenneth – sein Hemd, seine Hose, seine Schuhe – alles voll mit übergekochtem Kakao. Er bot einen bedauernswerten Anblick.
‚Mensch, bin ich dumm!', stöhnte er. ‚Ich kann nichts richtig machen.'
Dr. Ginott, in diesem Moment dachte ich an Ihr klassisches Beispiel: ‚Die Milch ist verschüttet; wir brauchen einen Schwamm', und ich lächelte innerlich. Ich sagte zu Kenneth: ‚Oh, ich sehe, der Kakao ist übergekocht. Dass das passiert, wolltest du natürlich nicht, was?' Dann reichte ich ihm ein altes Geschirrtuch und wir machten uns beide ans Saubermachen.
Während Kenneth die Sauerei aufwischte, nuschelte er: ‚Ich weiß nicht, wieso ich so viele Fehler mache.'
Ich bemitleidete ihn: ‚Einen Fehler zu machen, kann entmutigend sein. Das kann einem wirklich den Wind aus den Segeln nehmen. Weißt du, was dein Vater immer zu mir gesagt hat, wenn ich wütend auf mich selbst war, weil ich einen Fehler gemacht hatte? Er sagte: »Betrachte es einmal von dieser Seite, Nell. Ein Fehler kann ein Geschenk sein. Er kann dir helfen, etwas zu entdecken, von dem du zuvor noch nicht wusstest.«'
Kenneth dachte eine Weile über diese Worte nach. Dann sagte er halb im Scherz: ‚Ja, ich habe herausgefunden, dass man, wenn man Milch kocht, die Flamme nicht zu hoch drehen darf.'
Ich freute mich so darüber, dass er sich um Humor bemühte, dass ich versuchte, im gleichen Ton zu antworten. ‚Das ist eine scharfsinnige Beobachtung, Dr. Pasteur.'
Wisst ihr, es war der schönste Tag, den wir je zusammen hatten."
Dr. Ginott strahlte. „Der Stil ist die Substanz, die Stimmung ist die Botschaft", sagte er. „Was ich höre, zeigt eine Veränderung in der gesamten Qualität einer Beziehung. Nell, ich frage mich, ob Ihnen bewusst ist, wie hilfreich Sie für Ihren Sohn waren, als er all seine Fehler beklagte. Die üblichere Reaktion wäre es gewesen, Kenneths Gefühle zu verleugnen: ‚Du machst gar nicht so viele Fehler. Eigentlich bist du sehr schlau. In Wirk-

lichkeit bist du viel schlauer, als du glaubst.‘ Diese Art der Beschwichtigung hätte nur seine Zweifel und Ängste geweckt.
Ich habe auch bemerkt, dass Kenneth das neue Bild, das Sie von ihm haben, ein wenig widerwillig akzeptierte. Oft ist es einfacher für ein Kind, sich an seine alten kontraproduktiven Verhaltensmuster zu klammern, weil sie ihm zumindest vertraut sind.“
Nell hörte aufmerksam zu. „Das könnte dann die Sache mit dem Geld erklären!“, rief sie aus. „Vielleicht versuchte er zu beweisen, dass mein neues Vertrauen in ihn unbegründet sei. Sehen Sie, am nächsten Tag habe ich ihm einen 5-Dollar-Schein gegeben und ihn gebeten, ein paar Einkäufe für mich zu erledigen, etwas das ich noch nie zuvor getan hatte. Nun, er hat das Geld verloren, bevor er überhaupt beim Laden ankam.
Ich war fürchterlich wütend. Es schien so vorsätzlich zu sein, dass er es verlor. Ich dachte: ‚Ich habe in einer Traumwelt gelebt. Er wird sich nie ändern. Er ist genauso verantwortungslos wie immer.‘ Ich war an diesem Abend zu wütend, um auch nur mit ihm zu sprechen.
Aber als ich am nächsten Morgen erwachte, fühlte ich mich ruhiger. Irgendwie wusste ich, dass ich den Glauben nicht verlieren durfte – dass er, ohne den Glauben, den ich in ihn setzte, verloren wäre. Deshalb tat ich etwas, das ihnen sehr dumm erscheinen mag. Ich gab Kenneth einen weiteren 5-Dollar-Schein und dieselbe Einkaufsliste.
Er war überrascht. Er sagte: ‚Du meinst, du vertraust mir? Nach dem, was gestern passiert ist?‘
Ich sagte: ‚Das war gestern. Heute ist heute.‘
Eine Stunde später arbeitete ich an meinem Schreibtisch im Schlafzimmer, als ich das Geräusch von etwas hörte, das unter der Tür durchgeschoben wurde. Es war ein Umschlag mit Wechselgeld und einer Nachricht.“
Nell fischte nach einem Stück Papier in ihrer Handtasche. Sie entfaltete es und las zitternd vor:

Liebe eineinhalbe Mama,
ich habe alles bekommen, außer den Tomaten. Sie waren zu weich.

Alles Liebe
Ken

„Habt ihr gehört, wie er mich genannt hat? Ich bin nicht einmal sicher, was es bedeuten soll. Und seine Unterschrift! Er hat sich noch nie selbst ‚Ken' genannt."

Ich staunte über Nell – diese Frau mit der leisen Stimme, dem ordentlichen braunen Kleid und den ordentlichen, fast altmodischen Manieren. Wo hatte sie die Weisheit und den Mut gefunden zu tun, was sie getan hatte – und ohne die Unterstützung eines Mannes? Ich fragte mich, was Dr. Ginotts Antwort sein würde.

Er sagte nichts, aber ließ sie nicht aus dem Blick – wartend.

„Es gibt noch mehr", sagte sie zögernd, „aber vielleicht habe ich schon zu viel Zeit in Anspruch genommen."

„Sie haben so viel Zeit, wie sie benötigen", sagte Dr. Ginott, „bitte fahren Sie fort. Wir alle lernen von der ‚eineinhalben Mutter'."

Nells Gesicht rötete sich. „Aber sehen Sie nicht", sagte sie, „nichts davon wäre passiert, wenn ich nicht hierher gekommen wäre. Es war ein großes Geschenk, in der Lage zu sein, liebevollere Gefühle gegenüber Kenneth zu empfinden. Das allein hat einen riesigen Unterschied gemacht. Aber es sind die Fertigkeiten, die ich hier gelernt habe, die mich dazu befähigten, hilfreich für ihn zu sein, auf verschiedene Weisen, von denen ich nicht zu träumen gewagt hätte. Zum Beispiel sprachen sie in unserer letzten Sitzung davon, dass Eltern ‚ein Warenhaus für die besten Momente des Kindes' sein könnten. Das wäre mir alleine nie in den Sinn gekommen. Nun, ich habe angefangen, Kenneth von seiner frühen Kindheit zu erzählen, und er konnte nicht genug hören. Besonders ein Vorfall aus seiner Kindergartenzeit faszinierte ihn."

„Erzählen Sie uns davon", sagte Dr. Ginott, „so, wie Sie es Kenneth erzählt haben."

Nell hielt kurz inne. „Ich glaube, ich sagte etwas wie: ‚Kenneth, ich frage mich, ob du dich an dein Kennenlerngespräch im Kindergarten erinnerst. Die Erzieherin hat mir jede Menge Fragen über dich gestellt. Eine davon war: »Hat Kenneth schon einmal eine Schere benutzt?«

Bevor ich antworten konnte, bist du zum Basteltisch gegangen, hast eine Schere und Bastelpapier genommen und das Papier sauber und genau in zwei gleich große Hälften geschnitten.

Die Erzieherin war verblüfft. »Was für Hände!«, rief sie aus. »Es gibt eine feine Koordination der kleinen Muskeln in diesen Fingern.«'

Kenneth hat diese Geschichte sehr gut gefallen. Aber worauf ich hinaus möchte, ist: Am nächsten Tag kaufte er sich einen Bausatz für ein Modellflugzeug und hat stundenlang damit gearbeitet. Als alles fertig war, zeigte er es mir.
‚Wie hast du all diese winzigen Teile nur zusammengefügt?', fragte ich.
‚Weißt du', sagte er ernst und hielt dabei seine Hände in die Höhe, ‚feine Koordination der kleinen Muskeln.' Na, wer hätte gedacht, dass eine kleine Geschichte aus der Vergangenheit ihm so viel bedeuten könnte?
Aber das ist noch nicht das Ende der Geschichte. Etwa eine Woche später kam mein Bruder zu Besuch. Seine Besuche sind sehr wichtig für Kenneth. Er ist so vernarrt in seinen Onkel. Wir hatten einen wunderbaren Familientag. Wir gingen am Morgen in die Kirche, machten am Nachmittag einen langen Spaziergang, und am Abend blieb mein Bruder zum Essen. Kenneth hatte einen Artikel aus den Wissenschaftsseiten der Schulzeitung aufgehoben, um sie ihm zu zeigen, und bat, ihn am Tisch laut vorlesen zu dürfen. Er liest einigermaßen flüssig, aber er war so aufgeregt durch den Inhalt, dass er sich schwer tat, die Bedeutung der technischen Ausdrücke zu verstehen.
Der Artikel handelte vom ersten Chirurgen, der ein menschliches Herz verpflanzt hat. Als Kenneth fertig gelesen hatte, saß er sehr aufrecht auf seinem Stuhl. ‚Ich weiß, was ich werden will, wenn ich erwachsen bin', sagte er, ‚ein Herzchirurg!'
Ich war erstaunt. Nicht nur über seine Worte, sondern über seinen Blick – so intensiv, so ernsthaft. Er strahlte so eine Männlichkeit aus, dass ich ihn nur anstarren konnte.
Mein Bruder durchbrach die Stimmung. Er ist ein Schatz, aber er ist auch ein Realist. Er sagte: ‚Kenny, vergiss es. Zunächst einmal ist Herzchirurgie ein sehr begrenztes Feld. Zum Zweiten hast du keine Chance, außer du hast gute Noten, viel Geld und gute Kontakte. Außerdem: Ist dir klar, welche Verantwortung du dir damit auferlegen würdest? Denk nur, ein menschliches Leben läge in deinen Händen!'
Kenneth sah mich an. Sein alter abgeschlagener Ausdruck war wieder zurück. Ich schritt schnell ein: ‚Ich verstehe, was dein Onkel meint. Ich schätze, Geld und die richtigen Kontakte könnten ein Problem darstellen. Allerdings werden wir mit diesen Problemen umgehen, wenn es soweit ist. Aber sofern es darum geht, die Verantwortung für ein menschliches Leben zu

übernehmen, nun', ich wies in die Richtung von Kenneths starken jungen Fingern, ‚welche Hände könnten besser sein?'
In meinem ganzen Leben habe ich Kenneth noch nicht so stolz gesehen.
Eine Welle von „Aaaahs" füllte den Raum. Jemand begann zu sprechen, aber Dr. Ginott zeigte mit einer Geste, dass wir noch warten sollten. Er wusste, dass Nell noch nicht ganz fertig war.
„Ich rede mir nicht ein, dass Kenneth ein Herzchirurg werden wird", fuhr sie fort, „aber ich habe das Gefühl, dass es wichtig war, dass er überhaupt daran gedacht hat. Ich meine, niemand mit einem mangelnden Selbstbewusstsein würde so etwas in Erwägung ziehen, oder? Und wisst ihr, das wunderlichste ist, dass *ich* anfange zu glauben, dass es möglich ist!
Dr. Ginott, meine Frage ist, lege ich zu viel Bedeutung in das alles? Überschätze ich die Auswirkungen meiner neuen Einstellung? Ein Teil von mir glaubt das nicht – glaubt, dass ich für die Veränderung verantwortlich *bin*. Aber ein anderer Teil sagt: ‚Wie könnte das sein? Was ich gesagt und getan habe, hat ja nur hie und da eine Minute in Anspruch genommen.'"
Dr. Ginott antwortete feierlich: „Nell, es dauert nur eine Minute, ein Kind gegen Polio zu impfen. Aber diese Minute beschützt es für den Rest seines Lebens."
Das zu hören, war, worauf Nell gewartet hatte. Sie lehnte sich zurück und atmete tief durch.
Niemand wollte anschließend sprechen. Viele Frauen starrten gedankenverloren in die Ferne, und einige gingen hinüber zu Nell, um ihr privat ihre Bewunderung auszusprechen. Ich sammelte meine Habseligkeiten zusammen, als ich mich ohne erkennbaren Grund plötzlich an die unbeantwortete Frage meiner Mutter heute Morgen am Telefon erinnerte.
„Janet, Schatz, erzähl mir nicht, dass du immer noch zu diesem Kurs mit dem Doktorenburschen gehst! Weißt du mittlerweile nicht schon alles? Es sind nun schon zwei Jahre. Wie viel mehr gibt es denn, das man lernen könnte?"
Viel mehr, Mama. Viel mehr.

7.2 Die Prinzessin

Drei Wochen später.

Das Thema Rollen war zu faszinierend, um fallengelassen zu werden. Wir hatten viele Fragen. Womit fängt das an – dass ein Kind eine Rolle spielt? An welchem Punkt seines Lebens wird es „der Fiesling“, „die Nörglerin“, „der Träumer“, „die Schlaue“, „der Draufgänger“, „das Problemkind“? Wird es so geboren? Bestimmt sein Platz in der Familie (das älteste, jüngste, einzige Kind) seine Identität? Welche Auswirkung hat seine Größe oder sein Gewicht auf seine Selbstwahrnehmung? Welche Auswirkung hat seine Gesundheit? Seine Intelligenz? Seine körperliche Attraktivität oder sein Mangel daran? Was ist mit seinen Bezugspersonen? Sagen sie ihm nicht, wer er ist? Und wie ist es mit den Ereignissen in seinem Leben, die eine unauslöschliche Spur hinterlassen, wie ein Tod in der Familie?

Offensichtlich gibt es viele bedeutende Faktoren, die ein Kind beeinflussen und die außerhalb aller menschlichen Kontrolle liegen.

Aber auf welche Weise können Eltern das Selbstbild eines Kindes verändern, zum Guten oder Schlechten? Wir wollten noch einmal darüber sprechen. Um diesmal ein bisschen tiefer zu graben.

Eine Frau sagte, sie hätte erlebt, wie die wohlmeinendsten Eltern dem Selbstbild eines Kindes geschadet hatten, indem sie, wie sie dachten, einfach nur Spaß machten. Sie sagte, ihr eigener Vater habe sie ständig aufgezogen. Er nannte sie Faulpelz, Frau Fummelfinger oder Großmaul. Er machte immer „nur Spaß“. Aber für sie war es nie lustig. Selbst heute, als Erwachsene, sagte sie, könne sie die Wirkung seiner Worte nicht ganz abschütteln. Es gebe immer noch Zeiten, zu denen sie von sich selbst als faul, ungeschickt oder laut denke.

Dr. Ginott nickte ernst. „Sie haben aus erster Hand gelernt, dass, mit Rollen versehen zu werden, selbst im Spaß, sehr einschränkend sein kann.“

Es folgte nachdenkliche Stille.

„Manchmal“, sagte eine andere Frau, „kann eine Mutter Schaden anrichten, selbst wenn es ihr sehr ernst mit dem Versuch ist, ihrem Kind dabei zu helfen, sich zu verbessern. Sie glaubt aufrichtig, dass das Kind, wenn sie es darauf hinweist, was falsch läuft, beginnen wird, sich zu verändern.“

Sie führte sich selbst als Beispiel an. Sie beschrieb, wie ihr Sohn seine Jacke verloren hatte; wie sie das Gefühl hatte, es sei ihre Pflicht ihn darauf hinzuweisen, dass er leichtsinnig im Umgang mit seinen Besitztümern würde; wie sie andere Dinge aufzählte, die er in diesem Jahr verloren hatte - seinen Schlüssel, ein Notizbuch, Brillenctui, Stift -, und wie er am Ende ihres Vortrags auf den Boden geblickt und gemurmelt hatte: „Ich schätze, ich bin einfach ein Verlierer."

Sie sagte, dass seine Antwort sie aufgeschreckt hätte. Ihre Absicht war es gewesen, ihn verantwortungsbewusster zu machen. Stattdessen hatte sie genau den gegenteiligen Effekt erreicht. Von diesem Tag an, schaffte er es gar nicht mehr, irgendwo dranzubleiben. Er wurde „ein Verlierer".

Dr. Ginott stimmte zu. „Sie haben eine genaue Beschreibung davon gegeben, wie die Diagnose zur Krankheit werden kann."

Eine andere Frau teilte ihre Gedanken mit uns: „Ich frage mich, ob Eltern ein Kind nicht manchmal unbewusst dazu drängen eine Rolle zu spielen, selbst wenn sie das bewusst bestreiten würden. Ich denke besonders an zwei Freundinnen von mir. Eine von ihnen beschwert sich ständig darüber, dass ihr Sohn in der Schule in so viel Unfug verwickelt ist, dass er den halben Tag im Büro des Direktors verbringt. Und trotzdem spricht sie von ihm immer liebevoll als von ihrem Sohn, dem ‚Schulschreck'.

Meine andere Freundin beklagt immer, dass ihre Tochter übertrieben gewissenhaft sei, eine Perfektionistin.

Offenbar ist dieses Kind furchtbar nervös, bis alles, was es versucht, genau das richtige Ergebnis zeigt. Aber ich habe bemerkt, wie ihre Mutter, wenn sie direkt danebensteht, stolz sagt: ‚Oh, du weißt ja, wie Jennifer ist - nie zufrieden. Alles was sie tut, muss genau richtig sein.'"

Dr. Ginott nickte wieder. „Was Sie vermuten, könnte in der Tat wahr sein. In beiden Fällen hören die Kinder vielleicht die unterschwellige Botschaft der Eltern: ‚Ignoriere meinen Protest. Sei ruhig weiter ein Schulschreck. Sei ruhig weiter eine Perfektionistin. Das ist, was deine Mutter eigentlich will.' Wenn ein Kind eine bestimmte Rolle zu spielen scheint, ist es eine gute Idee, wenn sich die Eltern fragen: ‚Welche Botschaft vermittle ich wirklich?'"

Lee räusperte sich. Ich nehme an, ich hätte mir diese Frage bei Susie vor sieben Jahren stellen sollen, als sie geboren wurde, doch ich bezweifle, dass es irgendetwas geholfen hätte. Sie schien mir wie ein Wunder - das erste Mädchen, nach zwei Jungen, und sie hatte alles, was ich niemals hatte: goldblondes Haar, helle Haut, Zartheit. Ich war beeindruckt von ihr.

Nun, da ich zurückschauen kann, ist es ziemlich eindeutig, welche Nachricht ich ihr übermittelte, sowohl mündlich als auch nonverbal, hundert Mal am Tag: Du bist ein seltenes Juwel, ein Engel, eine kleine Prinzessin.
Tja, ich habe auf die harte Tour erfahren, wo eine Prinzessin hingehört – in die Märchenwelt. Denn in der echten Welt, ist es die Hölle, mit ihr zu leben."
Dr. Ginnott grinste. „Wann haben Sie entdeckt, dass das Kind von adeliger Abstammung ist?"
„Vor drei Wochen", sagte Lee, „nachdem ich gehört hatte, wie Nell von Kenneth erzählte. Ich ging nach Hause und dachte: ‚Gott sei Dank habe ich nicht ihre Probleme. Niemand spielt bei mir zu Hause eine Rolle.' Dann kam Susie ins Zimmer und sagte: ‚Bürste mir die Haare. Und mach es diesmal richtig!'
Ich sah sie an und dachte: ‚Spricht sie immer so?'
In den nächsten paar Tagen hielt ich die Augen offen und beobachtete ihr Verhalten. Ich sah, wie sie agierte. Was immer sie wollte, bekam sie auch. Erst kam der Befehl. Wenn das kein Ergebnis brachte, schaltete sie auf ihre fehlersichere Methode um: Zorn und Tränen. Dieses Kind bediente sich bei allen – ihren Brüdern, ihrem Vater, ihren Großeltern, ihren Freunden – und gab im Gegenzug nichts. Oh, wenn wir Glück hatten, schenkte sie uns von Zeit zu Zeit ein Lächeln.
Plötzlich traf es mich: Meine kleine Prinzessin ist ein verzogenes Gör! Am schwersten war es zu verdauen, dass mein Mann Hank mir das seit Jahren sagt, aber ich habe nie zugehört. Und noch schlimmer, immer wenn er versuchte, ihr die Daumenschrauben anzulegen, ging ich dazwischen. Niemand durfte jemals gemein zu ihr sein!
Mein Magen schnürte sich zusammen. Ich ging im Haus herum und murmelte Dinge, die ich ihr sagen wollte, wie: ‚Kleine, du weißt es vielleicht noch nicht, aber die Tage, in denen du die Herrin im Haus warst, sind vorüber. '
Dann setzte das Schuldgefühl ein. Was warf ich Susie vor? Es war nicht ihre Schuld. Ich war diejenige, die aus ihr eine Prinzessin gemacht hatte. Ich war diejenige, die alle dazu gedrängt hatte, nach ihrer Pfeife zu tanzen."
Lee machte eine wegwerfende Geste. „Nun, das ist Schnee von Gestern. Das Problem ist jetzt: Wie mache ich das wieder rückgängig? Wie mache ich aus einem Gör eine Person, einen Menschen?"
Ihre Frage hing in der Luft. Wir starrten einander geistesabwesend an. Die meisten von uns versuchten immer noch zu begreifen, dass es Lee war, die

solche Probleme hatte – Lee, die immer so stark und beherzt und locker mit ihren beiden Jungs umging. Aber hier saß sie, dieselbe Mutter, völlig demoralisiert von einem kleinen Mädchen. Wir wünschten, uns würde eine schnelle Lösung für sie einfallen.
Aber Lee wartete nicht auf irgendwelche Antworten. „Mein erster Impuls war es", fuhr sie fort, „streng zu werden, sie zusammenzustauchen, zu bestrafen, zu entmachten. Dann erinnerte ich mich, Dr. Ginott, wie oft Sie gesagt haben: ‚Wenn wir einen Menschen machen wollen, müssen wir menschliche Wege gehen.'
Das hat mich wirklich zum Nachdenken gebracht. Ich dachte den ganzen Tag darüber nach – in der Badewanne liegend, in der Schlange im Supermarkt, auf dem Stuhl beim Zahnarzt. Nachts träumte ich sogar davon. Schließlich arbeitete ich einen Zweipunkteplan aus:

1. Ich werde nicht mehr zulassen, dass ich manipuliert werde.
2. Ich werde Wege suchen, Susie eine andere Botschaft zu vermitteln, ein anderes Bild von sich selbst. Nicht Susie, die Prinzessin, sondern Susie, der gute Mensch.

„Nun", sagte Lee heftig, „mein neues Programm hat bereits gestartet und ich hoffe, ich bin auf der richtigen Spur. Denn bis jetzt hat sich nur bei mir etwas verändert. Von Susie ist bislang herzlich wenig zurückgekommen."
„Wie würden Sie sagen, haben Sie sich verändert?", fragte Dr. Ginott nach.
Lee hielt ein Bündel Papiere in die Höhe. „Ich fürchte, die Antwort auf diese Frage könnte die restliche Sitzung in Anspruch nehmen."
Dr. Ginott beruhigte sie: „Es wird so lange dauern, wie es dauert."
Lee beugte sich in ihrem Stuhl vor. „Am Anfang war ich wie eine Katze, bereit, auf das kleinste Zeichen von Großzügigkeit oder sogar ein wenig Rücksichtnahme hin, einen Satz zu machen. Wenn Susie nur einmal etwas tun würde, das zeigte, dass sie an jemanden anderen dachte, würde ich sicherstellen, dass es nicht unbemerkt blieb. Aber sie gab mir nichts, womit ich arbeiten konnte. Also erfand ich etwas ... Klingt das verrückt?
Einmal nach der Schule, leerte Susie gerade die letzte verbliebene Schachtel Kekse im Haus. Ich dachte mir: Typisch, es käme ihr nie in den Sinn, etwas für ihre Brüder übrig zu lassen. Sie beugte sich hinab, um sich am

Bein zu kratzen, und ich schnappte die Schachtel. Ich sagte: ‚Das war rücksichtsvoll von dir, Schatz.'
Sie sah verwirrt aus.
Ich fuhr direkt fort: ‚Jason und Michael werden es wirklich zu schätzen wissen, dass du einige Kekse für sie übrig gelassen hast.' Ihr Mund öffnete sich, aber sie sagte kein Wort.
‚Ein Punkt!', dachte ich. ‚Aber wie oft könnte ich das wohl machen? Es musste einen besseren Weg geben. Dann fiel es mir ein. Der Weg, *ihr* beizubringen, großzügiger zu sein, war, *selbst* großzügiger zu sein. Ich meine, etwas für sie zu tun, das ich üblicherweise nicht für sie tat. Für Kinder zählen saubere Wäsche, Mahlzeiten und Fahrdienste nicht. Diese Dinge scheinen für sie selbstverständlich zu sein. An diesem Abend also, als sie an ihrer Hausaufgabe in Algebra arbeitete, brachte ich ihr ein Glas Limonade mit einem Eiswürfel.
‚Wieso machst du das?', fragte sie überrascht.
‚Ich dachte, du könntest eine kleine Aufmunterung vertragen', antwortete ich.
Tja, es kann sein, dass es überhaupt keinen Zusammenhang gibt, aber am nächsten Nachmittag tat Susie etwas, das mir ein wenig Hoffnung gab. Ich war auf dem Sofa eingeschlafen, als ich hörte, wie sie die Jungen anschrie: ‚Seid still, ihr zwei Großmäuler! Könnt ihr nicht sehen, dass Mami schläft?'
Das weckte mich; aber Hallelujah, endlich hatte sie mir etwas gegeben, mit dem ich arbeiten konnte! Als Hank heimkam, erzählte ich ihm, was passiert war – so laut, dass Susie es hören konnte. Ich beschrieb, wie ich eingenickt war, wie laut die Jungen gewesen waren und wie Susie zu meiner Rettung gekommen war und sie dazu brachte, leiser zu sein, sodass ich etwas Ruhe finden konnte.
‚Das war sehr aufmerksam von ihr', sagte Hank fast ebenso laut.
Den Rest des Abends konnte man gut mit ihr auskommen.
Nun, ich habe gerade unsere angenehmeren Momente beschrieben, als ich ein bisschen an Susie herankam. Der Rest war eine Schinderei – die ganze Strecke bergauf.
Ich entdeckte bald, dass Susie, wenn sie nicht ihren Willen bekam, eine ganz schön große Klappe hatte. Ich wurde als alles Mögliche bezeichnet, von dumm über gemein bis zu: ‚Du bist keine echte Mutter.' Und manchmal flocht sie noch ein wohl dosiertes ‚Ich liebe dich nicht mehr' mit ein.
Mich verließ fast der Mut. Wisst ihr, was mich gerettet hat? Eine kurze

Zeile in meinem Notizbuch: *Es gibt Zeiten für Eltern zu agieren, nicht zu reagieren.* Ich klammerte mich an diesen Gedanken."

„Was bedeutete er für Sie?", fragte Dr. Ginott.

„Für mich bedeutete er: Verschwende deine Energie nicht damit, verletzt zu sein oder zu versuchen, dich zu verteidigen. Fang an, deine Fertigkeiten zu benutzen, um Susie dabei zu helfen, sich zu verändern ... Nun, das war keine kleine Aufgabe. Als Erstes musste sie ganz von Anfang an lernen, wie man sprach. Sie war so gewöhnt daran zu verlangen und zu bekommen, dass sie es gar nicht anders kannte. Es war meine Aufgabe, ihr zu zeigen, dass es andere Möglichkeiten gab.

Also fing ich an. Wenn sie aus dem Bad schrie: ‚Mama! Du hast wieder vergessen, mir mein Handtuch rauszulegen!', schrie ich zurück: ‚Susie, ich möchte auf folgende Weise gefragt werden: »Mama, könntest du mir bitte mein Handtuch bringen?«' ... Ich hoffe immer noch, dass sie es eines Tages begreift.

Ein andermal, als ich sie nicht fernsehen ließ, ehe sie mit ihren Hausaufgaben fertig war, nannte sie mich gemein und sagte, dass sie mich hasse. Ich antwortete ihr empört: ‚Ich möchte nicht, dass jemand so mit mir spricht! Wenn dich etwas wütend macht, dann sag mir: »Mama, das macht mich wütend! Ich wollte meine Hausaufgaben heute Abend nach dem Fernsehen machen.« So weiß ich, wie du dich fühlst, und wir können sehen, ob wir etwas aushandeln können.'

Als sie mich das nächste Mal gemein nannte, war ich nicht in so nachsichtiger Stimmung. Aber ich habe sie trotzdem nicht beleidigt. Ich hatte gerade zwei Stunden und sieben Dollar in Schulsachen investiert, die sie benötigte: Für Algebra musste es der Ordner mit drei Ringen sein; für Rechtschreibung die Mappe mit zwei Ringen und das Hausaufgabenheft musste eine Spiralbindung haben.

Nach all dem, nannte mich dieses kleine Ekel eine ‚gemeine Hexe', weil ich nicht einen Block weit zum Kaugummiautomaten laufen wollte.

‚Junge Dame', sagte ich, ‚lass mich dir etwas über deine Mutter erzählen. Wenn du sie gemein nennst, dann möchte sie auch gemein sein!' Ich sagte das so heftig, dass jedes normale Kind klein beigegeben hätte. Aber nicht Susie. Sie setzte zu einer entsprechenden Antwort an. Ich schnitt ihr sofort das Wort ab. Ich sagte: ‚Ich erwarte, von dir zu hören: »Danke Mama, dass du in drei verschiedene Geschäfte gegangen bist, um all meine Schulsa-

chen zu kaufen. Danke Mama, dass du mir eine extra Packung Buntstifte gekauft hast. Danke Mama, dass du geduldig gewartet hast, bis ich genau das Federmäppchen gefunden hatte, das mir gefällt.«'"
Ein paar Frauen applaudierten.
„Nicht so vorschnell", sagte Lee spöttisch. „Ich klinge wirklich stark, oder? Als ob ich alle Antworten hätte. Aber glaubt mir, oft hätte ich fast aufgegeben oder eingelenkt, wenn mein Mann nicht mit mir zusammengearbeitet hätte."
„Können Sie uns ein konkretes Beispiel geben?", fragte Dr. Ginott.
Lee dachte einen Moment lang nach. „Letzten Samstag", sagte sie, „wollte Susie eine Freundin zum Übernachten einladen. Ich sagte ihr, dass ich wüsste, wie wichtig ihr das sei, und dass ich am liebsten Ja sagen würde, aber da wir an diesem Abend Besuch erwarteten, müsste ich Nein sagen. Ich dachte, ich hätte mich ziemlich freundlich ausgedrückt. Susie war nicht beeindruckt. Sie startete einen Großangriff. Sie stampfte mit dem Fuß auf und rief: ‚Das ist ein dummer Grund. Alles, woran du jemals denkst, bist du selbst und deine blöden Gäste!'
Ich war so erschöpft, dass ich fast den Weg des geringsten Widerstands wählte. Ich dachte: ‚Mach, was du willst. Lad eine Freundin ein. Lad keine Freundin ein. Wie du meinst. Aber lass mich in Ruhe.' Aber glücklicherweise war Hank mit im Zimmer und blieb standhaft. Er sagte: ‚Ich habe gehört, wie deine Mutter gesagt hat, dass heute kein guter Abend für einen Übernachtungsgast ist.'
Susie nahm das nicht freundlich auf. Sie war es nicht gewohnt, dass ihr Vater ihr in die Quere kam. Sie gab einen ohrenbetäubenden Schrei von sich, rannte hinauf in ihr Zimmer, warf sich auf den Boden und trat und schreite fortwährend.
Ich sagte zu Hank: ‚Ich ertrage dieses Geräusch nicht; ich werde da hochgehen und sie kräftig durchschütteln!'
Er hielt mich zurück.
‚Dann lass sie diese verdammte Übernachtungsfreundin haben', knurrte ich, ‚bevor sie das Haus abreißt.'
‚Wir werden nicht zulassen, dass sie uns einschüchtert', sagte Hank ruhig. Dann nahm er ein Blatt Papier, tippte und druckte:

Liebe Susie,

wir können hören, wie wütend du bist.
Schreien ist keine akzeptable Art, deinen Protest auszudrücken.
Sobald du in der Lage bist zu sprechen oder zu schreiben, hören Mami und ich gerne von dir.

Papa

Jason überbrachte den Brief und danach hörten wir kein Geräusch mehr. Er hat uns später erzählt, dass sie gekommen war, um ihn nach der Bedeutung einiger der Wörter zu fragen und dann ins Bett gegangen ist.
Ich fühlte mich enttäuscht. Ich hatte gehofft, dass meine Tochter, angesichts so einer schönen Nachricht, zu uns käme, um die Angelegenheit zu besprechen. Vielleicht hatte ich zu viel erwartet. Auf der anderen Seite gab es auch einen positiven Aspekt. Ich bin mir nicht sicher, ob ich es überhaupt erklären kann, aber den ganzen Abend über fühlte ich mich wohl mit meinen Gästen, fast stolz. Hank und ich hatten uns wie erwachsene Eltern benommen. Wir hatten einer Siebenjährigen nicht erlaubt, uns auf ihr Niveau herunterzuziehen."
Dr. Ginott merkte nüchtern an: „Mit einer schwierigen Situation umgehen zu können, auf eine Weise, die unsere Werte nicht verletzt, kann äußerst befriedigend sein. Lee, ich neige nicht dazu, Vorhersagen abzugeben, aber ich kann ihnen sagen, dass sie letztlich Veränderungen feststellen werden. Kein Kind kann diesem Ansatz lange widerstehen. Diese Kombination aus Stärke und Menschlichkeit ist mächtig."
„Ich hoffe, Sie haben recht", sagte Lee. „Manchmal werde ich ziemlich mutlos. Obwohl gestern etwas passiert ist, das mich denken ließ, vielleicht *gab* es den Durchbruch ja schon."
Mehrere Stimmen fragten: „Was ist passiert?"
„Mein Vater hat uns besucht", erklärte Lee, „und Susie ein Geschenk mitgebracht. Sie riss die Verpackung auf und machte ein langes Gesicht. ‚Das ist die normale Baby born', sagte sie vorwurfsvoll. ‚Ich wollte die neue Baby born Prinzessin!'
Mein Vater wurde blass. ‚Schatz', sagte er, ‚denkst du, Opa hat sich nicht angestrengt? Ich bin überall herumgelaufen. Am Ende musste ich sie extra bestellen. Ich sagte dem Mann, ich wolle die neueste Baby born für meine Enkeltochter, die sie haben. Und diese haben sie mir geschickt.'

Susie stieß die Schachtel beiseite. ‚Die will ich nicht. Ich will die Prinzessin.‘ Gewöhnlich hätte ich gesagt: ‚Papa, sie versteht das nicht. Sie ist nur ein Kind. Sie wird darüber hinwegkommen.‘ Seht ihr, ich stand immer bereit, um mich sofort für ihre schlechten Manieren zu entschuldigen. Diesmal stand ich auf, nahm Susie an der Hand und sagte: ‚Du entschuldigst uns, Opa.‘ Ich führte sie in mein Schlafzimmer und schloss die Tür. Sehr langsam sagte ich: ‚Susie, wenn jemand sich Mühe macht, um ein Geschenk zu kaufen, sollte man dieses Geschenk mit einem Dankeschön annehmen.‘
‚Aber er hat mir die falsche Puppe gekauft‘, heulte sie.
‚Ich weiß‘, sagte ich, ‚du hast eine Sache erwartet, aber eine andere bekommen.‘
Susie nickte unter Tränen.
‚In so einem Fall‘, sagte ich, ‚ist es eine gute Idee zu warten, bis der Schenkende nach Hause gegangen ist. Dann kannst du deiner Familie oder deinen Freunden sagen, wie enttäuscht du bist ... Weißt du wieso?‘
Susie zögerte. ‚Damit man die Gefühle der Person nicht verletzt?‘
‚Das trifft es sehr genau‘, sagte ich. Dann wartete ich.
‚Glaubst du, ich habe Opas Gefühle verletzt?‘, fragte sie.
‚Was glaubst du?‘, antwortete ich.
Sie zuckte mit den Schultern. ‚Nun, es ist mir egal!‘
‚Mir aber nicht. Ich denke, es muss etwas getan werden, damit Opa sich besser fühlt.‘
‚Dann mach du es.‘
‚In Ordnung, das werde ich‘, sagte ich. ‚Aber du musst dir auch etwas ausdenken.‘
Ich ging zurück zu meinem Vater und wir sahen Susie in den nächsten Minuten nicht. Als sie zurückkam, trug sie ein Glas Limonade mit einem Eiswürfel darin.
Sie gab es ihrem Großvater. Er reichte es ihr direkt zurück. ‚Nein, Schatz, trink du es‘, sagte er.
Ich wollte ihn erwürgen. Zum ersten Mal in ihrem Leben verhielt sich meine Tochter wie ein Mensch und mein Vater machte wieder eine Prinzessin aus ihr. Nervös wartete ich darauf, was sie tun würde. Einen Moment lang sah sie verwirrt aus. Dann gab sie das Glas zurück. Sie sagte: ‚Nein, Opa, ich habe es für *dich* gemacht. Ich dachte, du könntest eine kleine Aufmunterung vertragen.‘ ... Nun, ich wäre innerlich fast geplatzt. Mein Gefühl war:
Sie wird es schaffen. Sie wird noch ein Mensch werden!“

Als wir Lee in diesem Moment zuhörten, fühlten wir uns ebenfalls, als würden wir gleich platzen. Mehrere von uns begannen, ihr zu gratulieren, aber sie unterbrach uns.

‚Schaut, ich mache mir nichts vor. Ich weiß, es ist nur der Anfang vom Anfang. Ich habe sieben Jahre gebraucht, um sie zu einer Prinzessin zu machen, und es könnte noch einmal sieben Jahre dauern, das rückgängig zu machen. Aber es gibt keinen Weg zurück für mich.“

Lees Gesicht nahm einen entrückten Ausdruck an. „Wisst ihr, ich hatte einmal eine kleine Pflanze auf dem Fensterbrett. Ich habe nie verstanden, wieso sie so schief zu wachsen schien. Endlich dämmerte es mir. Die eine Seite hatte kein Licht bekommen. Also drehte ich sie um und Stück für Stück richtete sich die ganze Pflanze auf.

So denke ich in letzter Zeit über Kinder – dass sie wie kleine Pflanzen sind. Und wenn man sie immer wieder zur Sonne hinwendet, richten sie sich ebenfalls auf.“

Dr. Ginott blickte nachdenklich. „Und wenn es nicht genug ist, die Pflanze zu drehen“, sagte er, „drehen wir die Sonne.“

7.3. Die Heulsuse

Wieso kann ich die Sonne nicht für ihn drehen?

Ich verließ dieses Treffen voller Neid. Sobald die Frauen auf der Straße waren, teilten sie sich in kleine Gruppen – plaudernd, diskutierend, miteinander spaßend. Ich blieb absichtlich hinter ihnen zurück. Ich wollte mit niemandem reden.

Ich dachte: „Wieso kann ich Andy nicht so helfen? Wieso kann ich ihn nicht davon befreien zu weinen, sich zu beschweren und sich endlos selbst zu bemitleiden? Wieso kann ich die Sonne nicht für ihn drehen?“

Ich vermied es normalerweise, über Andy nachzudenken, es sei denn, um mir zu sagen, er würde gerade nur eine Phase durchmachen. Nun fokussierte ich all meine Gedanken. Wie wird ein mutiges, kontaktfreudiges Kind verschlossen und unglücklich?

Ich prüfte jede Möglichkeit. Konnte es sein, dass es ihn härter getroffen hatte, als ich dachte, dass er während des ersten Schuljahrs so oft krank war? All diese Halsschmerzen, Ohrenschmerzen, die ständige Einnahme von Antibiotika und das dauernde Fiebermessen. Nie war er lange genug gesund, um Freundschaften zu schließen. Konnte das seine Gemütslage beeinflusst haben?

Ich fragte mich, ob die Ursache bei etwas lag, das ich getan oder unterlassen hatte. Vielleicht hatte ich ihn in diesem Jahr zu sehr verhätschelt. Aber was hätte ich tun können, als er allein war und sich Gesellschaft wünschte oder als er missmutig war und Trost brauchte? Ihn abweisen?

Sein Vater trägt vielleicht auch zu dem Problem bei. Er ist in letzter Zeit überkritisch. Nicht, dass ich ihm das vorwerfe. Welcher Mann könnte sich Tag für Tag das ständige Gejammer seines Sohnes anhören, ohne davon abgestoßen zu werden? („Wer hat meinen Schuh genommen? ... Ich bin hungrig ... Es ist schon wieder kaputt gegangen ... Das kann ich nicht ... Ich bin nicht an der Reihe ... Seines ist größer ... Nie nimmst du mich mit.“)

Ich wünschte so sehr, sie hätten wieder ihre alte unbekümmerte Beziehung zurück! Ein Kind kann nicht wachsen, wenn es ständig kritisiert wird. Ich dachte an den Vorfall am vergangenen Abend. Andy hatte den ganzen Tag darauf gewartet, seinem Vater seine neueste Erfindung zeigen zu können, und Ted hatte wirklich versucht sie zu würdigen. Er schaffte es bis zu einem begeisterten „Hey, was haben wir denn hier!“, und dann erschien der

vertraute Ausdruck des Ekels auf seinem Gesicht. „Schau dich an! Dein neuer Pullover ist voll von Klebstoff und ich habe ihn noch nicht einmal bezahlt. Könntest du wenigstens einmal etwas erfinden, ohne dich einzusauen?“ Andy war am Boden zerstört.
David ist auch keine Hilfe. Aber was kann ich von einem Elfjährigen schon erwarten? Besonders einem, der zusehen musste, wie sein kleiner Bruder die Hätscheleien von seiner Mutter bekam, für die er nun zu groß war. Ich schätze, es ist kein Geheimnis, wieso er Andy hänselt, sobald er eine Gelegenheit dazu sieht. In Ordnung, es ist also niemand schuld. Nur eine Verkettung von Umständen. Aber was bedeutet das nun für uns?

Helens Stimme unterbrach meine verzweifelten Gedanken: „Jan, du solltest dein Gesicht sehen! Stimmt etwas nicht?“
Ich versuchte zu lächeln, konnte es aber nicht durchhalten. Plötzlich sprudelten meine Ängste aus mir heraus. „Helen, ich mache mir Sorgen um Andy. Ich glaube, dass er nicht ist wie andere Jungen in seinem Alter. Er ist so unreif. Ich meine, mit acht Jahren sollte ein Kind eine gewisse Frustrationstoleranz haben, oder nicht? Andy bricht wegen allem gleich zusammen - wegen großer Sachen, kleiner Sachen. Das ist nicht normal. Ein zerbrochener Bleistift, ein Kratzer am Finger, die Katze stirbt - das hat alles denselben Effekt. Na ja, das weißt du ja, du hast ihn gesehen. Er benimmt sich die meiste Zeit wie ein hilfloses, plärrendes Baby.“
Helen ging nicht mehr weiter. „Schluss damit“, sagte sie langsam. „Ich glaube, ich verstehe, wovon du sprichst. Ich kenne die sensible Seite an Andy, die Seite, die sich leicht aufregt. Aber das ist nicht das ganze Kind. Wenn ich an Andy denke, sehe ich einen Jungen, der kühn und einfallsreich ist. Er macht nicht einfach nur nach. Er lässt Dinge entstehen. Er konzipiert.“
Ich wusste nicht, wovon sie sprach. „Du meinst seine kleinen Erfindungen?“
„Klein!“ Helen war empört. „Ich schätze, manche davon haben ein kleines Format, aber keine davon ist im Geiste klein. Das, was Andy so leicht fällt, ist dasselbe, was jeder Künstler sein Leben lang zu erreichen versucht - den Mut, sich dem Risiko des Unerforschten zu stellen.“
„Helen, du bist freundlich, und das weiß ich zu schätzen, aber ...“
„Ich bin nicht freundlich“, erwiderte Helen. „Ich spreche objektiv über Andy, obschon aus der Perspektive einer Künstlerin. Um Arbeiten von

dieser Qualität zu schaffen, braucht es viel Konzentration, Ausdauer und Reife."
„Andy, reif?" Das war ein erstaunlicher Gedanke.
Helen fuhr fort. „Das Weinen und Jammern geht vorüber. Vielleicht ist es seine Art, euch mitzuteilen, dass ihn etwas bedrückt ... aber, Jan, seine *Arbeit* ist das, was ihn ausmacht."
Gleich da auf der Straße umarmte ich sie.
„Wofür war das?", fragte sie.
„Das weißt du."
Ein weiteres Wort und ich hätte angefangen zu weinen.

An diesem Abend sprach ich mit Ted. Ich verschloss die Schlafzimmertür und erzählte ihm alles – über Nell, Lee, das Konzept der Rollen und umgekehrten Rollen –, alles über die Methode, einem Kind dabei zu helfen, sich zu verändern, indem man ändert, wie man es sieht. Dann erzählte ich ihm, was Helen über Andy gesagt hatte und was das Bild, das sie von ihm zeichnete, für mich bedeutet hatte.
Ted hörte teilnahmslos zu. Ich wurde energischer. Ich wollte, dass er meine neue Klarheit teilte. Ich erklärte, dass vielleicht die Weise, auf die ich Andy wahrnahm, sein großes Problem war. Und dass er, solange ich nicht damit aufhörte, ihn als unreif und schutzbedürftig zu sehen, nie in der Lage sein würde, sich selbst auf eine andere Weise zu sehen. Dann sprach ich von meiner Entschlossenheit, ihn mir auf andere Weise vorzustellen.
Was ich als Nächstes sagen musste, fiel mir schwer. Ich wusste nicht, wie ich es taktvoll ausdrücken konnte. Ich sagte Ted, dass ich seine Hilfe benötigte. Ich sagte Ted, er solle nicht so grob mit Andy sein, weil mich das schwach werden ließ. Ein scharfes Wort und ich kam angestürmt, um mein „armes Baby" gegen seinen „Monster"-Vater zu verteidigen.
Es war, als hätte ich eine schwärende Wunde geöffnet. Ted sprach bitter über den Ärger, den er über mich empfand. Er sagte, er habe das Gefühl, dass ich ihn regelmäßig in die Rolle des groben Rohlings drängte, des unsensiblen Mannes, und dass ich einen Keil zwischen ihn und seinen Sohn trieb. Das traf mich schwer. Ich hatte keine Ahnung, dass Ted so empfand. Ich wollte gar nicht daran denken, was das bedeutete. Schnell schwor ich, dass es nicht wieder passieren würde, dass ich von nun an anders sein würde. Dann bat ich Ted darum, dass er ebenfalls anders sein würde. Ich erinnerte ihn an den Vorfall mit dem Klebstoff auf dem Pullover. Ich sagte: „Andy

wünscht sich verzweifelt deine Anerkennung. Er kann mit deinem Sarkasmus nicht umgehen. Wenn er etwas falsch macht, weise ihm einfach die Richtung, zum Beispiel: ‚Wenn du mit Klebstoff arbeitest, zieh alte Kleidung an.' Du wirst sehen, dass er darauf reagieren wird ...
Nun, du wüsstest, was ich meine, wenn du in Dr. Ginotts Vatergruppe gehen würdest. Ted, denkst du, dass du dich jemals dafür interessieren könntest, teilzunehmen?"
Ted sah plötzlich grimmig drein. „Nein, ich könnte mich *nicht* dafür interessieren", sagte er durch seine Zähne. „Ich verstehe, um was es geht, und ich werde es mit Andy versuchen, weil ich es will. Aber es muss mein Versuch sein, auf meine Weise. Leg mir keine Worte in den Mund. Wenn ich etwas sage, das nicht deine Zustimmung hat, möchte ich nicht korrigiert werden. Und nicht bewertet!"
Es klopfte laut an der Tür. Jills Stimme. „Was macht ihr beiden? Ihr seid den ganzen Abend da drin. Papi muss mir mit den Hausaufgaben helfen."
Ted ging nach draußen.
Plötzlich fühlte ich mich hundemüde. Als ich aufwachte, war es Morgen. Ich bemerkte, dass ich in meinen Kleidern eingeschlafen war.

Veränderungen, viele Veränderungen – manche dramatisch, manche kaum wahrnehmbar – erwuchsen aus dem Tumult dieses Tages. Während der nächsten sechs Monate führte ich Aufzeichnungen über die Ereignisse und Gedanken, die mir wichtig erschienen.

Eine neue Rolle für Andy

Derselbe Tag.
Ich kann es nicht erwarten, mir Andy zu schnappen um ihn auf seine bis dahin unbekannten Stärken hinzuweisen – seine Vorstellungskraft, seine Kühnheit, seine Ausdauer, seine Reife.
Da kommt er, die Schlafanzughose rutscht, die Nase läuft, er jammert: „Ich gehe heute nicht zur Schule." Ich fühle seine Stirn. Sie ist kalt. In der Vergangenheit hätte ihm eine laufende Nase automatisch einen Tag zu Hause garantiert.
Nicht heute. Heute bricht ein neues Zeitalter an. Ab heute wird er aufhören, von sich als Krankem zu denken. Ich sage: „Du hast kein Fieber,

Schatz. Möchtest du dein Frühstück, bevor du dich für die Schule anziehst, oder danach?"
Andy sieht mich ungläubig an. Dann sagt er: „Ich ziehe mich erst an."
Ich bin dran, ungläubig zu schauen. Er geht *wirklich* zur Schule.

Derselbe Tag.
Andy kommt mit einem Anmeldeformular für die Schulmannschaft nach Hause und der Nachricht, dass die Probespiele in einem Monat stattfinden werden. Er schaut mir ins Gesicht, um meine Reaktion zu sehen.
Ich bin perplex. Schulmannschaft war immer ein Schimpfwort für ihn. Konnte dieser Morgen so viel verändert haben? Erstaunlich! Aber er hat noch nie irgendeine Ballsportart betrieben. Und der Wettbewerb ist so rau. Und ich habe gehört, dass manche der Trainer ziemlich gemein sein können. Er muss sich dem nicht aussetzen ... Da mache ich es schon wieder. Ich muss damit aufhören, oder er wird es in meinen Augen lesen.
Andy: „Findest du, dass ich der Schulmannschaft beitreten sollte?"
Ich: (Ich übersetze schnell. Er meint: „Denkst du, ich bin in der Lage dazu?")
„Du überlegst also, ob du dieses Jahr der Schulmannschaft beitreten sollst?"
Andy: „Ja, aber die Trainer schreien einen an, wenn man den Ball nicht erwischt, und die Kinder machen sich über einen lustig."
Ich: „Ich nehme an, das könnte unangenehm sein. Aber weißt du was, Andy? Ich denke, du kannst alles einstecken, was sie austeilen."
Andy: „Ja. Na ja, vielleicht trete ich nächstes Jahr bei. Ich bin nicht so gut im Fangen."

Es war also nur ein Versuchsballon. Aber er zieht es tatsächlich in Erwägung. Vielleicht würde er mit ein wenig Übung und Ermutigung sogar dieses Jahr bereits beitreten.
Ich kralle mir Ted, sobald er durch die Tür kommt.
Ich: (im Versuch, nicht hysterisch zu klingen) „Andy hat über die Schulmannschaft gesprochen! Du musst mit ihm rausgehen und ihm beibringen, wie man Bälle wirft. Wir haben nur einen Monat, um ihn in Form zu bringen!"

Sonntag.
Ted nimmt Andy mit in den Park zu einem kleinen Training. Beide verlassen in bester Laune das Haus. Ich hoffe, es läuft gut.

Zwei Stunden später kommen sie zurück, schweigend. Andy geht direkt hoch in sein Zimmer und knallt die Tür zu. Ted wirft mir einen Blick zu der sagt: Du und deine tollen Einfälle! Er beschreibt die Katastrophe von Anfang an.

Ted: „Das einzige, was dein Sohn machen wollte, war, die Enten zu füttern und Steine zu sammeln. Ich bin ihm hinterhergedackelt wie ein Idiot und habe versucht ihn für den Ball zu interessieren. Fünf Minuten bevor wir gingen, tat er mir einen großen Gefallen. Er erlaubte mir, ihm den Ball zuzuwerfen. Weißt du, dieses Kind hat Finger wie Spaghetti! ... Hör zu, sende mich nicht noch einmal auf irgendeine Mission."
Jetzt sind sie wütend aufeinander und wütend auf mich. Ted hat recht. Ich sollte ihn nicht zu Unternehmungen mit Andy drängen. Was immer er für seinen Sohn macht, muss von ihm kommen.
Ich wünschte, ich könnte gelassener sein.

Nächster Tag.
Ich habe den Sonntag als Fehlschlag abgeschrieben. Andy sieht das nicht so. Er spricht unentwegt vom Park. Fragt, wo die Enten hingehen, wenn es regnet, was sie essen, wenn die Leute kein Brot bringen, und ob mir jemals aufgefallen sei, wie die Steine ihre Farbe wechseln, wenn es regnet.
Seine Verwunderung bewegt mich. Ich sage: „Du hast so viele Fragen über die Welt. Bestimmt hatten Männer wie Galileo und Da Vinci auch deine Art von wissenschaftlicher Neugier, als sie jung waren ... Andy, solche Gedanken wie deine, verdienen es, dass man sie in ein Notizbuch schreibt."
„Was würde ich hineinschreiben?", fragt er.
„Oh, vielleicht deine Fragen. Vielleicht die Dinge, über die du dir Fragen stellst. Ich denke mir, wenn das Buch vor dir liegt, wirst du schon wissen, was du schreiben willst."

Zwei Wochen später.
Andys Buch ist mit Beobachtungen gefüllt – zwölf Seiten davon. Er hat ihm den Titel „Mein privates Gedankenbuch" gegeben. Der Eintrag, der mir am besten gefällt, ist die Seite auf die er die Umrisslinie seiner eigenen Hand gemalt hat. Darunter hat er geschrieben: „Eine Hand ist wie eine Insel. Jeder Finger ist eine Halbinsel."

Eine Woche später.
Andy und ich gehen heute einkaufen, um eine Winterjacke zu kaufen. Es gibt nicht mehr viel in seiner Größe. Im dritten Geschäft bricht er plötzlich zusammen. Er weint und benimmt sich so schlecht, dass die Leute stehen bleiben, um zu gaffen.
Ich zeige Mitgefühl. Keine Reaktion.
Ich bitte ihn, mitzuarbeiten. Er schreit lauter.
Ich gebe auf. Lass uns nach Hause gehen.
Auf dem Weg nach draußen, lege ich einen Halt an der Imbissbude ein, um mich für den langen Weg nach Hause zu stärken. Andy schlingt sein Essen hinunter und dann werde ich Zeuge einer völligen Verwandlung: Das schreiende Kleinkind verwandelt sich in einen umgänglichen Achtjährigen. „Lass es uns noch in einem anderen Kaufhaus versuchen", sagt er.
Schlussfolgerung: Wenn ein Kind die physiologischen Symptome von Hunger und Erschöpfung erlebt, kannst du dir deinen Atem auch sparen. Ein Brötchen ist soviel wert wie tausend Worte.

Einen Monat später.
Das Jammern ist so schlimm wie eh und je. Selbst wenn Andy zufrieden ist, scheint Jammern die einzige Weise zu sein, auf die er sich ausdrücken kann. Seine Familie ist ihm auch keine Hilfe. Jill und David lieben es, ihn nachzuäffen: „Wah – wah – wah." Das Einzige, was er von Ted und mir zu hören bekommt, ist: „Stell das Geplärre ein." „Du beschwerst dich schon wieder." „Musst du über jede Kleinigkeit heulen?"
Ich befürchte, wir verstärken alle nur das Verhalten, das wir loswerden wollen. Ich denke, es ist Zeit, damit aufzuhören, so spontan zu sein. Was Andy braucht, sind einige Reaktionen, die auf Fertigkeiten beruhen.

Der nächste Tag.
Bereite fieberhaft das Abendessen zu, Andy spaziert herein. Er blökt wie ein sterbendes Schaf: „Ich bin hunnng-rig ... ich bin hunnng-rig."
Ich sage: „Andy, wenn du zu hungrig bist, um auf das Abendessen zu warten, sag mir: ‚Mama, ich nehme ein Stück Brot und Butter.' Oder: ‚Mama, ich nehme eine Karotte.' Oder noch besser – nimm sie einfach!" (Ein großer Fortschritt gegenüber: „Beschwerst du dich schon wieder?!")

Zwei Tage später.
Heute kommt Andy mit einer langen leidvollen Geschichte zu mir. In anschuldigendem Ton sagt er, er habe seit Tagen keine losen Blätter mehr, und ich sagte immer, ich würde ihm welche besorgen, täte es aber nie, und dass er Papier in der Schule brauche und ihm niemand welches leihen würde und dass ich ihn sofort zum Laden fahren müsse.

Ich: „Andy, ich kann hören, dass du Papier brauchst und ich habe vor, dir welches zu besorgen, aber ..."
Andy: (streitlustig) „Aber was?"
Ich: „Mir gefällt die Art nicht, auf die ich gefragt wurde. Sie gab mir ein Gefühl wie ein Nagel, der über eine Tafel kratzt. Ich schätze, ich mag lieber deine andere Art zu reden. Weißt du, deine tiefe, angenehme, männliche Stimme."
Andy: (seine Stimme ist eine Oktave tiefer) „Du meinst, wenn ich so rede?
Ich: „Genau! So meine ich!"
Andy: (Schaut mich sorgsam an, zupft dann an meiner Bluse. Er karikiert sein übliches Jammern.) „Mamaaa, wann kaufst du mein Papier? Ich will Papier."
Ich: (Halte meine Hände in gespieltem Entsetzen an meine Ohren.) „Arrgh!
Andy: (Lacht. Seine Stimme wird noch eine Oktave tiefer.) „Mama, ich glaube, heute ist ein guter Tag, um Papier zu kaufen."
Ich: „Du hast mich überzeugt."

Als er an diesem Abend im Bett lag, hörte ich, wie er mit sich selbst sprach. Er experimentierte mit den beiden Stimmen!

Zwei Tage später.
Dasselbe Gejammer. Anderes Drehbuch.
Andy: „Du musst mit mir Buchumschläge kaufen gehen. Die Lehrerin sagt, wir bekommen eine 6, wenn unsere Bücher nicht eingebunden sind. Ich will keine 6. Du hattest gesagt, dass wir gestern fahren würden, sind wir aber nicht."
Er war so ekelhaft, dass ich alle Kraft aufbringen musste, um ihn nicht zu imitieren. Ich machte mit der Hand eine Stopp-Geste.

Ich: „Andy, bitte. Die andere Stimme!

Er ignorierte mich und verfiel in eine Tirade darüber, wie ich Buchumschläge für David und Jill gekauft hätte, aber nicht für ihn.

Ich: (langsam und bestimmt) „Andy, du hast eine hartherzige Mutter."
Andy: (sieht verwirrt aus)
Ich: „Das Problem besteht darin, den richtigen Weg zu finden, ihr hartes Herz zu schmelzen." (Ich verließ das Zimmer. Fünf Minuten später klopfte Andy an die Schlafzimmertür.)
Ich: „Herein."
Andy: (geradeheraus und in sachlichem Ton) „Mama, ich brauche Buchumschläge. Würdest du mir welche kaufen?"
Ich: (lustvoll) „Junger Mann, mein Herz ist geschmolzen. Lass uns gehen."

Im Auto dachte ich triumphierend: „Es beginnt wirklich Wirkung zu zeigen."

Nächster Tag.
Ich habe alles verdorben. Bin von der Winterschlussverkaufsschlacht heimgekehrt mit sechs Badetüchern, vier Bettlaken, wunden Füßen und Kopfschmerzen.

Andy: (klagend) „Wo warst du? Du hast gesagt, du bist um vier zu Hause. Ich bin hungrig. Es gibt nichts zu essen. Hast du mir etwas gekauft? Was hast du mir gekauft?"

Habe ich gesagt: „Oh, du hast dich gefragt, wo ich bin? Du hast mich um vier zu Hause erwartet"?
Habe ich gesagt: „Das klingt, als ob es dir schwer gefallen wäre, etwas zu essen zu finden"?
Habe ich gesagt: „Oh, du hast gehofft, dass ich dir etwas kaufe"?
Nein.
Ich schrie: „Sei still! Sei still! Sei still! Deine Stimme macht mich verrückt!"
Zwei Schritte vor, ein Schritt zurück. Ich hoffe, er ist so stark, wie ich es mir selbst ständig einzureden versuche.

Eine Woche später.
Wieder diese Stimme! Dieses Mal geht es irgendwie um Geld, das verschickt werden muss, für eine besondere Pumpe, die es nur in einem Laden in Philadelphia gibt. Es ist goldig, seine junge Neugier für Gärprozesse zu beobachten, und ich möchte aufmerksam zuhören, aber dieses Gejammer macht mich rasend. Ich stehe am Rande eines erneuten „Sei still!". Es *muss* eine Alternative geben. Ich unterbreche ihn mitten in einer weiteren Tirade.

Ich: „Andy, schreib es mir auf. Ich kann mich besser konzentrieren, wenn ich in geschriebener Form sehe, was du möchtest."

Das gefällt ihm nicht.

Andy: „Schreib es auf! Wofür denkst du, habe ich einen Mund? Hör einfach zu! Ich brauche eine Lufteinspritzpumpe und ..."
Ich: „Schriftlich bitte. Wenn ich es schriftlich sehe, kann ich klarer denken. Ich möchte genau wissen, was du möchtest, deine Begründung und eine grobe Schätzung der Kosten."

Andy stampft schmollend in sein Zimmer, aber bevor er zu Bett geht, reicht er mir ein Blatt Papier. Darauf steht:

Liebe Mama,
ich erfinde eine neue Rakete. Das Teil, das ich brauche, ist eine Lufteinspritzpumpe. Sie kostet $1.25. Ich brauche auch einen Treibstofftrichter. Er kostet 75 Cents. Und ich werde es dir zurückzahlen.

Alles Liebe
Andy

In dieser Nacht, als Andy schlief, hinterließ ich eine Nachricht auf seiner Kommode.

Lieber Raketenbauer,

weil deine Kostenaufschlüsselung so klar war, hat sie mir geholfen zu verstehen, was du brauchst.
Beiliegend findest du zwei Dollar für Ausrüstung.
Alles Gute für den Raketenstart!

Alles Liebe
Mama

Zwei Tage später.
Mir kommt es so vor, als ob diese Angelegenheit mit Andy meine ganze Energie aufbraucht. Er ist das Erste, woran ich denke, wenn ich die Augen aufschlage, und das Letzte, woran ich denke, bevor ich zu Bett gehe.
Kein Wunder, dass Jill gesagt hat: „Du widmest mir gar keine Aufmerksamkeit mehr." Kein Wunder, dass David sich in den letzten Tagen so darum bemüht, unausstehlich zu sein. Kein Wunder, dass Ted sich jeden Abend hinter seiner Zeitung versteckt. Ich bin zu einer eindimensionalen Figur geworden – Andys Mutter.
Mein Leben ist aus der Spur geraten. Ich sollte mehr Zeit mit Jill verbringen. Und ich hätte mit David gehen sollen, um mir das neue Fahrradschloss anzusehen, das er mir zeigen wollte.
Aber zuerst und am dringendsten muss ich anfangen Ted und mir ein bisschen Aufmerksamkeit zu widmen. Wer auch immer behauptet hat, Kinder würden ein Paar näher zusammenbringen, wusste nicht, wovon er spricht. Mir kommt es vor, als ob Mutter- und Vatersein einen sehr zersetzenden Effekt auf das Frau- und Mannsein haben. „Nun, heute Abend werden Ted und ich alleine zu Abend essen – Hühnchen mit Wein und Pilzen. Ich habe das seit Monaten nicht mehr gemacht, weil Andy es hasst.
Und ich werde die Einladung zu Teds Absolventenball dieses Jahr annehmen. Ich werde seinen Smoking bügeln lassen und mir ein neues Abendkleid kaufen. Wieso nicht? Es gibt mehr im Leben als Andy!

Eine Woche später.
Immer noch geschockt von dem, was ich heute Nachmittag gehört habe.
Ich kam in die Küche und sah, wie Andy wegen eines Käsetoasts weinte.
Andy: (wimmernd) „Ich habe ihn verbrannt. Ich habe ihn verbrannt."
Ich: (schaudernd) „Andy! Diese Töne wieder! Das zehrt an mir. Sag einfach:

'Oh mist, mein Toast ist verbrannt! Ich muss noch einen machen.'"
Andy: (starrt auf den verdorbenen Toast, spricht dann mit leiser Stimme) „Aber wenn ich es so sage, bemitleidest du mich nicht."

„Oh mein Gott!", dachte ich, „Er sagt, dass er will, dass ich ihn *bemitleide*!"
Ich wusste nicht, was ich antworten sollte. Aber den ganzen Tag über bekam ich seine Worte nicht aus dem Kopf.
Sieht er sich so - als ein Mensch, der keinen Wert für mich hat, solange er nicht das Objekt meines Mitleids ist? ...
Was für eine fürchterliche Bürde für ein Kind zu glauben, er müsse sich selbst mitleiderregend machen, um geliebt zu werden.
Vielleicht hat er das Gefühl, dass das die Weise ist, auf die er mich glücklich machen kann - meine Bedürfnisse befriedigt.
Sind das meine Bedürfnisse? Ich glaube nicht. Waren sie es einmal? Vielleicht - ein bisschen ... Nun, nie wieder, Andy. Falls es das ist, was hier die ganze Zeit los war, dann nie, nie wieder.

Drei Tage später.
Etwas in mir hat sich verändert. Ich höre es an meiner Stimme. Sie hat den Anflug von Verzweiflung verloren. Es scheint, dass ich kein so großes Bedürfnis mehr danach habe, „die wundersame Erdenmutter, allmächtige Spenderin umgehenden Trostes" zu sein.
Es ist nicht so, dass Andy nicht mehr versuchen würde, die alten Gefühle aufzuwirbeln. Der Unterschied liegt in meiner Reaktion. Ich denke nicht einmal mehr darüber nach, was ich sagen soll oder wie ich es sagen soll. Meine Worte kommen aus einer tieferen Quelle. Ich weiß jetzt, dass mein Sohn seine eigene Stärke fühlen muss, seine eigene Macht spüren - nicht meine. Ich sehe Andy und erwarte, dass er das *kann*. Ich erwarte, dass er das *wird*.

Ein Junge braucht einen Freund

Eine Woche später.
Bin heute Helen in die Arme gelaufen. Erzählte ihr von all dem, was in den letzten beiden Monaten mit Andy geschehen war. Was für eine Wohltat, mit ihr zu sprechen! Für eine Weile aale ich mich in ihrer Zustimmung. Dann

fragt sie, ob Andy in diesem Jahr irgendwelche neuen Freunde gefunden habe. Ich erkläre, dass die Jungen im Viertel ihn vor langer Zeit ausgeschlossen haben und dass die Kinder in seiner Klasse nach seiner Definition ein Haufen von Schwachköpfen seien.
„Ein Junge braucht einen Freund", sagt Helen.
Ich erkläre weiter – erzähle ihr, wie zufrieden er zu Hause ist, mit seinen Sammlungen und Erfindungen.
Helen wiederholt: „Er braucht einen Freund. Du kannst nicht sein Freund sein."
Ich bin verärgert. „Das auch noch? Ich muss ihm auch noch einen Freund besorgen?"
„Nein, aber du kannst ihn in die Richtung stoßen, sodass er selbst einen finden kann."
„Wie?"
„Versuch es einmal damit, seine Lehrerin um Rat zu fragen", sagt Helen. „Das wäre ein naheliegender erster Schritt."
Plötzlich tut es mir leid, dass ich so offen war. Helen ist ein wunderbarer Mensch, aber manchmal kann sie anmaßend sein.

Derselbe Nachmittag.
In Ordnung. Ich werde die Lehrerin treffen.
Ich schätze, er muss in Kontakt zu anderen Kindern kommen. Ich nehme an, er hat zu viel Zeit in der Nähe seiner Mutter verbracht. Eigentlich gibt es keinen Grund, warum er nicht in der Lage sein sollte, Freunde zu finden. Er braucht nur ein bisschen Hilfe, um damit anzufangen.

Nächster Tag.
Hatte eine Besprechung mit Frau Miller, ohne Andys Wissen. Sie ist eine junge, enthusiastische Lehrerin, erpicht darauf zu helfen und voller Ideen. Sie schlug vor:

1. Ihn mit einem anderen Jungen an einem Klassenposter arbeiten zu lassen.
2. Ihm die Verantwortung für die Wissenschaftsecke zu übertragen.
3. Ihn „Assistenten" wählen zu lassen, die mit ihm den Hamsterkäfig reinigen und das Wasser des Schildkröten-Beckens wechseln.
4. Die Klasse in kleine Ausschüsse aufzuspalten, die in Projekten außerhalb des Klassenzimmers arbeiten.

Dann gab sie mir die Namen und Telefonnummern von ein paar Jungen, von denen sie dachte, dass sie sich mit Andy verstehen könnten. Sie schlug vor, dass ich eine Gruppenaktivität mit ihnen leiten könnte.
Auf dem Nachhauseweg dachte ich: „Bowling! Von allen Sportarten hat er am wenigsten Ressentiments gegen Bowling."

Nächster Tag.
Andy ist von der Idee, in der Gruppe zum Bowling zu gehen, wenig begeistert. „Wieso können wir nicht alleine gehen?", fragt er. „Nur du und ich."
Ich murmle etwas über einen Club. Beim Wort „Club" springt der Funken über. „Wir werden einen Bowling-Club gründen!", ruft er. „Wir werden uns jede Woche treffen."
Es wird ein Club. Ich telefoniere. Alle Kinder sind interessiert und haben am Donnerstag Zeit. Andy schreibt eine Einkaufsliste. Morgen werden wir Limonade und Kekse für das erste Treffen des Bowling-Clubs kaufen. Wir sind im Geschäft.

Donnerstag.
Ein Fiasko.
Die sorgfältig ausgewählten Kekse werden im Zimmer herumgeworfen, die Limonade an die Decke gespritzt, die Jungen sind wild und sehr kumpelhaft – aber nur untereinander. Andy ist ein Ausgestoßener in seinem eigenen Zuhause. Zudem hat er noch die schlechteste Punktzahl beim Bowling. Er will den Club nicht mehr. Ich dränge auf einen weiteren Versuch. Es hat keinen Sinn, der Club löst sich auf.

Freitag.
Es ist nicht gut für Andy, jeden Nachmittag zu Hause zu sein. Entweder sitzt er wie ein Zombie vor dem Fernseher, folgt mir wie ein Hündchen von Zimmer zu Zimmer oder er streitet mit David.
Er muss von zu Hause raus, mit anderen Kindern in seinem Alter spielen! Ich spiele immer die gleiche Platte ab. „Andy, wieso lädst du heute nicht einmal jemanden zu uns nach Hause ein? Bestimmt gibt es jemanden in deiner Klasse, mit dem du gerne spielen würdest. Ein Junge braucht am Nachmittag Freunde."

Andy ist gereizt und widersetzlich.
Ich werde subtiler: „Ein Kind, das gerne Dinge erfindet, wird sich sehr freuen, wenn es dich kennenlernt."
Immer noch nicht gut. Ich weiß, was ihn blockiert. Es ist meine Leidenschaft. Er spürt, wie sehr ich es ihm wünsche, und dadurch wünscht er es sich weniger für sich selbst.
Wie schaffe ich ihn nur aus dem Haus?

Drei Tage später.
Ich weiß, was ich mache. *Ich* werde rausgehen. Die neue Nähmaschine steht hier seit einem Jahr herum und ich weiß immer noch nicht, wie man einen Faden einfädelt.
Ich suche und finde einen Nähkurs am Nachmittag und sage Andy, er solle sich für eine Stunde am Dienstagnachmittag etwas überlegen, weil ich nicht zu Hause sein werde. Andy sieht aus, als säße er in der Falle. Ich halte mich beschäftigt, indem ich die Wäsche aufräume und versuche, mich nicht von seiner Panik anstecken zu lassen. Er sieht mir eine Weile zu, während ich methodisch Teds Taschentücher falte. Dann bietet er an: „Nun, meine Lehrerin sagt, ich muss nach dem Unterricht dableiben, wegen eines Posterprojekts mit dem blöden Jim Plunkett. Also werde ich ihr sagen, ich mache das am Dienstag."
Oh, Frau Miller sei gesegnet! Sie ist schließlich doch durchgedrungen.

Eine Woche später.
Craig ruft an. Er ist einer der Jungen aus dem nicht mehr existierenden Bowling-Club. Will, dass Andy zum Spielen zu ihm nach Hause kommt. Andy kommt nicht, also kommt Craig.
Sie gehen zunächst sehr zögerlich miteinander um. Craig fragt: „Was willst du machen?" Andy antwortet: „Keine Ahnung, was willst du machen?"
Ein bisschen später sehe ich die beiden draußen um die Garage stöbern. Schließlich tauchen sie mit Teds alter Harke auf und rechen abwechselnd einen großen Blätterhaufen zusammen. Ich beobachte, wie sie sich in den Blätterhaufen graben wie kleine Streifenhörnchen. Für eine Weile bewegt sich nichts. Plötzlich füllt eine Wolke roter und goldener Herbstblätter die Luft und zwei Jungen tauchen auf – schreiend, lachend, die Blätter in die Luft und aufeinander werfend.

Später im Haus, mit zwei Tassen heißer Schokolade, unterhalten sie sich angeregt. Craig erzählt von den Schlangen, die er als Haustiere hält, und Andy erzählt davon, wie seine Rennmäuse Junge hatten.
An diesem Abend, nachdem Craig gegangen ist, sehe ich den alten Andy wieder – heiter, herzlich, kontaktfreudig. Seine Laune reicht bis in den Abend hinein. Er bietet David sogar freiwillig an, ihm seinen neuen Stift zu leihen.

Nächster Tag.
Craig ruft wieder an. Diesmal stimmt Andy zu, hinüberzugehen. Sein erster Besuch im Haus eines Freundes seit einem Jahr! Es ist eine Woche der ersten Male.
Andy kommt in ausgelassener Stimmung nach Hause.

Ein Monat später.
Die Freundschaft mit Craig wächst. Langsam, aber sie wächst. Andy geht am Samstag wieder zum Spielen hin. Ein anderer Freund besucht Craig. Die beiden Jungen tun sich gegen Andy zusammen und werfen Sand auf ihn. Andy kommt völlig aufgelöst nach Hause gelaufen. In seinen Haaren, Augen und dem Mund ist Sand. Von Schluchzen unterbrochen, erzählt er die Geschichte. Ted kommt herein, sieht, wie er wimmert und sagt: „Wann lernst du, wie ein menschliches Wesen zu sprechen? Musst du immer wie ein verdammtes Baby klingen?“
Andy sieht mich an, als hätte ihn ein Schlag getroffen. Er vergräbt sein Gesicht in meinem Bauch und ich höre seine gedämpfte Stimme: „Wenn ich groß bin, werde ich eine Mutter.“
Ich wende mich Andy zu, nehme ihn mit ins Badezimmer und mache ihn sauber. Dann gehe ich auf Ted los. Ich kann es nicht mehr zurückhalten. Ich erzähle ihm, was Andy heute passiert ist, und erinnere ihn, wie gewissenhaft ich gearbeitet habe, um das Selbstwertgefühl dieses Jungen aufzubauen. Ich schreie: „Dann kommst du hereingestürmt wie ein Elefant in den Porzellanladen und zertrümmerst alles! Siehst du nicht, was für einen Schaden du anrichtest? Interessiert es dich nicht? Er ist auch dein Sohn, oder?“
Ted sieht mich kalt an. „Das frage ich mich“, antwortet er. „Manchmal bin ich mir nicht so sicher.“ Er dreht mir den Rücken zu und geht hinaus.

An diesem Abend:

Ich liege mit dumpfen Kopfschmerzen wach in meinem Bett und gehe die ganze Szene immer wieder durch. Wie schockierend, wenn ein Junge so etwas sagt, *dass er eine Mutter sein wolle*! Ich bin sicher, er hat es nicht ernst gemeint, aber trotzdem. Und Teds Bemerkung darüber, dass Andy nicht sein Sohn sei. Was steckte dahinter? Hat er das Gefühl, dass ich Andy zu sehr in Anspruch nehme, dass ich in sein Hoheitsgebiet eindringe?

Das ist nicht wahr! Es ist mir sehr wichtig, ihre Beziehung zu fördern. Ich war diejenige, die sie damals in den Park geschickt hatte.

Ich hörte, wie meine Worte widerhallten. Ich war diejenige, die sie in den Park geschickt hatte. Es war nicht Teds Idee, oder? Aber ich kann mich nicht immer darauf verlassen, dass er die Initiative ergreift. Er kommt am Ende des Tages erschöpft nach Hause und hat keine Kraftreserven mehr. Wenn er schließlich doch etwas mit Andy zu tun hat, dann bedeutet das meistens, dass er ihn anschreit. Es ist für alle besser, wenn ich die Führung übernehme ... Ich schätze, ich sage in gewisser Weise tatsächlich, dass es mir unangenehm ist, wenn Ted und Andy zusammen sind.

Mein Kopf begann zu pochen. Als ich da im dunklen, stillen Zimmer lag, dämmerte es mir langsam, schmerzvoll. Ich hatte beiden schweres Unrecht angetan. Ich habe Andy auf hundert verschiedene Weisen zu verstehen gegeben, dass er vor seinem Vater beschützt werden müsse!

Wie ironisch. Ich hatte mich Ted in der wichtigsten Beziehung meines Lebens anvertraut und er hat mich nie enttäuscht. Und trotzdem habe ich ihm seinen eigenen Sohn nie wirklich anvertraut.

Plötzlich spielte es keine Rolle, dass Teds Stimmung schnell umschwang, oder dass er nicht mein sogenanntes Fingerspitzengefühl hatte. Was Andy von seinem charmanten, energischen, prinzipientreuen Vater lernen konnte, war die eine Sache, die ich ihm nie beibringen konnte. Von seinem Vater würde Andy lernen, wie man ein Mann wurde.

Der nächste Morgen. Sonntag.

Ich sage Ted nichts von meinem neuen Entschluss. Er kennt mich so gut, dass er den Unterschied bemerken wird.

Nach dem Frühstück sitzen wir ruhig mit einer zweiten Tasse Kaffee zusammen und hören Musik. Dann marschiert Andy herein auf einer Blechdose trommelnd. Ted fährt ihn scharf an. Andy wendet sich mir mit einem

Blick zu, der sagt: Er ist wieder gemein zu mir. Normalerweise löst das den folgenden Blick bei mir aus: Was hat das Kind denn schon Schreckliches getan? Aber diesmal sage ich einfach: „Du hast deinen Vater gehört, Schatz. Wir versuchen gerade Musik zu hören. Wir brauchen Ruhe."
Andy und Ted blicken mich beide so an: Was ist denn hier plötzlich los? Ich lächle sie beide an.

An diesem Nachmittag.
Ted geht in die Luft, weil Andy ohne Erlaubnis seinen Hammer ausgeliehen hat. Andy rennt vor ihm weg und schlingt seine Arme um mich. „Papi ist gemein!", schreit er.
Gewöhnlich würde das einen Augenblick zärtlichen Trostes von Mami auslösen. Ted sieht zu, während ich mich losmache und sage: „Ich schätze, Papi hat den dringlichen Wunsch, um Erlaubnis gefragt zu werden, bevor jemand seine Sachen benutzt."

Diese Nacht.
Andy kommt mit Sorgen wegen seiner Mathehausaufgaben zu mir. Sagt, er kann Brüche nicht verstehen. Ich sage ihm, er solle den Matheexperten fragen – seinen Vater.
Sie arbeiten zehn Minuten lang zusammen. Dann wird Ted ungeduldig und Andy sinkt in sich zusammen. „Ich bin langsam", jammert er. „Ich bin immer der Letzte, der es versteht."
„Andy", sagt Ted, „ich möchte nicht, dass du dir Sorgen darüber machst, ob du langsam oder schnell bist. Der eine braucht vielleicht eine halbe Stunde, um Brüche zu lernen, und der andere eine ganze Woche. Aber sobald sie es gelernt haben, wissen sie beide genau dasselbe."
Andy reißt sich zusammen und macht weiter.
Ich denke: „Und das ist der Mann, wegen dem ich mir Sorgen gemacht habe?"

Einen Monat später.
Ich habe wirklich aufgehört, mich einzumischen, wenn Andy und Ted miteinander zu tun haben, und es ist vielleicht reiner Zufall, aber mir kommt es so vor, als ob Ted das Ruder immer mehr übernimmt. Gelegentlich steckt er Andy abends ins Bett und spricht mit ihm über Raketen und Motoren. Letzte Woche sind sie sogar für eine Stunde in den Park gegangen,

um Steine zu sammeln. Es ist immer noch nicht alles einfach zwischen den beiden, aber es ist besser. Ich habe das Gefühl, als wäre ein natürliches Gleichgewicht wieder hergestellt worden.

Zwei Wochen später.
Es kommt mir nicht gerecht vor. Liebe sollte genug sein. Aber ich kann jetzt sehen, dass Eltern gute, anständige, liebende Menschen sein können und trotzdem noch ihr eigenes Kind verletzen. Ich wünschte, Ted würde über ein paar grundlegende Fertigkeiten verfügen. Er nimmt eine Kleinigkeit zum Anlass und lässt sie ohne Not in einer großen Auseinandersetzung eskalieren. Gestern Abend begann er eine heftige Auseinandersetzung.
Beim Abendessen griff Andy nach der Schüssel mit Kartoffelbrei und schaufelte ihren halben Inhalt auf seinen Teller.

Ted: „Tu das wieder in die Schüssel zurück."
Andy: (seinen Teller umklammernd) „Nein. Letztes Mal habe ich nur ein kleines Bisschen bekommen."
Ted: „Ich sagte, tu es zurück!"
Andy: „Du kannst mich nicht zwingen."
Ted: (steht auf und zerrt Andy von seinem Platz) „Dein Abendessen ist beendet."

Andy nannte Ted einen „Riesenblödmann" und der stieß ihn in sein Zimmer. Jill und David saßen da und sahen die ganze Szene mit an.
Als Ted zum Tisch zurückkehrte, würgten wir unser restliches Abendessen hinunter. Schließlich waren die Kinder mit ihrem Nachtisch fertig und gingen. Wir waren allein.

Ted: „Ich weiß genau, was du denkst. Das Ganze hätte vermieden werden können."
Ich wünschte mir innig, es sei schon der nächste Morgen ... und wir hätten alle vergessen, was geschehen war. Ich rechnete damit, dass sich ein Streit nicht vermeiden ließ, und es hatte bereits genug schlechte Empfindungen zwischen uns gegeben.
Ich: „Nun, so etwas passiert. Er hat zu viel genommen."
Ted: „Ich schätze, ich hätte sagen sollen: ‚Nimm so viel, wie du willst, mein Sohn. Kümmere dich nicht um die restliche Familie.'"

Ich: „Du weißt, dass das nicht hilfreich wäre. Er musste aufgehalten werden."
Ted: „Richtig! Das ist genau der Grund, aus dem ich ihm gesagt habe, er solle es zurücklegen."
Ich: (leise) „Du hast ihm einen Befehl erteilt. Wenn man einem Kind einen Befehl gibt, fühlt es sich herausgefordert."
Ted: „Oh, verstehe. Ich darf meinem eigenen Sohn nicht mehr sagen, was er zu tun hat. Okay, Lehrerin, was hätte ich tun sollen?"
Ich: (mich windend) „Ich weiß auch nicht auf alles die Antwort."
Ted: (scharf) „Spiel keine Spielchen mit mir. Ich habe gefragt, was ich hätte tun sollen."
Ich: (verzweifelt) „Zunächst einmal hättest du das Problem beschreiben können. Zum Beispiel: ‚Andy, der Kartoffelbrei muss zwischen fünf Leuten aufgeteilt werden.' So hätte Andy die Chance gehabt, sich *selbst* zu sagen, dass er etwas zurücklegen sollte ... Oder du hättest deine Gefühle ausdrücken können. Vielleicht sagen: ‚Ich sehe es nicht gerne, wenn jemand sich die halbe Schüssel Kartoffeln nimmt. In dieser Familie teilen wir.' ... Oder du hättest ihn vor die Wahl stellen können. Du hättest etwas sagen können, wie: ‚Andy, die Portion ist zu groß. Du kannst etwas zurück in die Schüssel tun oder auf meinen Teller, wie es dir lieber ist.' Und es gibt ungefähr ein halbes Dutzend weitere Möglichkeiten, wie du diesen Wettstreit in Willensstärke hättest vermeiden können, sie fallen mir jetzt nur nicht ein."
Ted: (in sehr sarkastischem Ton) „Das ist so toll daran, wenn man mit einer Expertin zusammenlebt: Sie ist immer da, direkt zur Stelle, um dich zu bewerten und dir zu sagen, wie du es besser hättest machen können."
Ich: (schreiend) „Du zwingst mich, eine unmögliche Position einzunehmen! Ich will keine Expertin sein! Aber ich gehe zu einem Kurs und ich habe ein paar Fertigkeiten erlernt und ich kann sie nicht aus meinem Kopf reißen oder so tun, als wüsste ich nichts – ich bin so frustriert! Du gibst mir das Gefühl, ich hätte einen geheimen Vorrat mit diesen Informationen. Habe ich nicht. Sie stehen dir genauso zur Verfügung!"
Lange lastende Stille. Mutlos stapelte ich das Geschirr auf ein Tablett und machte mich auf den Weg zur Spüle. Ted murmelte etwas.
Ich: „Was hast du gesagt?"
Ted: „Ich habe gefragt, an welchem Abend sich die Väter treffen."
Ich: (durch den Klos in meinem Hals) „Donnerstag ... ich dachte nicht, dass du jemals ... Danke."

Donnerstag.
Ted ist heute Abend zum Treffen gegangen. Ich drücke die Daumen.

Später.
Er kommt herein, mit einem möglichst unverbindlichen Gesicht.

Ich: (unfähig, mich zusammenzureißen) „Wie war es? Was denkst du? Hast du dich als mein Mann vorgestellt?"
Ted: „Das habe ich selbstverständlich getan. Ich habe Dr. Ginott gesagt, dass ich mich darauf freue, den Mann kennenzulernen, der meine Kinder aufzieht."
Ich: „Das hast du nicht!"
Ted: „Das habe ich, und er hat gelacht ... Weißt du, du hast mir nie erzählt, dass er sich nicht nur mit Kindern befasst. Eigentlich unterrichtet er Kommunikationsregeln, die auf jede Beziehungsangelegenheit angewendet werden könnten, Freunde, Verwandte, sogar Staaten. Es gibt wirklich nur eine Ausnahme."
Ich: „Wen?"
Ted: (mit einem Funkeln im Auge) „Frauen, die schon Experten sind."
Ich: (ihn boxend) „Du und dein Sarkasmus!"
Ted: „Hey! Hör mal: „Schubladen schränken den Handlungsraum ein!"
Ich: „Hmmmm. Ich weiß nicht, ob es mir gefällt, wenn wir noch einen Experten im Haus haben."

Der nächste Morgen.
Ted kommt zum Frühstück herein und stolpert über Andys Turnschuh, der mitten auf dem Küchenboden liegt. Ich wappne mich für das übliche „Andy musst du so nachlässig sein? Räum deine Turnschuhe in dein Zimmer." Aber es kommt nicht. Stattdessen höre ich: „Andy, deine Turnschuhe liegen auf dem Boden." Andy antwortet: „Oh, okay, ich räume sie weg."
Ich weiß nicht, ob ich entzückt oder verwirrt sein soll.
Seit zwei Jahren bin ich nun hinter Ted her, dass er *beschreibt*, was ihn stört, statt zu schimpfen, und er hat mich ignoriert. Nach einem Abend mit Dr. Ginott klingt er, als mache er das schon sein ganzes Leben so.

Ein Monat später.
Aha! Ich wusste, dass es nicht so einfach ist. Ich sehe, wie Ted ansetzt, innehält und erneut ansetzt. Zum Beispiel hat er heute gehört, wie Andy Jill

vorwarf, alle Kirschen gegessen zu haben. Er setzte an, etwas zu sagen wie: „Lass das. Du machst einen riesigen Wirbel um ein paar lausige Kirschen." Aber er unterbrach sich mitten im Satz und wechselte den Gang.

Ted: „Andy, ich kann verstehen, wieso du enttäuscht bist. Du bist zum Kühlschrank gegangen und hast Kirschen erwartet und stattdessen hast du einen Haufen Stiele und Kerne gefunden. Wie können wir jetzt sicherstellen, dass ab sofort jeder in der Familie einen gerechten Anteil bekommt?"

Ein anderes Mal brach Andy in Tränen aus, weil der Laden das Spiel, das er wollte, nicht auf Lager hatte und erst am nächsten Mittwoch neue bekommen würde. Ted sagte: „Andy, jetzt benimm dich nicht wie ein Baby. Du kannst nicht alles sofort in dem Moment haben, in dem es dir einfällt. Du musst lernen, geduldig zu sein." Andy weinte lauter. Ted sah mich an. Ich schaute weg.

Ted: (nachdem er kurz nachgedacht hatte) „Es wird schwer für dich sein, bis nächsten Mittwoch zu warten. Bestimmt wünschst du dir, du hättest das Spiel schon unter deinem Arm."

Andy hörte auf zu weinen.

Zwei Wochen später.
Ich weiß nicht, was in der Vätergruppe vor sich geht. Ted spricht nicht mit mir darüber. Aber sie müssen über das Selbstbild gesprochen haben, denn seit Kurzem sagt er Sachen, damit Andy sich selbstbewusster fühlt. Und bei den unwahrscheinlichsten Gelegenheiten! Zum Beispiel hat Andy gestern Abend wegen einer zerbrochenen CD geschrien, kaum ein Anlass für Lob. Und doch habe ich Ted sagen hören: Andy, ich sehe, du ärgerst dich über deine zerbrochene CD, aber die Art von Schrei, die wir gerade von dir gehört haben, sollte nur in Notfällen benutzt werden, wie bei einem Feuer. Du hast ganz schön kräftige Lungen, Junge!"
Und heute Morgen hat Ted sogar positive Worte gefunden, als Andy sein Glas Saft umstieß. Während Andy den Boden wischte, kommentierte Ted: „Ich weiß es zu schätzen, wie du dich um diese Sauerei gekümmert hast. Keine Beschwerden, keine Anschuldigungen. Du hast einfach leise das ge-

tan, was getan werden musste." Andy schaute, als hätte man ihm einen Orden verliehen.

Ich bin versucht, Ted zu sagen, dass all seine Gespräche mit Ted in letzter Zeit sich als Beispiel für Dr. Ginotts Prinzipien nutzen ließe. Aber ich traue mich nicht. Ich glaube nicht, dass er diese Art von Kommentar begrüßen würde. Also halte ich den Mund und genieße die neue Atmosphäre im Haus.

Drei Wochen später.

Ein schlechter Abend. Ted ist sehr müde. Nicht in der Stimmung, sich Andys Gewimmer darüber anzuhören, dass er Brüche immer noch nicht versteht. Ted schlägt mit einer Reihe beißender sarkastischer Bemerkungen um sich. Dann funkelt er mich herausfordernd an und wartet auf meinen Du-bist-ein-Monster-Blick.

Ich zeige ihn nicht.

Später sagt er fast entschuldigend, „Mann, diese Stimme zehrt wirklich an meinen Nerven. Ich schätze, ich war heute Abend grob zu ihm."

Ich: (salopp) „Na und? Jetzt weiß er, dass sein Vater manchmal grob zu ihm ist. Er ist kein empfindliches Blümchen."

Vater und Sohn

Drei Wochen später.

Ich habe einen schrecklichen Gedanken. In mir wächst der Verdacht, dass ich der Grund für einige der Hänseleien und schlechten Gefühle zwischen Andy und David bin. Es muss so sein, weil ich bemerke, wie Ted die Kämpfe jetzt beendet; die Jungen raufen sich schnell zusammen und spielen danach sogar miteinander. Ich frage mich, wieso Ted in der Lage war, Dr. Ginotts Theorien in die Tat umzusetzen, und ich es nicht war. Wir haben beide dieselben Fertigkeiten erlernt. Wieso kann ich sie nicht anwenden, wenn ich sie brauche? Ich schätze, Geschwisterrivalität ist nicht meine Stärke. Ich werde zu ärgerlich, wenn ich sehe, dass meine eigenen Kinder sich gegenseitig angreifen.

Oh, wenn jemand über die Theorie sprechen will, bin ich praktisch ein Experte. Ich weiß, ein paar Sticheleien sind normal und unvermeidbar. Ich weiß auch, hypothetisch, wie ich damit umgehen sollte.

Ich sollte die Sicherheit des Jüngeren gewährleisten, ohne dem Älteren das Gefühl zu geben, er sei ein Schläger.
Ich sollte die Kinder darin ermutigen, eigene Lösungen zu finden.
Ich sollte die Wut reduzieren, indem ich jedem Kind erlaube, seine Feindseligkeit gegenüber den anderen privat auszudrücken – in Bildern, im Gespräch oder schriftlich.
Ich sollte keine abscheulichen Vergleiche anstellen.
Und am wichtigsten, ich sollte nie, egal unter welchen Umständen, Partei ergreifen.
Aber wenn David anfängt, auf Andy herumzuhacken, und Andy versucht sich zu verteidigen, und David wird grober und gemeiner, bin ich plötzlich wieder fünf Jahre alt, meine große Schwester schlägt mich in den Bauch, und ich ERGREIFE PARTEI!
Nicht Ted. Er hat gelernt, wie er auf beiden Seiten zugleich sein kann. Er hat eine Methode, neutral zu bleiben und gleichzeitig von beiden Kindern Verantwortungsbewusstsein einzufordern. Es funktioniert nicht immer. Manche Kämpfe gehen über das hinaus, womit er es aufnehmen will oder sogar kann. Aber wenn er in der Lage ist, seine neuen Fertigkeiten einzusetzen, höre ich einen Ton, der ganz anders ist, als der meine.
Als die Jungen zum Beispiel wie wild gewordene Verrückte ins Zimmer gelaufen kamen und beide versuchten, ihre Version der Geschichte zu schreien, hätte ich gerufen: „Es interessiert mich nicht, was passiert ist oder wer damit angefangen hat. Ich will nur, dass es aufhört!"
Ted, der die genauen Worte Dr. Ginotts nutzte, sagte: „Ihr beiden seid wirklich wütend aufeinander. Ich will genau hören was passiert ist – schriftlich. Erzählt, wie es passiert ist, wie es sich entwickelt hat, was gesagt wurde, und vergesst nicht, am Ende eure Vorschläge für die Zukunft zu ergänzen."
David hatte keine, aber Andy schrieb zwei Seiten. Ted las sie laut und diskutierte ernsthaft über jeden Vorschlag. Andy hatte das Gefühl, dass ihm wirklich zugehört wurde.
Ein andermal kam Andy weinend herein und sagte, dass David ihn fest geschlagen habe. David protestierte und beteuerte, es sei nur ein kleiner Stoß im Scherz gewesen. Ich wäre explodiert: „Wie oft habe ich dir gesagt, dass du deinen Bruder *niemals* anfassen darfst? Es führt nur zu Problemen!"
Ted sagte: „Andy, *du* hast einen festen Schlag gespürt. David *du* hattest das Gefühl, dass du nur einen kleinen Stoß im Spaß gibst. Wenn jemand etwas

fühlt, dann ist das auch so, für ihn." Beide Jungen hielten inne und starrten sich an. Sie hatten etwas, über das sie nachdenken mussten.
Aber wenn Andy wirklich Schutz braucht, bietet ihm sein Vater diesen – wieder auf eine andere Weise, als ich es tun würde. Ich denke daran, wie David auf Andys Rücken saß und ihn mit geballten Fäusten schlug. Meine Reaktion wäre gewesen: „Geh runter von ihm, du gemeiner Schläger!"
Ted zog David sofort herunter und rief: „Wenn ich sehe, wie du deinen Bruder verletzt, bekomme ich das Gefühl, ich müsste dich verletzen! Du verschwindest jetzt besser – schnell!" David verschwand.
Ein weiterer Unterschied zwischen uns: Weil David älter und reifer ist, erwarte ich, dass er mehr Verständnis und Selbstkontrolle gegenüber einem jüngeren Kind zeigt.
Nicht Ted. Er vermittelt David nie das Gefühl, er müsse um jeden Preis nett zu seinem kleineren Bruder sein. Ich habe gehört, wie er zu Andy (der absichtlich lästig war) sagte: „Sohn, du spielst mit dem Feuer! David versucht sich zurückzuhalten, aber versuche nicht einen Vorteil daraus zu ziehen, dass er so gutmütig ist. Jeder hat seine Grenzen."
Aber ich glaube, was ich am meisten bewundere, ist Teds Fähigkeit, den Jungen zu helfen, wenn sie in einer Sackgasse stecken. Er hat gelernt, wie er das Drohen und Schimpfen beenden und trotzdem dem Standpunkt jedes Jungen Wertschätzung entgegenbringen kann, indem er ihn laut ausspricht. Er ist nicht immer erfolgreich, aber Montag Abend, als sie nicht zu Bett gingen, weil einer das Licht brennen ließ und der andere es ausschalten wollte, war Ted äußerst effektiv.
(Ich hätte eine Sofortlösung für sie gehabt: David hätte im Wohnzimmer lesen können, bis Andy eingeschlafen wäre. Und wenn ihnen die Idee nicht gefallen hätte, hätte ich mir etwas anderes ausgedacht.)
Ted brachte sie dazu, *selbst* die Verantwortung für die Lösung des Problems zu übernehmen.

Ted: „Ich höre, dass es eine große Meinungsverschiedenheit gibt."
Andy: „Ich schlafe nicht mehr in diesem Zimmer. Er lässt die ganze Nacht das Licht brennen. Ich schlafe im Wohnzimmer. Er bekommt immer alles, was er will – nur weil er älter ist."
David: „Das ist nicht wahr, du kleines Baby. Du bist derjenige, der ..."
Ted: „Wartet mal einen Moment. Keine Beleidigungen. Lasst uns bei den

Fakten bleiben. Andy, soweit ich es verstehe, möchtest du, dass das Licht ausgeschaltet wird, wenn es Schlafenszeit ist?"
Andy: „Natürlich will ich das! Ich kann nicht einschlafen, wenn dieser ‚Vollidiot" das Licht anlässt.'
Ted: „Andy, ich wiederhole, keine Beleidigungen! David, dein Bruder sagt, er hat Probleme mit dem Einschlafen, wenn das Licht brennt."
David: „Was ist mit mir? Ich muss fünf Bücher lesen, damit ich eine eins in Englisch bekomme!"
Ted: „Verstehe. Andy, David ist besorgt, weil es ihn unter Druck setzt, dass er für die Schule dieses Jahr besonders viel lesen muss."
Andy: „Wie hart für ihn."
Ted: „Ja, es ist hart für ihn und es ist auch schwer für dich. Wenn etwas schwer ist, versuchen wir, es für den anderen weniger schwer zu gestalten."
David: „Wie? Ich werde nicht in Englisch versagen, nur wegen ihm."
Ted: „Das ist ein echtes Problem – zwei Jungen mit unterschiedlichen Bedürfnissen in einem Zimmer ... Schaut, ich werde im Wohnzimmer sein und lesen. Nehmt euch eine halbe Stunde, denkt über das Problem nach und seht, ob euch eine Lösung einfällt, mit der ihr beide leben könnt."

Zehn Minuten später, riefen sie Ted sehr aufgeregt ins Zimmer. Sie hatten eine Einigung erreicht! David würde auf die Deckenlampe verzichten und nur seine Leselampe benutzen. Andy würde einen Lichtschutz erfinden, den er am Kopfende seines Bettes befestigen könnte. Wenn das so weiter geht, könnten sie eines Tages sogar Freunde werden.

Samstag.
Ted hat gute Laune – er ist fröhlich, obwohl er eine Lange Liste mit Besorgungen hat. Er steckt seinen Kopf in Andys Zimmer und lädt ihn dazu ein, mitzukommen. Das freut mich. Er hat das noch nie zuvor getan. Es war immer David, den er mitgenommen hat. Andy schrickt zurück. Auch wenn es in letzter Zeit viel besser zwischen den beiden läuft, ist er immer noch ein bisschen argwöhnisch gegenüber David. Sagt, er muss an seiner Steinsammlung arbeiten.
Ted sieht verletzt aus, gibt mir einen Abschiedskuss und geht zur Tür hinaus. Plötzlich taucht Andy mit seinen Schuhen in der Hand auf.
„Ich habe meine Meinung geändert, ich möchte mit."
„Gut", sagt Ted.

Sie sind seit Stunden weg. Es ist dunkel, als sie schließlich zurückkommen. Andy, fast euphorisch, erzählt mir von jedem Detail des Tages – die coolen Werkzeuge im Baumarkt, die große Säge im Holzlager, der Mann im Farbenladen, der ihm einen Pinsel geschenkt hat, das Pfefferminzeis mit Schokoladensirup.
Ted nimmt mich beiseite. Er will mir auch erzählen.
„Wir hatten vielleicht einen Tag", sagt er. „Weißt du, ich glaube, das Kind mag mich wirklich."
Ich: „Wieso glaubst du das?"
Ted: (verlegen grinsend) „Auf dem Weg nach Hause legte er seinen Kopf auf meine Schulter und sagte: ‚Wir hatten heute einen richtig väterlich-söhnlichen Tag. Lass uns das bald wieder machen, Papa.'"

Eine Woche später.
Ich hoffe ich täusche mich nicht, aber mir scheint, Andy hat sich in den letzten sechs Monaten verändert. Nicht auf irgendeine dramatische Weise. Er jammert immer noch viel, aber es kommt auch vor, dass er nur „redet". Er hat jetzt einen Freund, nur einen – Craig –, aber es ist sein erster echter Freund. Sein Bruder und er streiten immer noch, aber nicht mehr so ernsthaft oder so oft. Und das Wichtigste – er ist nicht mehr so zögerlich gegenüber seinem Vater. Immer öfter geht er mit einem Problem erst zu Ted.
Ich weiß, Andy hat noch einen weiten Weg vor sich, aber ich glaube, die Talsohle hat er bereits durchschritten. Er ist nicht mehr in seiner alten Rolle des hilflosen, jammernden Kleinkinds gefangen. Er hat nun größere Freiheit, um seine anderen Persönlichkeiten zu entdecken.

Der Abend von Teds Absolventenball.
Wer ist diese elegant gekleidete, verführerische Frau im Spiegel? Bestimmt ist sie nicht die Mutter von irgendwem!
Andy stürzt auf mich los. „Du bist hübsch. Ich werde dich heiraten."
„Bleib von mir weg", kreische ich, „du hast Thunfisch an den Händen." Es gibt kein Quäntchen mütterlichen Instinkt in mir. Meine ganze Konzentration richtet sich darauf, mein griechisches Haarteil zu befestigen. Diese Nacht ist für Erwachsene.

Es war eine wunderschöne Feier. Üppiges Essen, schöne Musik, charmante Leute – so kultiviert. Niemand hatte einen Wutanfall und alle haben ihr Fleisch selbst geschnitten.
Uns allen widerstrebte es, den Abend zu beenden. Teds alter Freund lud einige Paare zu sich in die Wohnung ein. Wir tranken Kaffee und die Gesprächsthemen wechselten sich auf angenehme Weise ab – Urlaubserlebnisse, Was-ist-nur-aus-...-geworden, Stadt gegen Vorstadt und Kinder.
Kinder! Wer wollte in Abendgarderobe über Kinder sprechen? Ich versuchte nicht hinzuhören – mich an die festliche Stimmung zu klammern. Aber die Bemerkungen durchstießen meine Wolke.
„Kein Zweifel, Kinder kommen mit unterschiedlichen Persönlichkeiten auf diese Welt. Nehmt meinen Jüngsten als Beispiel; süß, freundlich, er würde dir sein letztes Hemd geben. Aber der Älteste trennt sich von keinem Cent. Er ist der geborene Geizhals."
„Ich weiß, was du meinst. Ich habe einen in Princeton und einen der froh sein kann, wenn er es durch die Highschool schafft. Er wird niemals studieren – soviel steht fest. Ich habe ihm gesagt: ‚Du bist nicht dumm, nur faul.'"
„Du solltest meine Töchter kennenlernen. Du würdest nie erraten, dass sie verwandt sind. Die Kleine ist anmutig – bewegt sich wie eine Ballerina –, und die große kann kein Zimmer betreten, ohne irgendetwas umzustoßen. Wir nennen sie *den Tollpatsch*."
Jemand lachte.
„Wie ist es mit deinen Kindern Ted? Du hast drei, nicht wahr? Wie sind sie?"
Ich spannte mich an. Ted zuckte mit den Schultern. „Sie sind – alles, was sie sein können. Verschiedene Menschen zu verschiedenen Zeiten."
„Ach, sei nicht philosophisch. Das ist keine Antwort. Na los, erzähl du es uns, Jan."
Mir flackerte durchs Bewusstsein, dass es eine Zeit gab, in der ich mich den Rollenzuweisungen in dieser Runde ohne Bedenken angeschlossen hätte. Aber nun trennte uns ein Abgrund von Erfahrungen. Sie hatten nicht von Kenneth oder Susie gehört. Sie wussten nicht von Andy. Sollte ich es ihnen erzählen? Nein. Viel zu persönlich. Es war wohl kaum ein Gesprächsthema für eine Feier.
Alle sahen mich erwartungsvoll an. Ich lächelte schwach und murmelte, dass sie alle eingeladen seien, uns zu besuchen und die Kinder selbst kennenzulernen.

Jemand bemerkte, wie spät es schon sei. Plötzlich kramten alle nach ihren Mänteln, man hörte allerlei Verabschiedungsfloskeln und Versprechen, einander in Zukunft häufiger zu sehen.

Ich saß unten in der Eingangshalle und wartete darauf, dass Ted den Wagen holte. Der letzte Teil des Gesprächs hatte einen unangenehmen Nachgeschmack hinterlassen. Es plagte mich, dass ich nicht ehrlich gewesen war. Ich hätte mein Innenleben ja nicht ausbreiten und mit einer persönlichen Fallgeschichte illustrieren müssen, aber ich hätte etwas sagen können. Was?

Wenn ich wirklich die Freiheit gehabt hätte, mich auszudrücken, hätte ich Ihnen sagen können: Liebe Freunde, das, worüber ihr da Scherze macht, ist eigentlich nicht zum Lachen. Kinder sehen sich vor allem durch die Augen ihrer Eltern. Sie sehen uns an, nicht unbedingt in der Erwartung zu erfahren, wer sie sind, sondern welche Fähigkeiten sie haben, sich zu entwickeln. Sie brauchen uns, um ein größeres Bild von sich selbst zu bekommen und um die Mittel zu entwickeln, dieses Bild zu verwirklichen.

Ich hätte ihnen sagen können:

So etwas wie ein „selbstsüchtiges“ Kind gibt es nicht. Es gibt nur ein Kind, das das Glück erst erleben muss, das in der Großzügigkeit liegt.

So etwas wie ein „faules“ Kind gibt es nicht.

Es gibt nur ein Kind, das unmotiviert ist, das jemanden braucht, der daran glaubt, dass es hart arbeiten kann, wenn es ihm wichtig ist.

So etwas wie ein „tollpatschiges“ Kind gibt es nicht.

Es gibt nur ein Kind, dessen Bewegungen akzeptiert werden müssen und dessen Körper trainiert werden muss.

Kinder – alle Kinder – haben das Bedürfnis, dass das Beste in ihnen bestätigt und das Schlechteste in ihnen ignoriert oder umgelenkt wird.

Und wer wird diese herausfordernde Arbeit leisten? Eltern.

Wer, außer den Eltern wäre bereit, sich selbst zu verändern, sodass sich mit der Zeit sein Kind verändern kann?

Wer außer den Eltern hat die geistige Größe, dem irrenden Kind zu sagen: „Das war damals. Dies ist jetzt. Lass uns von vorne beginnen.“

Wer außer den Eltern sorgt sich genug, um dem dreckigen Schmuddelkind zu sagen: „Komm, ich glaube an dich. Ich sehe unter deine ramponierte Hülle. Ich werde dich mit den strahlenden Gewändern eines Prinzen kleiden und wahrhaftig, du sollst ein Prinz werden.“

Der nächste Tag.
Habe gerade noch einmal gelesen, was ich gestern geschrieben habe. Es ist gut, dass ich meine Zunge im Zaum gehalten habe. Ich hätte nichts dergleichen zu diesen Leuten sagen können. Viel zu salbadernd.
Aber seltsam, irgendwie habe ich diese Dinge, indem ich sie „ihnen gesagt“ habe, mir gesagt.
Ich denke, ich weiß es jetzt.
Dies wird der letzte Eintrag in meinem Tagebuch sein.

8

Ändere nicht die Meinung: Ändere die Stimmung

In diesem Kapitel erfahren Sie:

- Wie ein Arbeitsplan den Kindern helfen kann, sich selbst zu organisieren.
- Wie Humor aus Krisen heraushelfen kann.
- Wie schnell sich eine Situation mit einer originellen Idee verändern lässt.

Als David ein Kleinkind war, saß ich am Spielplatz, schaukelte seinen Kinderwagen und hörte den Müttern um mich herum zu, die sich gegenseitig bemitleideten, weil es so schwierig war, ihren Kindern „Verstand einzutreiben".

Brian putzte seine Zähne nicht, obwohl seine Mutter ihn immer wieder warnte, er würde Löcher bekommen. Julie räumte ihre Spielsachen nicht auf, obwohl sie täglich Standpauken über Ordnung bekam. Und Lewis musste täglich daran erinnert werden, nach jeder Toilettenbenützung die Spülung zu betätigen.

Ich dachte mir: „Meine Güte, was für ein freudloser Haufen. Die Kinder tun mir leid."

Jetzt, drei Kinder später, bin ich weniger kritisch. Ich habe herausgefunden, dass der ständige Versuch, ein Kind dazu zu bringen, das zu tun, was man selbst für lebensnotwendig hält und das Kind für überflüssig, einem wirklich die Lebensfreude austreiben kann. Ich glaube auch nicht, dass ich damit alleine bin. Ich vermute, dass die meisten Eltern unter Unordnung leiden, sich von gelben Zähnen belästigt fühlen und von riechenden Toilettenschüsseln in Rage gebracht werden. Ich bin daher immer beeindruckt, wenn eine Mutter in unserer Gruppe berichtet, wie sie ihr Kind auf freundliche Weise dazu gebracht hat, mitzuarbeiten, ohne Moralpredigt, Standpauke oder die Warnung vor den schrecklichen Folgen.

Ich denke insbesondere an Katherine. Sie beherrscht es, die Stimmung in einer Weise zu verändern, die den Widerwillen senkt. Selbst wenn sie die Kinder zur Erinnerung leicht anstupsen muss, macht sie es auf ganz sanfte Weise: „Chris, ich habe die Toilettenspülung nicht gehört." Oder: „Patty, Zähneputzen vor dem Zubettgehen!" Oder: „Kinder, ich brauche Hilfe mit dem Geschirr." (Lauter einfache beschreibende Aussagen.)

Normalerweise fragt sie die Kinder, wie und wann sie die Hausarbeiten erledigen möchten: „Möchtest du das Geschirr vor oder nach dem Nachtisch abspülen?" „Würdest du lieber einen Spüllappen oder einen Scheuerschwamm verwenden?" Aber ihre Haltung drückt aus, dass sie, wenn sie um Hilfe bittet, erwartet, sie auch zu bekommen.

Ich mag auch, wie sie damit umgeht, wenn eine Aufgabe nicht zu ihrer Zufriedenheit ausgeführt wurde. Sie bezweifelt nie die Anstrengung des Kindes („Kannst du nichts richtig machen?"), sondern zollt stattdessen die volle Anerkennung für das, was erreicht worden ist, ehe sie darauf hinweist, was noch getan werden muss. Sie sagt: „Nun, Chris, es braucht ganz schön Muskelschmalz, um eine Pfanne so sauber zu bekommen. Es gibt nur noch ein paar hartnäckige Reste getrocknetes Ei, hier auf der Seite."

Katherine behauptet, dass es, obwohl sie das übliche Kommandieren und Beschuldigen vermeidet, nur eine Sache gibt, die sie davor bewahrt, eine klassische Nervensäge zu werden, und das ist Routine. Flexible Routine. Sie hat eine Pinnwand in der Küche, wo die Kinder ständig Arbeitspläne aufhängen und austauschen, die sie selbst ausgearbeitet haben. Statt sich in lange Auseinandersetzungen verwickeln zu lassen darüber, wer mit dem Hund Gassi gehen soll oder die Wäsche sortieren, sagt Katherine: „Schaut auf den Arbeitsplan."

In der Folge wird auch das meiste Gemurre an den Plan an der Wand gerichtet, statt an die Mutter. Vor Kurzem haben sich die Kinder etwas Neues ausgedacht – ein „Arbeitsrad" für Küchenaufgaben. Jede Woche dreht sich das Rad und teilt jedem Kind eine andere Aufgabe zu.

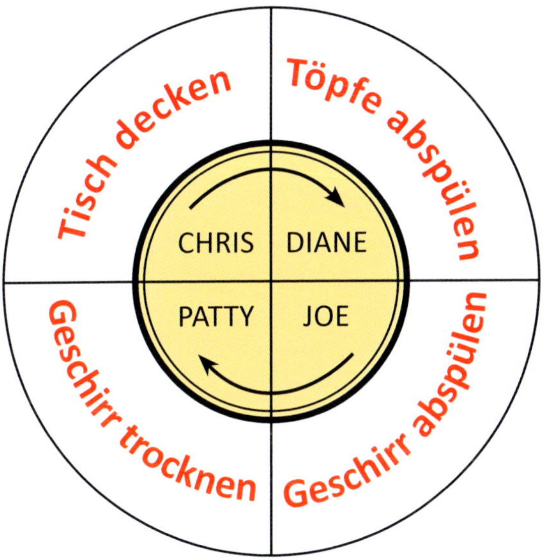

Offensichtlich schafft Katherines angenehmes, sachliches Auftreten die Art von Familienklima, in der sich alle wohlfühlen, wenn sie zusammenarbeiten.

Es gibt noch eine weitere Art, die Mitarbeit zu fördern. Fast. Ich zögere, sie hier zu nennen. Denn wer wird schon glauben, dass es manche Eltern tatsächlich schaffen, in einer Situation, die normalerweise einen Kampf auslösen würde, lustig zu sein. Verspieltheit anstelle von Verärgerung? Humor statt Hektik? Für mich klingt das nach mehr, als man erwarten darf.
Helen hat ein anderes Gefühl. Sie sagt, das Spielerische ist für sie praktisch eine Notwendigkeit – eine Weise, die Intensität ihrer Gefühle zu dämpfen und ihre natürliche Herrschsucht zu neutralisieren. Wenn sie darüber scherzen kann, dass eine Aufgabe erledigt werden muss, hat dies einen doppelten Vorteil. Sie wird gelassener und es baut die Widerstände der Kinder ab. Am besten gefällt es ihnen, wenn sie in eine andere Rolle schlüpft.
Zum Beispiel: Laurie und Billy wollten eines Nachmittags durch den strömenden Regen zum Einkaufen gehen, in Sandalen und leichten T-Shirts. Mit Schrecken malte sich Helen den bevorstehenden Streit aus.
„Kinder es regnet."
„Nein, es nieselt nur."
„Ich möchte, dass ihr eure Regenjacken anzieht."
„Aber wir gehen nur kurz nach draußen."
„Ihr werdet völlig durchnässt."
„Wir laufen."
In einem Augenblick wahnsinniger Inspiration, nahm sie eine Donald Duck-Stimme an. „Waf, kein Wegenmantew, keine Wegenftiefew?", schnatterte sie. „Ich bin feah übewwascht. Ich dachte awwe kweinen Enten wieben ef, Wegenmäntew und Wegenftiefew tfu twagen wenn ef wegnet."
Die Kinder brachen in Gekicher aus, liefen zum Wandschrank und sprachen dabei in „Entensprache".
Ein andermal wollten Billy und Laurie aus dem Haus gehen, bevor ihre Zimmer aufgeräumt waren. Helen krallte sie sich an der Tür. In ihrer härtesten Gangster-Stimme knurrte sie: „Okay, ihr Typen, stehengeblieben! Ich habe gerade die hinteren Räume inspiziert und dort herrscht ein totales Chaos. Niemand verlässt die Stadt, ehe diese Bude nicht in Ordnung gebracht ist. Kapito? Und es sollte besser ein sauberer Job werden, sonst wird der große Boss ungemütlich. Alles klar?"
Ein weiteres verrücktes Beispiel. Helen sah sich mit Billy eine Sendung im Fernsehen über das Leben auf dem Bauernhof an. Zwischendurch hatte sie

den deutlichen Eindruck, dass sie die Tiere auf dem Bildschirm tatsächlich riechen könnte. Verwirrt schnupperte sie in der Luft. Neben ihr auf dem Sofa wechselte Billy seine Position. Plötzlich wusste sie, von wo die Dämpfe aufstiegen.

Als die Sendung zu Ende war, näselte Helen: „William, riecht, als obste 'n Stinktier gejagt hättest. Jetzt pack dein Hintern inne alte Zinnwanne und verpass dir mal 'ne ordentliche Schrubberei mit brauner Seife und 'ner festen Bürste. Ich will, dass de wieder anständig riechst, bevor Pa heimkommt ... Und nix davon, dass de letztes Jahr erst gebadet hast. Du bist alt genug, dass de jetz' zweimal im Jahr baden kannst!"

Lee sagt, sie wäre mit all ihren Kindern gerne heiterer, aber es ist nicht so einfach. Jason nimmt das Leben sehr ernst. Jeder Versuch von Humor wird von ihm üblicherweise gekontert mit: „Ha, ha, sehr witzig." Susie auf der anderen Seite starrt sie einfach nur verständnislos an – das inspiriert nicht sonderlich dazu, fortzufahren. Michael ist es, der ihren Sinn für Humor weckt.

Selbst im Halbschlaf ist er bereit herumzualbern. Lee erzählte uns, wie sie ihn eines Morgens aufwecken wollte und einen völlig von der Bettdecke verhüllten formlosen Haufen vorfand. „Hey", sagte sie, „ich sehe ein U-Boot da drunter. Möchte es vielleicht auftauchen? Sein Periskop aus der Decke strecken? Oder möchte es noch fünf Minuten untergetaucht bleiben?" Michael streckte einen Finger heraus und wackelte damit.

Ein andermal fand sie ihn auf dem Bett sitzend vor, offensichtlich überwältigt von der Aufräumaktion, die bevorstand.

„Kein Wunder", dachte Lee, als sie auf die abgelagerten Schichten auf dem Boden blickte, „er hat keinen Platz, wo er irgendetwas ablegen könnte."

Sie ging hinunter und war ein paar Minuten später mit einem Arm voll leerer Schuhkartons und einer CD wieder da.

„Michael", sagte sie, „nur weil es viel Arbeit macht, ein Zimmer wieder in Ordnung zu bringen, heißt das nicht, dass es uns die Stimmung verderben muss. Heute werden wir diesen Aufräumquatsch in die Pfanne hauen."

Sie marschierte zum CD-Player. „Wir werden unsere Stimmung mit Musik heben", rief sie, während die Marschmusik einsetzte. „Und hier sind viele Schachteln, sodass du genug Platz hast, um all deine besonderen Schätze zu verstauen."

Michael fing an zu grinsen und rutschte vom Bett auf den Fußboden. Dann begann er, im Rhythmus der Musik, Murmeln in eine Schachtel und Damesteine in eine andere zu werfen.

Roslyn sagt, sie kann mit einer problematischen Situation spielerisch umgehen, aber nur im Nachhinein, nie im selben Moment. Erst, wenn die Kinder außer Sicht sind, fest schlafen und das Haus still ist, kehrt ihr Sinn für Humor zurück. Irgendwie fühlt sie sich gleich besser, wenn sie Stift und Papier in die Hand nimmt. Ihre ersten Entwürfe sind fast immer gemein, sarkastisch und äußerst befriedigend. Dann, Stück für Stück, überarbeitet sie den Text, formuliert ihn um, bis sie ihre Aussage getroffen hat, ohne zu beschuldigen. Hier sind einige festgefahrene Situationen die in ihre Notizen eingeflossen sind.

Als die Bereitschaft der Kinder, ihre Zähne zu putzen ins Stocken geriet, zeichnete sie ein Schild und klebte es an den Badezimmerspiegel.

Als die Schlafenszeit zu einem aufreibenden nächtlichen Kampf wurde, verfasste Roslyn einen Brief, tippte ihn und legte je eine Kopie davon auf die Kissen der Kinder.

Hier der Inhalt:
Gedanken zur Schlafenszeit:

Sowohl: Früh zu Bett
Mit guter Laune und lächelndem Schein
Eine Freude für Eltern,
Welche Wonne, nah zu sein!

Als auch: Das Gegenteil ist ebenso wahr; nämlich:
Spät zu Bett mit Erinnern und Warnen
Macht Eltern zänkisch
Und den Morgen traurig

Wir laden dich hiermit dazu ein, Vorschläge dazu einzureichen, wie die Schlafenszeit den Frieden und die Harmonie in der Familie wiederherstellen kann. Bitte fülle die untenstehenden Lücken aus.

Ich denke, ich sollte zwischen ____ und ____ im Bett sein.
Ich denke, das Licht sollte zwischen ____ und ____ ausgeschaltet werden.

Alles Liebe
Mama

Als Roslyn feststellte, dass ihr Quengeln nach Hilfe in der Küche ihr nicht weiterhalf, entwarf sie die folgende Notiz und hängte sie an die Tür zur Speisekammer.

Neueste Meldung

Krise in der Küche

Kurz vor Drucklegung erreicht uns die Nachricht, dass die Köchin des Restaurants Davis in der Küche herumstampft und mit Kündigung droht.
Wie ein vertrauenswürdiger Insider berichtet, schlug sie wütend auf den Kartoffelbrei ein und murmelte: „Es ist zu viel für einen allein! Ich kann kein ganzes Restaurant alleine leiten!“

Aufgrund dieser fatalen Notsituation, rufen wir alle Stammkunden dazu auf, sich freiwillig zum Küchendienst zu melden.
Zu besetzen sind Stellen in folgenden Aufgabenbereichen:
____ *Tisch abräumen*
____ *Geschirr und Besteck abspülen*
____ *Spülmaschine einräumen*
____ *Töpfe und Pfannen polieren*
____ *Boden wischen*
Bitte setzen Sie ein Kreuz und Ihre Initialen neben zwei Aufgabenbereiche Ihrer Wahl.

P.S. Keine Berufserfahrung erforderlich. Die Ausbildung findet kostenlos innerbetrieblich statt.

Offenbar gibt es also Eltern, die die übliche Kraftprobe vermeiden und mithilfe von Humor eine Stimmung schaffen können, in der freundlich zusammengearbeitet wird. Keine schlechte Leistung!
Aber es gibt noch mehr zu sagen über den Wert guter Stimmung. Ihre Vorzüge gehen weit über den rein praktischen Effekt, die Mitarbeit zu fördern, hinaus. Wenn gute Stimmung herrscht, geschehen oft gute Dinge. Alt und Jung gehen gleichermaßen mehr aus sich heraus, werden zugänglicher, sogar erfinderischer. Das Unwahrscheinliche wird plötzlich möglich. Liebevolle Energie geht von allen aus und steckt den ganzen Haushalt mit Fröhlichkeit an.
Schlechte Laune kann ebenso ansteckend sein! Erst als ich selbst eine Familie hatte, konnte ich wirklich einschätzen, wie einfach es ist, sich von den schlechten Gefühlen der Kinder anstecken zu lassen. Ich selbst neige dazu, gereizt zu sein, wenn ein Kind gereizt ist, entmutigt, wenn das Kind entmutigt ist, und mich letztendlich mit ihm zusammenzutun und so alles noch schlimmer zu machen. Daher verwirrt es mich immer, wenn jemand in der Gruppe berichtet, wie er es tatsächlich geschafft hat, sich von der Stimmung des Kindes abzugrenzen und die Abwärtsspirale umzukehren.
Diese Berichte zu hören, erzeugt bei mir dasselbe Gefühl des Erstaunens, das ich als Kind hatte, wenn der Zeichentrickhase über eine Klippe stürzte. Wer konnte vorhersehen, dass im letzten unerträglichen Moment, seine Ohren sich in Flügel verwandeln würden, sein Schwanz in einen Propeller und er, der Gravitation trotzend, nach oben sausen würde.

Hier sind zwei meiner liebsten Geschichten zum Thema „Da werden sie nie heil rauskommen“. In beiden gelingt es einem Elternteil, allen Widrigkeiten zum Trotz, einen Stimmungsumschwung herbeizuführen.
Die erste nenne ich:

Löschen

Szene: früher Morgen, Lauries Schlafzimmer
Laurie: „Mami, was soll ich heute anziehen?“
Helen: „Wie wäre es mit einem dieser bezaubernden neuen Röcke, die wir für die Schule gekauft haben? Sie hängen bis jetzt nur im Schrank.“
Laurie: „Sie gefallen mir nicht.“
Helen: „Schatz, du warst diejenige, die sie ausgesucht hat. Hier, du kannst diesen karierten Rock anziehen. Du wirst darin wie eine junge Schottin aussehen.“
Laurie: „Ich will nicht wie eine junge Schottin aussehen. Ich will Hosen anziehen.“
Helen: „Aber du trägst immer Hosen. Es ist Zeit für eine Veränderung. Wenn du den Schottenrock nicht magst, wie wäre es mit dem blauen Rock mit den Messingknöpfen?“
Laurie: „Der kratzt.“
Helen: „Dann könntest du einen kleinen Unterrock dazu tragen.“
Laurie: (den Tränen nahe) „Ich hasse Unterröcke!“
Helen: (zu sich selbst) „Ich mache es schon wieder. Meinen Geschmack überstülpen. Lasse sie keine kleine Entscheidung selbst treffen ... Wie kläre ich das?“ (Laut:) „Laurie, lass uns das ‚löschen‘.“
Laurie: „Hä?“
Helen: „Lass uns alles löschen und noch einmal von vorne anfangen. Tun wir so, als wäre ich gerade erst die Treppe hochgekommen, um dich zu wecken.“

Helen: (Geht hinaus, schließt die Tür hinter sich, wartet einen Moment, klopft dann.)

Laurie: (widerwillig mitspielend) „Herein.“
Helen: „Guten Morgen. Habe ich da gehört, wie mich jemand danach fragt, was er heute anziehen soll?“

Laurie: „Mhm."
Helen: „Nun, bevor jemand weiß, was er anziehen will, muss er sich vielleicht erst fragen, wie er sich fühlt. ‚Bin ich heute in der Stimmung für alte braune Hosen oder in der Stimmung für einen neuen Rock? Fühle ich mich nach flauschigem gelbem Pullover oder fühle ich mich nach meiner geblümten Bluse?'"
Laurie: (lässt sich Zeit zum Nachdenken) „Ich fühle mich nach ... meinem blauen Pullover und meiner alten braunen Hose."
Helen: „Hier haben wir eine Achtjährige, die wirklich weiß, wie sie sich fühlt!"
Laurie: (schüchtern gestehend) „Blau ist meine Lieblingsfarbe."

Michael und das Känguru

(In dieser Geschichte verändert Lee die Atmosphäre mit einer Spur von Fantasie.)
Eines Nachmittags erwischte Lee Michael dabei, wie er Muffin, den neuen Welpen, wild anknurrte. Sie bat ihn, damit aufzuhören. Er beharrte darauf, dass Muffin wisse, dass er nur spiele, und begann dann damit, Muffin mit dem Kopf zu stoßen.
Lee dachte: Wie kann ich ihn erreichen? Ihm für eine Woche verbieten sich dem Welpen zu nähern? Drohen, es seinem Vater zu erzählen? Ihm einen strenge Standpauke halten?
Sie formulierte innerlich bereits eine Rede zum Thema Tierquälerei, als sie sich plötzlich erinnerte, wie Dr. Ginott gesagt hatte: *„Ändere nicht die Meinung; ändere die Stimmung."* Sie fragte sich, ob sie das wohl könne.

Lee: „Michael, ich kann sehen, wie gerne du raufst ... Weißt du, was wir hätten tun sollen?
Nach Australien schreiben und dir ein Känguru bestellen – komplett mit Boxhandschuhen."

Michael hörte auf zu knurren und sah auf. Der Welpe zog sich in eine Ecke zurück.

Lee: (die, mit ihrem Thema warm wird) „Wir hätten ihm eine kleine Hütte bauen können, mit einem Extraloch für seinen Schwanz."

Michael: (kichernd) „Es hätte in meinem Zimmer schlafen können.“
Lee: „Gleich neben deinem Bett! Du hättest einen Sparringpartner gehabt, der jederzeit bereit wäre und nur darauf wartete, dass du ein paar Schläge austeilen möchtest.“

Lee kniete sich auf den Boden und sprach leise mit dem Hund.

Lee: „Du bist kein Känguru, oder, Muffin? Du bist nur ein kleiner Welpe und du interessierst dich überhaupt nicht fürs Raufen.

Michael hockte sich neben sie und strich Muffins Fell glatt.

Lee (weiter mit dem Hund sprechend) „Du magst es, gestreichelt zu werden und getätschelt, und wenn jemand behutsam mit dir spielt, nicht wahr, Hündchen?“
Michael: (reibt seine Nase vorsichtig gegen die Nase des Welpen) „Sehr, sehr behutsam.“

Ich weiß nicht, was es ist, das mich an diesen Geschichten so berührt. Ich nehme an, es ist die Vorstellung davon, dass Eltern in der Lage sind, den düsteren Moment zu überschreiten und ihm mit Humor und Vorstellungskraft zu schmücken. Was für eine schöne Art zu leben! Aber ich bin Realistin genug, um zu wissen, dass Humor etwas für bestimmte Gelegenheiten ist - keine Frage des Willens oder der Fertigkeit, die in diesem Moment entweder zur Verfügung steht oder nicht; Humor ist nichts, das bei Bedarf hervorgeholt werden kann.
Bislang habe ich nur von Erwachsenen gesprochen, die die Fähigkeit haben, gute Stimmung zu erzeugen. Es wäre aber nachlässig von mir, wenn ich dieses Kapitel abschlösse, ohne auf die waren Wunder der Verspieltheit einzugehen, die Meisterakrobaten des schnellen Stimmungsumschwungs - die Kinder selbst. Sie sind es, die von Trübsal zu Heiterkeit springen können, mit einer Gewandtheit, die Erwachsene längst verloren haben. Und oft fallen ihnen dabei Sachen ein, auf die ein Erwachsener nie kommen würde. Glücklicherweise fehlt ihnen unsere Zurückhaltung. Ich gebe ein kleines Beispiel aus meiner eigenen Familie.

Wir waren eines Abends alle im Auto und fuhren von einem Spiel der Schulmannschaft nach Hause. Es war völlig still im Auto. Vier Mal war David an die Reihe gekommen zu schlagen – und vier Mal hatte die ganze Familie dabei zugesehen, wie er vorbeischlug. Sein Trübsinn füllte den gesamten Innenraum des Wagens. Ich hätte damals alles gegeben, wäre es mir möglich gewesen, die Stimmung zu ändern. Ich dachte angestrengt nach. Mir fiel nichts ein. Schließlich sprach David.

David: „Ich gehöre nicht in die Schulmannschaft. Ich gehöre nicht einmal in die Dorfmannschaft. Ich gehöre in die Windelmannschaft."
Vater: „Meine Güte, David, das ist wirklich zu bewundern. Du fühlst dich so schlecht und trotzdem hast du deinen Sinn für Humor nicht verloren ... Ich frage mich, wie in der Windelliga die Punkte gezählt werden."
David: (missmutig) „Ich schätze, wenn man die ‚Nummer eins' ist, schafft man es bis zur ersten Base."
Jill: (die langsam Interesse gewinnt) „Um zur zweiten Base zu kommen, müsstest du dann die ‚Nummer Zwei' sein."

Auf dem Rücksitz des Kombis hüpfte Andy in großer Aufregung auf und ab.

Andy: „Ich weiß, was ein Homerun wäre!"

Wir drehten uns alle zu ihm um.

Andy: (triumphierend) „Durchfall!"

Fünf Leute platzten vor Lachen.

Sehen Sie, was ich meine?

ELTERN SIND MENSCHEN

9

Wir haben Gefühle

In diesem Kapitel erfahren Sie:

- Dass auch Eltern ein Recht darauf haben, dass ihre echten Gefühle akzeptiert werden.
- Dass ehrliche Gefühle dem Kind mehr helfen, als künstliche Freundlichkeit.
- Dass wir ein bisschen netter sein können, als wir uns fühlen, aber nicht viel netter.

Ich blätterte durch mein Notizbuch. Jedes Mal, wenn ich eine von Dr. Ginotts Aussagen über die Gefühle der Eltern las, bekam ich eine Gänsehaut.
„Eltern sollten ihre eigenen Grenzen respektieren."
„Wir können ein bisschen netter sein, als wir uns fühlen, aber nicht viel netter."
„Es ist wichtig, die Wirklichkeit unserer gegenwärtigen Gefühle zu akzeptieren."
„Es ist am Besten, wenn wir unseren Kindern gegenüber authentisch sind."
Wieso reagierte ich so stark auf diese Aussagen?
Sie erschienen vollkommen vernünftig – vollkommen logisch. Ich las sie erneut. Und dann wurde es mir klar. Jeder dieser Aussagen lag die Annahme zugrunde, dass ein Mensch normalerweise weiß, was er fühlt. Je mehr ich mich mit diesem Gedanken befasste, umso unwohler fühlte ich mich. *Vielleicht wusste ich nicht immer, was ich fühlte!*
Der Gedanke beunruhigte mich. Ich versuchte mich zu beruhigen: Unsinn! Du weißt ganz genau, was für ein Gefühl du hast bezüglich einer ganzen Reihe von strittigen Themen – Emanzipation, Legalisierung von Marihuana, Sozialhilfe, Nahostkonflikt, Busreisen, gemischte Studentenwohnheime. Du hast keine lasche Haltung. Du bist die personifizierte Klarheit!
Aber ich war nicht überzeugt. Tief im Inneren wusste ich, worin meine Verwirrung bestand. Es ging um die Kinder. Lass nur ein Kind auf mich zustürzen, und schon verschwindet alle Klarheit. Dieser innere Mechanismus – der, auf den ich mich verließ, wenn es darum ging, klare Signale meiner Gefühle zu erhalten – schien jedes Mal durchzudrehen, wenn die Kinder auf der Bildfläche erschienen.
Es war fast lustig – aber es war ein Witz auf meine Kosten. Die Mutter, die so erpicht darauf war, ihren Kindern dabei zu helfen, in Kontakt zu ihren Gefühlen zu kommen, stand wahrscheinlich nicht einmal im Kontakt mit ihren eigenen Gefühlen.
Letzten Sonntag zum Beispiel. Ich hatte es mir mit der Zeitung gemütlich gemacht, als die Kinder hereinplatzten und riefen: „Mami, Papi hat versprochen, dass wir Eis kaufen gehen. Aber jetzt sagt er, dass er den ganzen Nachmittag damit beschäftigt sein wird, Rechnungen zu bezahlen!" Ich dachte: Oh, sie haben sich darauf gefreut. Dann gehe ich mit ihnen. Ich stieß die Zeitung beiseite und stemmte mich vom warmen Sofa hoch.

Der Rest lief etwa so:
„Okay, alle ins Auto."
„Kinder! Nicht so laut, bitte!"
„Nun, entscheidet euch. Welche Sorte wollt ihr?"
„Passt auf! Das geschmolzene Eis landet überall auf den Autositzen!"
„Ihr hattet also nicht die Sorte, die ihr wolltet. Müsst ihr euch deswegen wie Kleinkinder benehmen?"
„Es wird kein anderes geben! Um genau zu sein, wird es jetzt für lange Zeit überhaupt nichts mehr geben."
Das Vergnügen endete in Katzenjammer.
Was war geschehen?
Ich hatte meine Zeitung beiseite gelegt und mich darauf eingestellt „nett" zu sein, alle glücklich zu machen, und es hatte damit geendet, dass ich alle zum Weinen brachte. Offenbar hatte ich meine Gefühle falsch eingeschätzt. Ich dachte, ich fühlte mich „nett". Vielleicht hatte ich mich gereizt gefühlt – ich hatte nicht gewusst, wie ich mich fühlte.
Man denke sich! Wie könnte es sich jemand, der einer anspruchsvollen Arbeit nachging, leisten, seine wahren Gefühle zu ignorieren? Ein Chirurg würde sich nicht dazu überreden lassen, „nett" zu sein und ein paar zusätzliche Operationen am Tag durchzuführen. Das wäre für seine Patienten gefährlich. Ein Seiltänzer würde sich nicht auf ein Seil wagen, wenn es sich wacklig anfühlte. Es könnte sein letztes Mal sein. Kein Lastwagenfahrer würde die Nacht durchfahren, wenn er spürte, wie seine Augenlider schwer wurden. Er würde vielleicht nie am Ziel ankommen. Und doch: Hier stand ich, mit dem anspruchsvollsten Job von allen – dem Aufziehen menschlicher Wesen – und ignorierte meine Gefühle immer wieder, als ob das keine Folgen hätte.
Wie konnte es mir geschehen, dass ich so den Draht zu meinen eigenen Gefühlen verlor, wenn es um meine Kinder ging?
Wieso geriet ich ständig ins Stolpern, indem ich mich auf eine Weise verhielt, obwohl ich mich anders fühlte?
Ich dachte an meine Eltern. Sie schienen nie verwirrt gewesen zu sein. Sie wussten genau, was sie fühlten, wenn es um ihre Kinder ging. Ich hatte das alles hundert Mal gehört:
„Die Kinder sind unser Leben."
„Ihre Gesundheit und Zufriedenheit sind, was uns am meisten am Herzen liegt."

„Kein Opfer, das wir bringen können, ist zu groß für sie."
Sie führten ein Leben völliger Aufopferung: Es hieß „die Kinder" immer an erster Stelle!
Was dachte ich darüber? Ich lehnte es natürlich ab! Ich war die moderne Mutter, die nach neuen Wegen suchte. Ich war den altmodischen, selbstaufopfernden, begrenzten Vorstellungen entwachsen. Aber, war ich das wirklich? Wieso fühlte ich mich dann so unwohl, wenn bestimmte Gedanken (Gedanken, die meinen Eltern Schrecken eingejagt hätten) ihren Weg in mein Bewusstsein fanden?
„Ich will mein eigenes Leben, unabhängig von den Kindern."
„Menschliche Menschen großzuziehen mag ein erhabenes Ziel sein – aber manchmal ist es mir einfach egal."
„Der Alltag hat mich fest im Griff – und die Kinder sind noch so jung; es liegen noch Jahre vor mir."
„Manchmal mag ich nicht einmal meine eigenen Kinder."
Wenn ich diese Gedanken der „Alles für die Kinder"-Philosophie meiner Eltern gegenüberstellte, fühlte ich mich wie ein Monster.
Und die Massenmedien taten wenig, um mein Selbstbewusstsein aufzubauen. Radio, Fernsehen und Magazine sandten alle eine andere Auswahl an Botschaften an Eltern aus, aber alle waren gleichermaßen beunruhigend:
Kinder großzuziehen soll eine natürliche, spontane, freudvolle Erfahrung sein. (Oh, es gibt diese anstrengenden Phasen, aber mit ein bisschen Humor, überstehen wir den Sturm.)
Man muss lernen, wie man zur Ruhe kommt. Ausgeruhte Eltern haben ausgeglichene Kinder.
Das Einzige, was Eltern brauchen, ist *mehr*: mehr Flexibilität, mehr Vorstellungsvermögen, mehr Verständnis, mehr Verspieltheit, mehr Einfallsreichtum.
Und man muss *mehr tun*! Nehmen Sie das Kind mit nach draußen. Stellen Sie ihm kreatives Spielzeug zur Verfügung. Spielen Sie mit ihm, weil es Spaß macht und um seinen IQ zu erhöhen. Überraschen Sie ihr Kind mit selbst gebackenen Genüssen in seiner Pausenbrotdose. Werden Sie Herbergsmutter. Gemeindeleiterin. Seien sie die Modeleltern, denen ihr Kind nacheifern kann. Seien Sie eine Supermutter!
Diese weisen Worte mussten sich an irgendeine Sagenfigur richten, eine Mischung aus Mary Poppins, Jeanne d'Arc und Florence Nightingale. Kein

gewöhnlicher Sterblicher könnte solchen Anforderungen gerecht werden. Ich begriff plötzlich. Es bestand eine verblüffende Ähnlichkeit zwischen den Forderungen an die frühere Generation und denen an die gegenwärtige. Beide verlangten ein Maß an Selbstaufgabe, das für Heilige oder Märtyrer angemessen schien. Aber in der Vergangenheit hatte man zumindest Anspruch auf sein Märtyrertum. Heute wurde von uns erwartet, viel mehr zu tun, viel mehr zu geben - und dabei zu *lächeln*. In keiner der Generationen war Raum für negative Gedanken. Und der Widerspruch zwischen dem, was ich wirklich fühlte, und dem, wovon man mir sagte, ich solle es fühlen, verursachte in mir das Gefühl, in einem Schraubstock zu sitzen.

Dr. Ginott hatte oft gesagt: „Eltern handeln aufgrund unnötiger Schuldgefühle." Mein Schuldgefühl mag unnötig gewesen sein, aber es war eindeutig da - es trieb mich dazu an, mich netter zu verhalten, als ich mich fühlte; es brachte mich dazu zu geben, wenn ich nichts mehr zu geben übrighatte; es drängte mich dazu, mich über meine Grenzen hinaus anzustrengen; und es erlaubte mir selten den Luxus, meine wirklichen, eigenen Gefühle wahrzunehmen.

Ein erstaunlicher Gedanke kam mir in den Sinn. Ich hatte den Kindern ihre Gefühle erlaubt - selbst die negativen. Konnte ich mir selbst, als Erwachsener, auf diesem hochbrisanten Gebiet, die gleiche Art von Erlaubnis erteilen und mich trotzdem noch wie eine gute Mutter fühlen? Der Gedanke versetzte mich in Erregung. Ich hatte das Gefühl, auf etwas Wichtiges gestoßen zu sein.

Als ich der Gruppe erzählte, was mich beschäftigte, brachte ich damit einige Saiten zum Schwingen. Meine Aufregung schien sie anzustecken und zusammen erörterten wir die Idee. Unsere Diskussion hatte offenbar gewisse Auswirkungen, denn in der darauffolgenden Woche enthielten einige Geschichten ein neues Element.

Als ich an der Reihe war, verkündete ich: „Ich möchte melden, dass es etwas Neues gibt, was ich zum ersten Mal erlebt habe! Ich war auf dem Weg nach Hause, nach einer langen Reihe von Besorgungen - alle für David. Es war spät und kalt und meine Gedanken kreisten um die Frage, wie ich ein schnelles Abendessen zubereiten könnte. Ich hatte den Mantel noch an, als David nach Suppe fragte. Ich hatte nicht vor gehabt, Suppe zu servieren, aber ich fing automatisch an, in der Speisekammer nach einer Dose zu suchen. Ich dachte: ‚Wieso nicht? Wie könnte eine liebende Mutter ihrem

Sohn an einem kalten Abend heiße Suppe verwehren?‘ Dann dachte ich an unsere Diskussion letzte Woche und mich überkam die Erkenntnis, dass ich mich nicht wirklich wie eine liebende Mutter fühlte – *ich fühlte mich wirklich ausgenutzt!*
In diesem Moment erschien es mir als große Zumutung, die Dose zu suchen, zu öffnen und einen zusätzlichen Topf abspülen zu müssen. Ich sagte: ‚David, keine Suppe! Ich fühle mich unter Druck. Ich könnte ein wenig Hilfe brauchen. Könntest du bitte die Karotten schälen?‘
Wisst ihr, was passiert ist? Gerade als ich dachte, der Blitz würde mich erschlagen, sagte David: ‚Okay, wie viele brauchst du?‘ Aber das ist noch nicht alles. Am nächsten Abend kam er in die Küche, schaute mir ins Gesicht und sagte: ‚Mama, hast du heute Abend gute Stimmung? Denkst du, es würde dir etwas ausmachen, Suppe zu kochen?‘
Etwas ausmachen? Ich war so gerührt, dass mein Sohn sich auf einmal dafür interessierte, wie ich mich fühlte, dass ich sagte: ‚Welche Sorte hättest du gerne, David?‘“
Dr. Ginott kommentierte: „Sie haben ihrem Sohn etwas gegeben, das wichtiger ist als heiße Suppe. Sie haben ihm ihre aufrichtigen Gefühle gegeben und sie haben ihm eine Gelegenheit gegeben, die Bedürfnisse eines anderen Menschen in seine Überlegungen einzubeziehen.“
Die Gruppe strahlte mir zustimmend entgegen. Alle außer Katherine. Sie sah aus, als sei ihr unwohl. „Ich kann mich in dieser Geschichte nicht wirklich wiederfinden. Ich schätze, das kommt daher, dass ich in einer Familie aufgewachsen bin, in der die Erwachsenen zuerst kamen. Im Haushalt meiner Eltern wurde *bestimmt*, dass die Kinder die Karotten schälen; es wurde *erwartet*. Und kein Kind wäre auf die Idee gekommen, nach irgendwelchen Extras zu fragen. Wir wussten, dass wir essen mussten, was auf den Tisch kam. Diese Situation wäre daher kein Problem für mich gewesen. Ich hätte gesagt: ‚Keine Suppe, Schatz‘, und ich hätte auch nicht das Bedürfnis verspürt zu erklären, wieso.“
Ich hörte Katherine zu und dachte bei mir: Es ist so einfach für sie! Das, womit ich zu kämpfen habe, damit es ein Teil von mir wird, hat sie in den Knochen. Und ich mutmaßte, dass es für mich, egal wie sehr ich es versuchte, immer ein Kampf bleiben würde; ich würde immer gegen meine natürliche Gewohnheit, an mich selbst zuletzt zu denken, arbeiten müssen.
Roslyn erhob die Stimme: „Nun, die Situation mit der Suppe wäre für mich

auch kein Problem. Es fällt mir nicht schwer, meinen Gefühlen gemäß zu handeln, wenn ich das Gefühl habe, dass ich Anspruch darauf habe. Und Jan hatte in ihrem Beispiel sicherlich Anspruch darauf. Sie stand unter Druck, weil sie das Abendessen schnell zubereiten musste. Sie hatte allen Grund, so zu fühlen, wie sie es tat."

Dr. Ginott unterbrach: „Roslyn, ein Mensch braucht keinen Grund, um zu fühlen, was er fühlt. Die Tatsache, dass er es fühlt, ist real genug."

Roslyn fuhr fort, als hätte sie seine Worte gar nicht gehört. „Neulich zum Beispiel, habe ich mich am Nachmittag sehr müde gefühlt. Ich hatte in der Nacht gut geschlafen. Es gab keinen Grund, müde zu sein. Als die Kinder nach der Schule darum bettelten, Schlittschuhlaufen zu gehen, gab ich mir deshalb einen Stoß und ging mit ihnen."

Dr. Ginott antwortete: „Roslyn, Eltern müssen sich keinen Stoß geben lassen, auch nicht von sich selbst. Sie hätten sich und ihren Kindern einen größeren Dienst erwiesen, wenn Sie gesagt hätten: ‚Kinder, eure Mutter fühlt sich müde. Ich gehe für eine halbe Stunde auf mein Zimmer, um mich zu regenerieren. Ich weiß, dass ihr in der Lage seid, euch eine ruhige Aktivität auszudenken, während ich mich ausruhe.' Und dann Roslyn, hätten sie in ihr Zimmer gehen und ein ‚Bitte nicht stören'-Schild an die Tür hängen können."

Allgemeines Seufzen war im Raum zu hören. Auch ich fühlte große Erleichterung. Wenn Dr. Ginott Roslyn die Erlaubnis für all ihre Gefühle gab, dann würde ich mir auch die Erlaubnis für all meine Gefühle geben.

Während der nächsten paar Tage wurde ich sehr „gefühlsorientiert". Am Anfang kamen mir gewisse Gefühle recht vage vor, trügerisch; ich konnte nicht mit dem Finger darauf zeigen. Dann Stück für Stück wurde ich geschickter darin, manche dieser verschwommenen Gefühle in eine klarere Form zu zwingen. Am Samstag zum Beispiel, zerrten alle an mir, jeder wollte etwas anderes. Statt automatisch alles für sie zu tun, hielt ich inne und fragte mich: „Was fühlst du gerade wirklich, Janet? Keine Ausreden, keine Entschuldigungen – heraus damit!"

Ich antwortete mir selbst langsam:

„Ich fühle mich wie ein langgezogenes Gummiband – kein Spielraum."

„Ich fühle mich, als ob ich kein einziges weiteres Bring-Mich, Hol-Mich oder Gib-Mir mehr ertragen könne."

„Ich fühle mich, als wollte ich jedem Einzelnen über den lauten, fordernden Mund fahren."

Zu den Kindern sagte ich: „Ich höre, wie ich um sehr viele verschiedene Dinge gebeten werde. Aber im Moment gibt es etwas, um das *ich* mich kümmern muss. Wenn ich zurückkomme, werden wir besprechen, was euch beschäftigt." Dann zog ich meinen Mantel an und ging aus der Tür.
Ich ging einfach nur um den Block, aber ich fühlte mich doch überraschend unbeschwert. Ich konnte sogar die gemeine kleine Befriedigung genießen, ihnen den Teppich unter den Füßen weggezogen zu haben. Es war eine große Erleichterung, sich auch seine schlechtesten Gefühle eingestehen zu können! Und es erzeugte ein Gefühl von Stärke zu wissen, dass die schlechtesten Gefühle nicht anhielten – dass diese Gefühle zu haben, nicht bedeutete, sie auch ausleben zu müssen. Es war schließlich eine Tatsache – ich hatte ihnen nichts getan.
Ich beschrieb der Gruppe meine Erfahrung. Lee war skeptisch. „Schön", sagte sie, „du konntest etwas gegen deine negativen Gefühle tun. Aber wofür ist es gut, die eigenen Gefühle zu erkennen, wenn man *nichts* dagegen tun kann? In Ordnung, ich gebe also zu, dass ich mich manchmal sehr gereizt gegenüber meinen Kindern fühle. Das hilft natürlich unglaublich weiter! Ich komme vom Einkaufen nach Hause, mit acht schweren Tüten und rufe nach Hilfe. Jemand schreit: ‚Ich komme gleich runter, Mama.' Ich warte und niemand taucht auf.
Früher habe ich Entschuldigungen für sie gesucht. ‚Oh, na ja, sie sind nur Kinder.' Aber jetzt gehe ich sehr klar mit der Tatsache um, dass ich mich gereizt fühle, wenn ich um Hilfe betteln muss. Ich möchte, dass mir die Hilfe von alleine angeboten wird.
Ich rufe wieder nach oben: ‚Ich warte, die Eiskrem schmilzt!' Wenn ich höre: ‚Nur eine Minute, Mama!', sage ich mir: ‚Zum Henker mit ihnen allen!', und trage die Tüten selbst hinein ... Es geht mir darum, Dr. Ginott, dass ich daran zweifle, dass es ausreicht, zu wissen, was man fühlt, um automatisch zu einer Lösung zu gelangen."
Dr. Ginott antwortete: „Lee, Ihre Zweifel sind berechtigt. Manchmal kennen wir unsere Gefühle und können trotzdem nichts unternehmen. Und als Erwachsene wissen wir auch, dass es gewisse Gefühle gibt, die besser nicht ausgedrückt werden. Vermutlich würden Sie zu einem attraktiven Mann auf einer Cocktailparty nicht sagen: ‚Ich habe dich beobachtet und mir gedacht, dass du einen wunderbaren Liebhaber abgeben würdest.' Sie könnten selbstverständlich dieses Gefühl haben, aber Sie würden es nicht unbedingt ausdrücken.

In der Situation, die sie beschreiben, *wäre* es hilfreich, wenn ihre Familie wüsste, wie Sie sich fühlen. Sie könnten Ihren Kindern genau das sagen, was Sie mir gerade gesagt haben: ‚Wenn ich um Hilfe bitte und keine bekomme, fühle ich mich gereizt ... Ich möchte, dass die Hilfe von alleine angeboten wird ... Wenn ich die Tüten alleine hineintrage, koche ich innerlich!' Wenn Sie dann immer noch keine Hilfe bekommen, können sie mit lauter Stimme verkünden: ‚Ich trage die Tüten jetzt selbst herein und ihr habt jetzt eine gereizte Mutter!' Ihre Kinder müssen bemerken, dass es unangenehme Folgen hat, wenn sie eine Bitte um Hilfe ignorieren."

Die Gruppe entschied, dass wir uns im Moment nicht mit jenen Gefühlen aufhalten wollten, die nicht ausgedrückt werden konnten, oder den Problemen, die keine Lösungen hatten. Unsere Konzentration sollte sich auf die Gefühle, auf die Situationen richten, für die – vielleicht auch nur anteilige – Antworten gefunden werden konnten.

Ich persönlich wurde sehr geschickt darin, ein bestimmtes Gefühl zu identifizieren, das ich früher beiseite geschoben hatte. Ich könnte es am ehesten als eine Art dichte instinktive Empfindung beschreiben. Sie überfiel mich meist, wenn ich eine schnelle Entscheidung treffen musste, aber keine schnelle Antwort hatte. Wenn ich jetzt den Knoten in meinem Bauch spürte, reagierte ich darauf, als ob eine rote Lampe mir signalisierte: „Stopp! Du fühlst dich hin- und hergerissen. Etwas stört dich so sehr, dass deine Eingeweide schmerzen. Du brauchst Zeit – Zeit, um nachzudenken, Zeit, um das Wichtige, vom Unwichtigen zu trennen." Ich entdeckte, dass ich, wenn ich mir die Zeit nahm, aus einer stärkeren Position heraus agieren konnte.

Ich erzählte der Gruppe von meinen Erfahrungen mit Andy, als er mich bat, Elternsprecherin zu werden. Er hatte dieselbe Bitte schon in den letzten drei Jahren gestellt – und von Jahr zu Jahr wurden meine Ausreden komplizierter. Für dieses Jahr hatte ich keine mehr übrig. Ich war im Begriff, Ja zu sagen, als der Knoten mich aufhielt. Ich sagte: „Andy, ich brauche Zeit, um darüber nachzudenken. Ich werde nach dem Abendessen eine Antwort für dich haben." Die nächste Stunde durchdachte ich die Sache. Was fühlte ich wirklich, angesichts der Idee, Elternsprecherin zu sein?

Ich hasse allein die Vorstellung.
Ich würde mich schlecht fühlen, wenn ich ablehnen würde.
Was ist los mit mir? Andere Leute übernehmen die Aufgabe, ohne so ein

Theater darum zu machen.
Aber die Telefonanrufe, Geld für die Klasse sammeln, Feste planen, Menschen dazu drängen, sich freiwillig zu melden.
ICH WILL WIRKLICH NICHT!

Als Andy nach dem Abendessen zu mir kam, war ich bereit. ‚Andy, ich habe sehr ernsthaft über deine Bitte nachgedacht, weil ich weiß, wie wichtig es dir ist. Schatz, die Antwort ist nein. Elternsprecherin ist einfach nichts für mich. Aber ich sage dir, was ich gerne machen würde. Ich würde dich wirklich gerne an einem Wandertag begleiten. Wenn es dir recht ist, rufe ich die Lehrerin an und bitte sie, meinen Namen ganz oben auf die Liste für den nächsten Wandertag zu setzen.'"
Dr. Ginott kommentierte: „Kinder sind Meister darin, uns aus dem Gleichgewicht zu bringen. Sie fragen uns alle möglichen Fragen, auf die sie sofort Antworten verlangen: ‚Mama, können wir einen Hund haben?' ‚Papi, bekomme ich ein neues Fahrrad?' Wir sind keine Computer, die auf Knopfdruck Antworten ausspucken können. Wenn wir uns die Zeit nehmen, uns über unsere Gefühle klar zu werden, entdecken wir oft, dass wir mehr Spielraum haben, als wir dachten. Mit Überlegung kommen neue Möglichkeiten.
Beachten Sie, was noch geschieht, wenn wir über eine Entscheidung gründlich nachdenken. Unsere Antwort an die Kinder bekommt eine ganz andere Qualität. Statt wütend Ja zu sagen, sagen wir es liebenswürdig. Selbst unser Nein sprechen wir klar aus, nicht aus einer Verteidigungshaltung heraus, sondern mit aufrichtiger Sorge um die Gefühle des Kindes.
Es gab jedoch einen Aspekt an ihrer Geschichte, Jan, der mich störte. Das war, als Sie sich fragten: ‚Was ist los mit mir? Wieso kann ich nicht sein, wie andere Mütter?' Eine Frage wie diese verwirrt nur. Sie setzt voraus, dass wir wie andere Menschen fühlen *sollten*. Aber das tun wir nicht. Wir sind *nicht* andere Menschen. Wir sind wir selbst. Du bist *du*. Wir kommen wieder zur selben Aussage zurück. Wir können nur fühlen, was wir fühlen. Und wir fühlen wirklich sehr unterschiedlich – jeder von uns –, nicht nur darüber, ob wir Elternsprecher sein wollen, sondern über alles. Eine Mutter liebt es, mit ihren Kindern zu backen, und eine andere kann es nicht ausstehen, sie in der Küche um die Beine zu haben. Eine liebt es, die Kleinen um sich zu versammeln und ihnen laut vorzulesen, einer anderen schaudert bei der Vorstellung. Wir alle haben unsere Stärken und unsere

Grenzen. Und ein Teil des Erwachsenseins ist es, uns mit unseren sehr menschlichen Grenzen anzufreunden."

Man hätte eine Nadel fallen hören. Jede Frau im Raum hatte sich ihrem Inneren zugewandt, um ihre persönlichen „Grenzen" zu orten. Könnte sie sich wirklich damit anfreunden? Könnte sie sich die Grenzen überhaupt eingestehen?

Evelyn brach die Stille: „Ich erzähle euch, wann ich mich schrecklich fühle. Es ist, wenn meine Kinder mir sagen, ich sei keine verspielte Mutter. Und wisst ihr was? Das bin ich wirklich nicht. Meine Zähne verkeilen sich jedes Mal, wenn eines von ihnen sich mir mit dem Dame-Brett oder einem Satz Karten nähert. Es macht mir wirklich keinen Spaß, Spiele zu spielen."

„Aber machst du es trotzdem?", fragte Roslyn.

„Nun ... ja", antwortete Evelyn, „wenn ich Zeit habe. Ich meine ... hat ein Kind keinen Anspruch darauf, dass seine Mutter mit ihm spielt?"

„Evelyn", sagte Dr. Ginott, „wo steht geschrieben, dass eine Mutter mit ihren Kindern Karten spielen muss? Sagen Sie mir, haben Sie alle Bücher gelesen, die Sie gerne lesen würden, oder all die Musik gehört, die Sie sich gerne anhören würden?"

Evelyns Kinnlade fiel herunter. „Meinen Sie", rief sie aus, „dass ich all die Jahre Krieg und Frieden, Quartett und Schwarzer Peter gespielt habe – und es war gar nicht nötig!?"

„Aber, Dr. Ginott", protestierte Roslyn, „ich spiele gerne Karten mit meinen Kindern. Es ist so ziemlich das Einzige, was wir alle zusammen machen können, ohne uns zu streiten. Sagen Sie, dass ich das nicht tun sollte?"

„Ich sage", antwortete Dr. Ginott, „dass es wesentlich ist, uns auf eine Weise zu verhalten, die unseren wirklichen Gefühlen entspricht. Wenn Evelyns Zähne sich verkeilen, wenn sie Spiele spielt, dann ist es in ihrem Fall besser, wenn sie ablehnt. Denn während sie Krieg und Frieden spielt, fängt sie vielleicht ihren eigenen kleinen Krieg an. Andererseits ist ein Spiel, wenn es eine freudvolle Erfahrung für den mitspielenden Elternteil ist, mit großer Wahrscheinlichkeit auch vergnüglich für alle anderen.

Kinder brauchen authentische Reaktionen. Wenn unsere Worte etwas sagen und unsere Gesten und unser Tonfall etwas anderes, können wir sie damit, im wahrsten Sinne des Wortes, wahnsinnig machen."

„Aber angenommen", sagte Roslyn aufgewühlt, „dass die authentische Reaktion für die Kinder nicht hilfreich ist? Zum Beispiel hasse ich es zu fahren. Aber wenn man in der Vorstadt wohnt, ist es unvermeidbar. Amy muss zu Freunden gefahren werden, zur Bibliothek, zu den Klavierstunden, zum Pfadfindertreffen, zum Kieferorthopäden. Ich verbringe den halben Tag damit, sie aufzusammeln oder abzuliefern. Ich sehe nicht, wie es hilfreich sein könnte, meinen Ärger an Amy auszulassen. Es gibt nichts, was sie tun könnte. Also sage ich: ‚Hüpf rein, Schatz!', mit all der Freundlichkeit, die ich aufbringen kann."

„Es würde mich interessieren, Ihre freundliche Begrüßung zu sehen", sagte Dr. Ginott. „Irgendwie habe ich den Verdacht, dass Ihr Mund zwar lächelt, Ihr Auge aber zuckt. Roslyn, glauben Sie wirklich, dass Ihre Tochter nicht bemerkt, dass Sie genervt sind? Ich versichere Ihnen, dass Sie das tut. Ich kann Ihnen auch versichern, dass Sie leichter mit Ihrer ehrlichen Emotion umgehen kann als mit einem aufgesetzten Lächeln."

„Schlagen Sie vor, dass ich Ihr sage,sie gehe mir auf die Nerven, und mich weigere, sie zu fahren?"

„Ich schlage vor", sagte Dr. Ginott, „dass Eltern sich in einer angespannten Situation fragen: ‚Wer hat das Problem?' Wenn das Kind das Problem hat, spricht das Kind. Wenn Vater oder Mutter das Problem haben, sprechen Vater oder Mutter. Über sich selbst und seine oder ihre Gefühle. Ohne Schuldzuweisungen. Das Schlüsselwort ist: ‚Ich'.

In Ihrem Fall Roslyn, könnten Sie sagen: ‚Amy, ich habe ein Problem. Manchen Menschen macht es Spaß zu fahren. Ich hasse es. Jedes Mal, wenn ich fahren muss, sage ich mir: »Jetzt muss ich meine Beschäftigung unterbrechen, meinen Mantel holen, in die Kälte hinausgehen, mit dem Garagentor kämpfen, meine Schlüssel suchen, versuchen das Auto anzulassen. Wenn ich nur ans Fahren denke, fühle ich mich schlecht gelaunt.«' Was passiert nun? Amy muss mit ihrer geringen Toleranz fürs Autofahren umgehen. Vielleicht könnten sie ihre Freunde häufiger besuchen. Vielleicht könnte sie zu Fuß in die Bibliothek oder zum Pfadfindertreffen gehen. Gehen ist gesund. Für alle geeigneten Strecken könnte ihr Fahrrad das Transportmittel der ersten Wahl werden. Roslyn, Sie werden immer noch fahren müssen, aber nicht mehr so oft. Und Amy wird, wenn sie weiß, wie schwer es für Sie ist, zu fahren, vielleicht anfangen auf eine andere Weise zu fragen: ‚Mama, macht es dir etwas aus, wenn ...' Selbst das könnte ihren Ärger schon reduzieren. Aber das Wichtigste ist, dass ihre Tochter die wahren Gefühle ihrer Mutter erfahren wird statt einer verwirrenden Doppelbotschaft."

Ich hörte zu und dachte: Ich muss es weit gebracht haben.

Vor Kurzem hätte ich mir noch gesagt: Vielleicht ist das in Ordnung für Roslyn, aber nicht für mich. Mein Kind sollte meine wahren Gefühlen oder meine Grenzen nicht erdulden müssen. Ich sollte sie überwinden. Alles andere wäre verantwortungslos. Nun, die oberste Verpflichtung der Eltern besteht gegenüber ihren Kindern!

Aber das stimmt so nicht. Eltern haben eine weitere Verpflichtung: sich selbst gegenüber, ihren Bedürfnissen, ihren Gefühlen, selbst ihren „Grenzen“ gegenüber.

Diese Aussage von Dr. Ginott, die ich mit so viel Groll, wörtlich in mein Notizbuch übertragen hatte, erschien plötzlich sehr freundlich, übervoll mit Bedeutung und Relevanz.

Eltern sollten ihre eigenen Grenzen beachten.

Wir können ein bisschen netter sein, als wir uns fühlen, aber nicht viel netter.

Es ist wichtig, die Wirklichkeit unserer gegenwärtigen Gefühle zu akzeptieren.

Die beste Vorgehensweise ist, authentisch gegenüber unseren Kindern zu sein.

10

SCHUTZ – FÜR MICH, FÜR SIE, FÜR UNS ALLE

In diesem Kapitel erfahren Sie:

- Dass der Schutz der Familie mit Selbstschutz beginnt.
- Wie die Selbstachtung der Eltern allen Familienmitgliedern nachhaltig hilft.

Sechs Monate waren vergangen. Es war ein seltsamer Gedanke, dass ich einmal an der Wichtigkeit meiner eigenen Gefühle gezweifelt hatte. Jetzt befragte ich sie fast automatisch und jedes Mal wurde es ein bisschen einfacher. Wenn ich jetzt in meine alten Verhaltensmuster rutschte (und das tat ich immer noch), gab es einen Unterschied. Ein Teil von mir beobachtete kühl das, was wie mechanisch vor sich ging. Es schien mir, dass – wann immer ich meine Gefühle ignorierte – ein fast teuflisches Kräftespiel in Gang trat. Der Ablauf war folgender:

1. Das Kind stellt Forderungen.
2. Die Mutter ignoriert ihre negativen Gefühle und gibt den Forderungen nach.
3. Ärger schleicht sich ein.
4. Der Ärger schafft sich Raum.
5. Jemand wird verletzt.
6. Die ganze Familie leidet.

Jedes Mal wiederholte sich das Muster:
Zum Beispiel als ich mich dazu zwang, Davids „kreatives" Herumhämmern auf dem Klavier zu ertragen, trotz meiner Kopfschmerzen. Eine Stunde später schnauzte ich dann jeden an und schickte David früh ins Bett, verwirrt und unter Tränen.
Als ich zuließ, dass Jill mich so lange nervte, bis ich ihr ein Paar Schuhe kaufte, das sie wirklich nicht brauchte. Die lange, wütende Standpauke, die ich ihr auf dem Nachhauseweg über die Sünde der Verschwendungssucht hielt ... Jill kam anschließend mürrisch und feindselig ins Haus und spottete über ihren Bruder.
Und für Ted schien es genauso zu sein: Als er seinen Angelausflug abbrach, um mit den Kindern in den Vergnügungspark zu gehen. Wie Andy sich danach beschwerte, Ted sei gemein, weil er keine weitere Fahrt auf der Achterbahn erlaubt hatte ... Teds Schrei ... Ich, wütend auf Ted, weil er überreagiert hatte ... Jill, die uns fragte, ob wir uns scheiden lassen würden.
Aus Erfahrungen wie diesen erwuchs eine tiefe Überzeugung: Wenn die Gefühle der Eltern das Getriebe des Familienlebens kontrollierten, mussten diese Gefühle beschützt werden. Wenn eine Mutter oder ein Vater seine Ausdauergrenzen überschritt, voller Feindseligkeit war, außer Kontrolle geriet,

konnte das die besten Situationen verderben, und die schlechtesten wurden zu Albträumen. Aber wenn eine Mutter oder ein Vater sich ruhig, stabil, unter Kontrolle, voll gutem Willen fühlt, kann fast alles ausgestanden, gemeistert, gehandhabt, durchlebt werden, und es kann sogar darüber gelacht werden. Die Kinder sind sicher. Sie sind in guten Händen.

Und so strebte ich danach zu lernen, wie ich meine Kinder besser beschützen könnte – wie ich für meinen guten Willen Wache stehen konnte. Für unser aller Wohlergehen würde ich versuchen, mich vorsichtig darauf einzustellen, was ich wirklich fühlte; würde versuchen nicht zu viel zu geben, damit ich nicht meine Kotrolle verlöre; würde manchmal fast geizig sein, so dass ich später großzügiger sein könnte; würde den Kern meiner Gelassenheit als Quelle meiner eigenen Stärke nutzen – als Quelle der Stärke für jedes meiner Familienmitglieder.

Ich zollte meinem eigenem Wert mehr Respekt. Ich verglich mich selbst mit einem feinen Teil in einer Maschine, das eine lebensnotwendige Funktion ausführt: ein kompliziertes, empfindliches Instrument, das mit Sorgfalt behandelt werden und in perfektem Zustand gehalten werden musste.

Nein. Mehr als das. Ich war die Bienenkönigin: Das Nervenzentrum, von dem die ganze Kolonie abhing; die Kraft, die das Leben des Bienenstocks zusammenhielt. Und Kummer droht uns allen, sollten die Bedürfnisse der Königin missachtet werden!

Auch wenn sie zunächst nur unterhaltsam waren, begann diese Art von Gedanken mein Verhalten zu beeinflussen. Wenn ich mich in der Vergangenheit auf meine eigenen Bedürfnisse konzentriert hatte, war es mit einem Gefühl von Trotz, einem Gedanken wie: Ich bin auch eine Person. Ich habe auch Rechte. Wenn ich mich nun schützte, spürte ich eine ruhige Gewissheit. Was ich tat, war für mich, für sie, für uns alle.

Ich bemerkte, dass meine alte Art, mich fast verlegen zu rechtfertigen, verschwand. Früher hieß es: „Es tut mir so leid, Schatz. Ich weiß, dass ich gesagt habe, ich würde heute Nachmittag einen neuen Baseball-Handschuh mit dir kaufen gehen, aber ich habe den ganzen Tag Wäsche gemacht und bin total durch. Lass mich eine Weile hinlegen und sehen, wie ich mich danach fühle, okay?“

Man stelle sich das vor! Eine erwachsene Frau, die zu einem Kind sagt: „Lass mich.“ Man stelle sich das vor! Eine Mutter, die ihr Kind um Erlaubnis fragt, sich hinzulegen, bevor sie zusammenbricht.

Man stelle sich einen Erwachsenen vor, der sein Wohlergehen in die Hände eines Kindes legt! Ich gebe aber zu, dass selbst dies schon ein Fortschritt war. Es gab Zeiten, zu denen ich, wenn ich gesagt hatte, dass ich gehen würde, ging – müde oder nicht. Was sonst würde eine „gute Mutter" tun?
Ich blickte auf diese beiden Stufen zurück, dankbar, dass sie hinter mir lagen. Ich war nun auf einer anderen Ebene.
Meine neuen Parolen waren:
Erklärungen sind ungehörig.
Entschuldigungen sind unangebracht.
Der Schutz meiner Familie beginnt mit meinem Selbstschutz.
Dieser Tage würde ich sagen: „Schatz, ich habe eine Enttäuschung für uns beide. Ich hatte vor, mit dir deinen neuen Baseball-Handschuh zu kaufen, und jetzt sehe ich, dass ich es nicht kann. Hoffentlich habe ich Freitag- oder Samstagnachmittag Zeit. Was würde dir besser passen?" Und falls aufgebrachtes Geheul losbrach, würde ich nicht an Zweifeln zu Grunde gehen. Ich würde einfach ruhig wiederholen: „Freitag- oder Samstagnachmittag." Eine weitere Klage und ich würde das Zimmer verlassen. Eltern schreit man nicht an.
Und es gab noch eine weitere Weise, auf die ich lernte, mich selbst zu beschützen – nicht nur vor ihren Forderungen, sondern vor ihren Launen. Nur weil Andy deprimiert darüber war, dass er niemanden hatte, mit dem er am Nachmittag spielen konnte, musste ich seinen Kummer nicht teilen. Nur weil Jill vor Angst fast zitterte, weil sie am nächsten Tag eine Prüfung schrieb, musste ich nicht mit ihr zittern.
Dr. Ginott hatte oft herausgestellt, dass es im Interesse der geistigen Gesundheit der Eltern lag, nicht von den Stimmungen seiner Kinder angesteckt zu werden. Er sagte: „Ein Arzt würde einem Patienten wenig nützen, wenn er sich mit jeder Krankheit anstecken würde."
Meine Eltern hätten das niemals verstanden. Sie hätten sich dafür geschämt zu lächeln, während wir unglücklich waren. Für sie wäre es ein Zeichen von mangelnder Sorge gewesen. *Echte* Eltern litten mit ihren Kindern.
Ich war so froh, frei von dieser belastenden Einstellung zu sein. Als David am Boden zerstört war, weil er nicht für das Schulorchester ausgewählt worden war, hörte ich zu und tröstete ihn behutsam. Dann kam der Punkt, an dem ich es mir zu Herzen nahm. Ich erhob mich, um zu gehen, und sagte: „Nun, ich muss mich jetzt fertig machen, um auszugehen. Papi und ich haben Theaterkarten für heute Abend."

David sah erschrocken aus. „Wie kannst du so fröhlich sein“, fragte er, „wenn es mir so schlecht geht?“
Ich dachte darüber nach. „David, das ist, weil du ein Mensch bist und ich bin ein Mensch. Und wir haben unterschiedliche Gefühle. Aber ich verstehe, dass du leidest.“
Ich habe das nicht nur gesagt, ich denke, ich habe es auch gemeint! Es gab nur eine Sache, wegen der ich nicht hämisch über mich triumphieren konnte. Es war die Erinnerung an das letzte Mal, als Ted und ich Theaterkarten hatten. David hatte auch an jenem Abend ein Problem; aber statt es wohlwissentlich zu Hause zu lassen, brachte ich es mit in die Theatervorstellung. Zusammen würden Ted und ich dem auf den Grund gehen! Zusammen würden wir uns mit der Qual unseres Kindes herumquälen! Armer Ted. Ich umriss das Problem während des Abendessens für ihn; präsentierte ihm zwei mögliche Lösungsansätze, bevor sich der Vorhang hob; und verlangte seine Einschätzung beider Varianten während der Pausen. Das Stück war eine Komödie, aber keiner von uns lachte viel. Als schließlich der Vorhang fiel, konnte Ted mir nicht mehr in die Augen sehen.
Dieser Abend würde anders werden. An diesem Abend würde ich Davids Probleme zu Hause bei David lassen und einen Abend mit meinem Mann genießen.

Und dann gab es die andere Seite der Medaille. Gelegentlich brauchten die Kinder Schutz vor *mir* – vor *meinen* Gefühlen. Vor einem Monat war ein guter Freund nach einem Autounfall in einem kritischen Zustand. Ich wollte die Kinder nicht aufregen, also versuchte ich meinem Alltagsgeschäft auf die übliche Weise nachzugehen.
Aber an meinem Verhalten war nichts Übliches. Die Kinder sprachen mich an und ich hörte sie nicht. Selbst wenn ich versuchte zuzuhören, schweiften meine Gedanken ab. Ich fing plötzlich an zu weinen, weil ein Sofakissen an der falschen Stelle lag.
Es kam mir nach einer Weile, als ich in ihre verwirrten Gesichter blickte, in den Sinn, dass die Kinder vielleicht etwas wissen *sollten*.
Ich rief sie in mein Zimmer und suchte nach den richtigen Worten. „Kinder“, sagte ich, „ihr habt vielleicht bemerkt, dass ich in letzter Zeit irgendwie nervös und nicht richtig bei der Sache bin ... vermutlich ist es gerade nicht sehr einfach, mit mir zu reden. Nun, ich möchte, dass ihr wisst, dass es nichts mit

euch zu tun hat – gar nichts. Es liegt daran, dass mich etwas beschäftigt."
Ich wagte es nicht, weiterzusprechen, weil meine Stimme zu zittern begann. Ich verließ das Zimmer und fragte mich, ob sie mich überhaupt verstanden hatten. Nein, hatten sie nicht, entschied ich, als Andy eine Minute später hysterisch ins Zimmer kam. Jemand hatte seinen neuen roten Stift „gestohlen".
Ich dachte: „Was soll ich tun? Ich bin nicht stark genug, um mich jetzt darum zu kümmern." Aus dem Nichts tauchte David auf. Er legte den Arm um Andy und sagte leise: „Stör Mama jetzt nicht. Komm, ich helfe dir dabei, nach deinem Stift zu suchen."
Ich dachte: „Wie lieb von ihm! Er *hatte* mich gehört. Ich wünschte, ich hätte früher gesprochen. Vielleicht würde es mir nächstes Mal gelingen, schneller mit der Sprache herauszurücken. Vielleicht wäre ich nächstes Mal sogar in der Lage, die Familie im Voraus vor meiner Stimmung zu warnen, sodass sie Schutz suchen konnte, ehe der Sturm losbrach."
Als nächstes kam Thanksgiving. Ich wachte am Morgen auf und sah, wie Ted friedlich schlief. „Der Glückspilz", dachte ich, „er macht sich keine Sorgen über 22 Verwandte, die über ihn hereinbrechen, ehe die Betten gemacht, die Tische hergerichtet oder die Ringe von der Badewanne entfernt sind."
Vor einem Jahr hätte ich das Bedürfnis verspürt, meine Panik zu unterdrücken und die Magazin-Mutter zu spielen – lächelnd, in einer geblümten Schürze, den Truthahn mit der einen Hand mit Bratensaft übergießend und mit der anderen Jill dabei helfend, das Cranberry-Gelee anzurühren. (Es war wichtig, dass die Kinder das Gefühl hatten, beteiligt zu sein.) Heute war meine einzige Frage: „Wie bewahre ich meine Ruhe?" Ich schlüpfte in meine alten Jeans, ging in die Küche und legte los. Ich hatte eine Portion Bratenfüllung in der Hand und näherte mich dem Truthahn, als Andy und David an der Tür erschienen. Andy schrie: „Steck es nicht hinein – lass mich!" David schubste ihn und rief: „Du hast es letztes Jahr gemacht. Ich bin dran!"
Es gab keine Minute zu verlieren. Die Königin war in Gefahr! Der Feind war da. Der ganze Stock war bedroht! Ich mobilisierte alle verfügbaren Reserven für die Verteidigung. Ich verkündete: „Hört zu, ihr beiden. Ich bin wild wie eine Wespe. Die kleinste Kleinigkeit bringt mich zum Surren und Stechen! Und ich will nicht, dass jemand verletzt wird."
David sagte: „Kann ich dableiben, wenn ich still bin und nur mache, was du mir sagst?"

„Ja, aber wenn du dich nicht super kooperativ fühlst, mach dich davon. Denn es ist hier nicht sicher!"
Die Herausforderung war zu groß für Andy. Er *musste* meine Grenzen ausreizen. „Aber du hast versprochen, dass ich es dieses Jahr wieder machen darf!"
Mit der Füllung an meinen Händen, nahm ich ihn bei den Schultern, drehte ihn zur Tür, sagte: „RAUS!", und geleitete den kleinen Saboteur aus dem Zimmer.
Das war erfrischend. Was für eine Kraft das war – so im Kontakt mit meinen Gefühlen zu sein, dass ich mir *und* meiner Familie den Schutz bieten konnte, den wir brauchten, wenn wir ihn brauchten!

Als Jill von der Schule nach Hause kam, hatte sie ein seltsames Lächeln auf dem Gesicht. Ich sagte: „Hallo, wieso hast du denn so gute Laune?"
„Nun", sagte sie, „du kennst doch Robin, sie findet sich selber so toll. Sie drängelt sich in der Schlange in der Schulkantine immer vor mich und sagt: ‚Oh Jill, es macht dir nichts aus, wenn ich mich vor dich stelle, nicht wahr? Bitte, ich bin dann auch deine beste Freundin.' Ich lasse sie immer, obwohl ich es nicht will – und dann redet sie nicht einmal mit mir! Sie ruft nur alle ihre Freunde herbei, um sie vorzulassen.
Aber weißt du, was ich heute gesagt habe? Ich sagte: ‚Nein, Robin, ich habe entschieden, dass es mir nicht gefällt, wenn du dich vordrängelst.' Und weißt du, was sie gemacht hat? Sie ist ans Ende der Schlange gegangen."
Ich war erstaunt. Diese „rücksichtslose Robin" hatte mein Kind seit Beginn des Schuljahres herumgeschubst. Woher nahm Jill den Nerv und das Know-How um für sich selbst einzutreten?
Ich kannte die Antwort. Von mir! Und auch wenn es nie wissenschaftlich bewiesen werden könnte, war meine Überzeugung unerschütterlich. Sie hatte es von mir gelernt! All diese Monate, in denen ich auf die Wichtigkeit meiner Gefühle bestanden hatte, waren ein Leitbild für meine Tochter gewesen. Von meiner neu gewonnenen Stärke hatte Jill gelernt, was tausend Unterrichtsstunden ihr nicht beigebracht hätten.
Mitten in meinem Mutterstolz, spürte ich einen Anflug von Neid. Jill wusste mit acht, wofür ich ein halbes Leben lang hatte lernen müssen.

11

Schuld und Leid

In diesem Kapitel erfahren Sie:

- Dass das Glück eines Kindes nicht mit dem Leid seiner Eltern erkauft werden sollte.
- Wie wir mit Schuldgefühlen umgehen können.
- Dass wir uns vor unseren Kindern nicht für unser Handeln rechtfertigen müssen.

Während all der Sitzungen, in denen wir die Gefühle der Eltern und die Möglichkeiten, sie zu beschützen, erforscht hatten, blieb Katherine still. Aber die Missbilligung, die auf ihren fest zusammengepressten Lippen lag, war nicht zu übersehen. Eines Tages brach es schließlich aus ihr heraus. „Dr. Ginott, wir haben über die Gefühle der Eltern gesprochen, als ob sie in einem Vakuum existieren würden! Unsere Kinder haben niemanden, auf den sie sich verlassen könnten, außer uns! Können Eltern etwa so ausschweifend sein, dass sie aufhören, sich um ihre Kinder zu kümmern? Die Kinder sind uns ausgeliefert. Wir können nicht all unseren Gefühlen nachgehen! Was, wenn eine Mutter all ihren wahren Gefühlen nachgeben würde, bis Mittag im Bett bliebe, dem Baby nie die Windeln wechseln würde und ihm jedes Mal wenn es schreit einen Lutscher in den Mund stecken würde – nur weil sie eine geringe Toleranz für Lärm hat! Wenn sich die Eltern nicht um die Bedürfnisse der Kinder kümmern, wer macht es dann?“

„Katherine“, sagte Dr. Ginott, „Ihre Sorge ist berechtigt. Es ist die Pflicht der Eltern, sich um die wirklichen Bedürfnisse der Kinder zu kümmern, besonders in den ersten Jahren. Eine Mutter wünscht sich vielleicht durchzuschlafen, aber das kann sie nicht. Das Baby braucht um zwei in der Nacht eine Flasche. Wenn ein junges Kleinkind erschöpft ist, muss es getragen werden.
Aber während ein Kind aufwächst, müssen seine Bedürfnisse nicht mehr umgehend befriedigt werden. Das würde ihm sogar schaden. Es ist unsere Aufgabe als Eltern, ihm Stück für Stück beizubringen, wie es einige seiner Bedürfnisse aufschieben kann. Dies hilft ihm zu wachsen. Zum Beispiel kann man einem Fünfjährigen dabei helfen, sein Bedürfnis abzulegen, auf die Toilette zu gehen, während seine Mutter in der Schlange im Supermarkt auf ihr Wechselgeld wartet. Sie flüstert: ‚Es ist schwer zu warten, wenn man so dringend mal muss. Sobald ich mein Wechselgeld bekommen habe, gehen wir auf kürzestem Weg zur Toilette.‘ Seine Mutter bringt ihm bei, ein vorübergehendes Unbehagen auszuhalten, aus Rücksichtnahme auf die Gefühle der Menschen, die ihn umgeben. Wir wollen nicht, dass unsere Kinder emotional kindlich bleiben. Wir möchten, dass sie in der Lage sind, die Gefühle anderer zu berücksichtigen.“

Nell wirkte bekümmert. „Aber, Dr. Ginott", sagte sie, „was tut man, wenn zwischen den Bedürfnissen des Kindes und den Bedürfnissen der Erwachsenen Konflikte bestehen? Ich meine ... nun, wie Sie wissen, hat Kenneth praktisch keine Freunde. Die meiste Zeit ist er ziemlich einsam. Gestern kam eine Nachbarin vorbei, mit einem Welpen, den sie nicht mehr halten kann und fragte, ob wir ihn wollten. Sie hätten Kenneth sehen sollen. Er ging auf die Knie und er hatte einen Ausdruck auf dem Gesicht, als er diesen Hund hielt, den ich nie zuvor gesehen hatte. Er strich mit der Wange über das Fell des Welpen und sah dann auf und sagte: ‚Können wir ihn behalten? Oh bitte, Mama, können wir?'

Ich wollte ihm den Hund so gerne geben. Es war ein bezaubernder Welpe, und ich wusste, was es Kenneth bedeuten würde. Aber, Dr. Ginott, ich bin allergisch gegen Tierhaare. Ich bekomme Husten. Ich weiß einfach nicht, was ich tun soll. Sein Bedürfnis ist so groß. Ich glaube, ich werde ihn den Hund einfach haben lassen."

Sehr sanft sagte Dr. Ginott: „Nell, *das Glück eines Kindes sollte nicht mit dem Leid der Eltern erkauft werden*. Der Preis ist für beide zu hoch. Die Eltern zahlen mit ihrer Gesundheit oder ihrem Wohlwollen, und das Kind zahlt auf andere Weise.

Was sagt sich ein Kind, wenn es etwas auf Kosten der Eltern bekommt? Es sagt: ‚Ich habe meine Mutter dazu gebracht, mir einen Welpen zu schenken. Meine Mutter hustet und wird krank wegen mir. Ich bin ein schrecklicher Mensch. Ich habe Angst!'

Nell, wenn Kinder uns leiden sehen, fühlen sie sich automatisch verantwortlich. Unser Leiden verursacht in ihnen Gefühle von Schuld und Angst. Lassen Sie uns nun zu Ihrer ursprünglichen Aussage über sich widersprechende Bedürfnisse zurückkehren. Immer wenn ich höre, dass ein Kind etwas braucht, frage ich mich: ‚Geht es um etwas, das es braucht oder das es will?' Es ist nicht immer leicht zwischen beidem zu unterscheiden. Kinder haben viele echte Bedürfnisse, die gestillt werden können und sollten. Ihre Wünsche aber sind ein Fass ohne Boden. Ihr Kind wünscht sich zum Beispiel, bei seinen Eltern zu schlafen. Ihr Bedürfnis ist dagegen, dass es in seinem Bett schläft. An Weihnachten wünscht es sich jedes Spielzeug, für das es Werbung im Fernsehen sieht. Seine Bedürfnisse sind aber mit einem oder zweien gedeckt. Nun, wie ist es in Kenneths Fall? Was will er? Er will einen Hund. Nell, was *braucht* er?"

Nell dachte eine Weile nach. Zögernd sagte sie: „Ich schätze, was er wirklich braucht, ist ein Freund."
„Und das Einzige, was er von ihnen braucht", sagte Dr. Ginott, „ist Ihre Unterstützung, während er nach einem Freund sucht und schließlich eine Freundschaft schließt."
Dann wandte er sich der Gruppe zu. „Wenn sie einem Kind erlauben zu sehen, wie sie für es leiden, tun sie ihm damit keinen Gefallen. Sie bringen ihm durch ihr Beispiel bei, wie man sich *nicht* selbst schützt. Sie bringen ihm bei, wie man sich von seiner Schwäche leiten lässt, statt von seiner Stärke."
Ich hörte aufmerksam zu. Was Dr. Ginott beschrieb, das „Leiden aus Liebe" der Eltern für die Kinder, war ein normaler Teil meines erwachsenen Lebens gewesen. Und nicht nur meines! Ich hätte in beinahe jedem Haushalt, egal welcher Ethnie, in der Nachbarschaft vorbeischauen können und hätte gehört:
„Ich verzehre mich vor Sorge, wegen dir. Du weißt, wie krank vor Sorge ich bin, wenn du dorthin gehst. Oh, wenn es dir derart wichtig ist – geh!"
„Iss du das restliche Fleisch, Liebling. Du steckst noch im Wachstum, Junge. Denk nicht an mich. Ich suche mir etwas anderes."
„Mach dir keine Sorgen um das Schulgeld, mein Sohn. Wenn ich Überstunden machen muss, tue ich das. Konzentrier du dich nur aufs Lernen."
Die einzige Bezahlung, die diese Eltern wollten, war die Liebe und Dankbarkeit des Kindes. Aber ihre Kinder fühlten sich nicht dankbar. Sie fühlten Hass. Die Eltern waren bereit, alles zu geben: ihren Schmerz, ihr Leid, ihr Opfer – und ihre Kinder hatten daran zu würgen. Ich machte mir die gedankliche Notiz, achtsam zu sein. Und Leid, das ich für meine Kinder ertrug, sollte sie nichts angehen. Ich würde versuchen, Dinge für sie bereitwillig zu tun, ohne Bedingungen – oder gar nicht. Ich verstand, wieso es manchmal besser sein konnte, nichts zu geben statt einer Ladung voll Schuld.

In der nächsten Sitzung war es Roslyn, die ein Problem vortrug. „Ich weiß nicht, wieso ich eigentlich so verärgert bin. Peter wachte heute Morgen spät auf, beeilte sich, um rechtzeitig aus dem Haus zu kommen, konnte aber keine Socken finden. Ich wurde bleich, als er mich danach fragte, weil ich wusste, dass die ganze Wäsche noch völlig durchnässt in der Maschine lag. Sofort sagte ich: ‚Peter, ich habe eine Lösung. Du kannst ein Paar von Papis Socken ausleihen.'

Er begann mir vorzuhalten, dass ich die Wäsche nie rechtzeitig fertig hätte und dass er sich nie auf mich verlassen könne. Ich versuchte zu erklären, wie beschäftigt ich in letzter Zeit gewesen war. Aber er hörte einfach nicht zu. Schließlich stürmte er aus dem Haus – zu spät und ohne Socken. Ich fühlte mich wie eine Rabenmutter."

Dr. Ginott lächelte reuevoll. „Es braucht nicht viel, um Schuldgefühle in Eltern hervorzurufen, nicht wahr? Aber ein Kind wissen zu lassen, dass es die Kraft hat, Schuldgefühle in uns zu erzeugen, ist für das Kind nicht hilfreich. Das Kind nimmt plötzlich die Rolle des Staatsanwalts an, während der Vater oder die Mutter sich auf der Zeugenbank windet. Wenn es einem Kind erlaubt wird, sich gegenüber seinen Eltern so zu verhalten, was glauben Sie, wie es sich fühlt?"

Roslyn dachte eine Weile nach und riskierte es dann: „Schuldig ... ängstlich ... als ob es ein fürchterlicher Mensch wäre."

„Das alles trifft zu", sagt Dr. Ginott.

Roslyn seufzte tief. „Und ich dachte wirklich, dass ich ihm helfen würde! ... Aber ich sehe immer noch nicht, was ich sonst hätte tun sollen."

„Wir haben zuletzt über die wirklichen Bedürfnisse eines Kindes gesprochen", sagte Dr. Ginott. „Was Peter an diesem Morgen brauchte, war keine schuldvolle Erklärung oder eine Blitzlösung. Er brauchte die Gelegenheit, seine Selbstständigkeit zu trainieren, seine Eigeninitiative. Sein Bedürfnis war, sein Problem selbst zu lösen.

Wie helfen wir ihm nun dabei, seine wirklichen Bedürfnisse zu befriedigen? Zunächst einmal kann er nicht konstruktiv nachdenken, wenn er sich darum Sorgen muss, wem er wohl die Schuld geben soll. Beschuldigungen und Gegenbeschuldigungen stehen ihm nur im Weg. Wir können ihm helfen, die Frage nach dem Schuldigen zu überwinden, mit einer Aussage wie: ‚Sohn, die Verantwortung für saubere Socken liegt bei mir.' So bleibt Peter mehr Raum, um lösungsorientiert zu denken.

Zweitens helfen wir ihm, indem wir ihm die Schwierigkeit seines Problems bestätigen. Sie könnten ihm sagen: ‚Was macht man in so einem Fall? Es gibt kein trockenes Paar Socken im Haus. Das nenne ich ein echtes Problem!' Indem wir sein Problem ernsthaft beschreiben, zeigen wir ihm, dass das, was ihn beschäftigt, egal was es ist, Respekt verdient.

Dann, Roslyn, kommt der schwierigste Teil von allem. Sagen Sie sich selbst: ‚Tu nicht einfach irgendetwas; bleib stehen.' Sehen sie, es ist die

Bereitschaft der Eltern, still daneben zu stehen, während das Kind seine Lösung selbst ausarbeitet, die die größte Hilfe darstellt."

Helen winkte mit der Hand. „Ich habe eine ganz ähnliche Erfahrung wie Roslyn gemacht. Ich stecke eigentlich sogar noch mitten drin. Heute ist das Schulpicknick. Laurie hatte mich erinnert, doch bitte eine Getränkedose zu kaufen, Thunfisch und einen Cupcake. Nun, ich habe es vergessen. Ich war so beschäftigt damit, an meiner neuen Skulptur zu meißeln, *Mutter und Kind*, dass ich mein eigenes Kind vernachlässigt habe. Als Laurie an diesem Morgen die Kühlschranktür öffnete, wurde sie bleich.
‚Mami', schrie sie, ‚hier gibt es nur Brot Mayonnaise, Ketchup, Senf und eine Dose Katzenfutter. Was soll ich damit anfangen?'
Ihr könnt euch vorstellen, wie ich mich gefühlt habe! Aber ich war entschlossen, es Laurie nicht zu zeigen. Ich sagte: „Schatz, es war meine Aufgabe, dein Picknickessen zu kaufen und irgendwie habe ich es vergessen. Das ist eine Zwickmühle. Selbst wenn du alle Küchenschränke durchsuchen würdest, weiß ich nicht, was du finden würdest.'
Nun, sie durchsuchte alles und entdeckte schließlich ein fast leeres Glas Erdnussbutter. Sehr schnell strich sie es auf zwei Scheiben altes Brot, während sie die ganze Zeit vor sich hinmurmelte, dass es nicht einmal eine Nachspeise gäbe. Dann lief sie nach oben. Als sie in die Küche zurückkam, hielt sie triumphierend einen Zitronenlutscher in der Hand und sagte: ‚Schau, was ich gefunden habe! Der ist von Halloween noch übrig!'
War das nicht tapfer? Und ich habe ihr geholfen, nicht wahr? Ich meine, ich habe meine Schuld nicht bei ihr abgeladen und ich habe sie dazu gebracht, sich auf die Lösung des Problems zu konzentrieren – also sollte ich mich gut fühlen ... ich fühle mich schrecklich. Ich kann mir genau vorstellen, wie sie da sitzt, mit ihrem armseligen Mittagessen, während die anderen Kinder Leckereien in sich hineinstopfen, die ihre verantwortungsbewussten Mütter für sie im Voraus zubereitet haben. Vielleicht habe ich ihren ganzen Tag ruiniert. Ich weiß nicht einmal, was ich ihr sagen soll, wenn sie am Nachmittag nach Hause kommt. Vielleicht sage ich ihr, wie leid es mir tut, und versuche, es irgendwie wiedergutzumachen."
„Helen", sagte Dr. Ginott, „als Eltern, werden wir es nicht immer vermeiden können, uns schuldig zu fühlen. Aber wir können uns selbst sagen: Ich darf meinem Kind nicht erlauben, davon zu wissen. Es ist zu gefährlich –

für alle. Wenn man einem Kind die Kraft gibt, unser Schuldgefühl auszulösen, ist das, als gäbe man ihm eine Atombombe. Wie Roslyn aufgezeigt hat, fühlt sich das Kind, das die Schuldgefühle eines Elternteils auslöst, selbst schuldig wegen dem, was es getan hat. Und kennen Sie das Gefühl, das wir letztendlich gegenüber Menschen verspüren, die bei uns Schuldgefühle auslösen? Es ist Hass. Wenn wir Schuldgefühle zulassen, provozieren wir den Hass."

Diese Worte schienen einen Nerv bei Lee zu treffen. „Es ist wahr!", schrie sie. „Man *kann* anfangen, Menschen zu hassen, die einen dazu bringen, sich schuldig zu fühlen! Ich hatte meine Schwiegermutter immer so gern. Aber in letzter Zeit frage ich mich, was mit ihr geschehen ist. Sie ist eine Meisterin darin geworden, mir Schuldgefühle einzureden. Oh, sie würde mir nie geradeheraus etwas vorwerfen, was glaubt ihr denn. Aber sie sagt Sachen wie: ‚Du wusstest, dass ich zum Arzt fahre, Liebes. Ich dachte, ich würde von dir hören.' Oder: ‚Ich würde so gerne mehr Zeit mit dir verbringen, Lee, aber ich weiß, wie beschäftigt du bist, und ich versuche das zu verstehen.'

Ich nehme an, es ist nicht sehr nett von mir. Aber ich versuche in den letzten Tagen, ihr aus dem Weg zu gehen. Immer wenn sie in der Nähe ist, ist jedes zweite Wort von mir eine Entschuldigung. Es ist so schlimm geworden, dass ich sogar ihre Telefonanrufe fürchte. Wisst ihr, ich habe nie zuvor darüber nachgedacht, aber Schuld ist ein bisschen wie Gift – nicht wahr? Man kann sie nicht sehen, man kann sie nicht riechen, aber sobald sie in einer Beziehung vorkommt, schrumpelt alles, was zwischen zwei Menschen warm und freundlich war, zusammen und stirbt."

Helen, den Blick fest an Lee geheftet, lehnte sich auf ihrem Stuhl vor. „Gift ist das richtige Wort!", rief sie aus. „Und es ist nicht nur tödlich für eine Beziehung, sondern schon eine kleine Dosis kann auch deine *eigene* Personalität verändern. Plötzlich bemerkst du, dass du Dinge sagst und tust, die dich dir selbst fremd machen. Heute Morgen zum Beispiel. Ich fühlte mich so schuldig gegenüber Laurie, als sie das Haus verließ, dass das einzige, woran ich denken konnte, war, wie ich mich bei ihr entschuldigen könnte, wenn sie zurückkäme. Ich war in so schlechter Verfassung, dass ich ihr, hätte sie mich ‚planlos' oder ‚nachlässig' genannt, wahrscheinlich zugestimmt hätte. Also, das sieht mir wirklich nicht ähnlich!"

Helen wandte sich an Dr. Ginott. „Und sehen Sie, wohin das geführt hat? Ich hätte es ihr übelgenommen, dass sie mir Schuldgefühle eingeflößt hat. Sie hätte *sich selbst* dafür gehasst, *mir* Schuldgefühle einzuflößen. Und wir beide hätten einander am Ende gegrollt. Nun, es wird keine Entschuldigungen geben. Aber ich weiß immer noch nicht, was ich ihr sagen soll, wenn sie heute Nachmittag nach Hause kommt."

„Zunächst einmal", sagte Dr. Ginott, „sollten nicht *sie* das Thema zur Sprache bringen. Sehr oft löst sich eine morgendliche Krise bis zum Nachmittag von selbst auf. Es ist sogar möglich, dass sich die Tragödie in einen Triumph gewandelt hat: Sie könnte ihren Lutscher gegen einen Hühnerschenkel eingetauscht haben. Oder ein anderes Kind könnte angeboten haben, seinen Saft mit Laurie zu teilen. Vielleicht war das der Beginn einer neuen Freundschaft!

Des Weiteren, Helen, haben wir eine ganze Reihe von Reaktionen an der Hand. Zum Beispiel können wir einen der folgenden Sätze sagen, je nach dem, in welcher Stimmung wir uns befinden:

‚Laurie, wenn ich beleidigt werde, kann ich nicht helfen. Ja, ich kann nicht einmal zuhören.'

‚Keine Anschuldigungen, Laurie! Wenn du irgendwelche Vorschläge hast, schreib sie so auf, dass ich darüber nachdenken kann!'

‚Schatz, sprich mit mir über *deine* Enttäuschung, *deine* Verärgerung, *deine* Gefühle. Dann kenne ich sie und bin in der Lage zu antworten.'

Sie sehen, Helen, wir haben viele Möglichkeiten, unsere Kinder zu entwaffnen und sie gleichzeitig zu lehren, wie sie uns ihre Klagen vorbringen können. Sagen Sie mir, ergibt das, was ich sage, in Ihren Ohren Sinn?"

Helen sah von ihrem Notizbuch auf. „Ich schreibe so schnell, wie sie sprechen." Sie lächelte. „Und darüber hinaus verspreche ich Ihnen, dass eine dieser Aussagen noch zur Anwendung kommen wird, ehe der Tag vorüber ist. Ich glaube, was mir am besten gefällt, ist die Vorstellung, kein williges Opfer sein zu müssen, wenn eine Achtjährige auf mich losgeht. Aber ...", und hier brach sie ab.

„Etwas sorgt Sie noch?"

„Ja, das tut es! Es ist eine Tatsache, dass ich ihre Sachen für heute vorbereiten hätte müssen, und es nagt einfach an mir, dass ich es nicht getan habe."

„Nun", sagte Dr. Ginott, „die Frage ist: Was macht man mit seinen Schuldgefühlen? Erneut gibt es Alternativen, Helen. Wir können mit anderen

sprechen – mit einem Freund, dem Ehemann, unserer Gruppe hier, einem Seelsorger, einem Rabbi, einem Priester, einem Therapeuten – jedem, der uns Gehör schenkt, ohne über uns zu richten.
Und wir können mit uns selbst sprechen. Wir können uns selbst sagen: ,Ich kann ohne die Hilfe meiner Kinder mit meinen Schuldgefühlen fertig werden. Ich brauche keinen Freispruch von ihnen. Ich brauche kein »Ich vergebe dir, Mama« von einem kleinen Kind. Für mich ist es genug, dass ich entscheide, es das nächste Mal besser zu machen.'"

Evelyn sah unsicher aus. „Ich bin mir nicht sicher, ob ich schon alles ganz verstehe, Dr. Ginott. Vor einiger Zeit hat sich etwas ereignet, über das ich immer noch grüble. Ich denke an die Nacht, als mein Mann Marty aus seinem Lesesessel aufstand, um sich etwas zu trinken zu holen. Sobald er gegangen war, sprangen unsere beiden Jungen auf den Sessel. Als Marty zurückkehrte, weigerten sich die Jungen, ihm seinen Sessel zurückzugeben. Sie sahen nicht ein, wieso. ,Wieso sollte ein Papi immer den besten Platz haben? Nur weil er älter ist? Das ist nicht fair! Kinder haben auch Rechte!'
Ich erinnere mich, wie ich dachte: ,Meine Güte, da ist schon etwas dran. Das ist wirklich unser einziger bequemer Sessel. Dann hörte ich, was Marty antwortete, während er die beiden vom Sessel zog: ,Es gibt gewisse Vorrechte, die mit dem Alter kommen. Und wenn ihr einmal Eltern werdet, werdet ihr sie von euren Kindern bekommen!' Die Jungen blinzelten nur. Dann lehnte sich Marty wieder gemütlich im Sessel zurück und sagte: ,Und falls nicht, werde ich euch sagen, was ihr tun müsst!' Beide Jungen lehnten sich vor. ,Sie einfordern!', sagte Marty, ,dann bekommt ihr sie!'
Es schien mir, dass Marty ein bisschen brutal zu den Jungen war. Aber jetzt bin ich mir nicht mehr so sicher."
Dr. Ginott fragte: „Was denken Sie jetzt?"
„Ich denke, vielleicht hat er letztlich doch das Richtige getan", antwortete Evelyn. „Demzufolge, was sie gesagt haben, wäre es nicht gut für die Kinder gewesen, wenn Marty sich von den Kindern Schuldgefühle dafür hätte einreden lassen, dass er in seinem eigenen Sessel sitzt."
Dr. Ginott nickte. „Ihr Ehemann hat Ihren Kindern eine wichtige Lektion erteilt. Es ist wichtig, dass wir alle verstehen, dass wir als Eltern unseren Kindern keine Erklärungen schuldig sind. Das bedeutet nicht, dass die Kinder nicht versuchen werden, uns dazu zu bringen, Schuld einzugestehen.

Aber das Beste ist, wenn wir Martys Beispiel folgen und den Köder nicht schlucken. Sie fragen: ‚Wieso fahrt ihr alleine in den Urlaub? Wieso nehmt ihr uns nicht mit?' Oder: ‚Wieso geht Mama nicht wieder zur Arbeit? Dann hätten wir alle mehr Geld.' Oder: ‚Wieso kann ich keinen neuen Fotoapparat haben? Du hast gerade ein neues Auto gekauft.'
Wir dürfen uns nicht zu Erklärungen oder Verteidigungen drängen lassen – selbst in diesen Momenten nicht, in denen wir besonders verwundbar sind. Als Eltern müssen wir gewisse Entscheidungen treffen, in denen sich unser bestes erwachsenes Urteilsvermögen zu dieser Zeit widerspiegelt. Und den Prozess der Entscheidungsfindung müssen wir nicht unbedingt mit unseren Kindern teilen; genauso wenig erlauben wir, dass sie uns beurteilen. Wir können ihnen sagen: ‚Ich höre dich. Aber das ist nicht deine Angelegenheit. Diese Dinge müssen Mami und Papi entscheiden.' Wenn den Eltern klar ist, welche Rechte sie haben, wenn sie wissen, dass Schuldgefühle keine angemessene Reaktion sind, dann helfen sie ihren Kindern, Stärke zu sammeln und die Realität kennenzulernen."

Ich dachte während des ganzen Nachhauseweges über die Sitzung nach. Stärken wir ein Kind wirklich damit, dass wir unsere Schuldgefühle nicht mit ihm teilen? Ich erinnerte mich an einen Vorfall, seitdem einige Winter ins Land gezogen waren. Es schneite und David bat mich, ihn die fünf Blocks zum Kindergarten zu fahren. Aber es war einfach zu schwierig, die beiden Jüngeren einzupacken, also sagte ich ihm, er müsse sich selbst darum kümmern.
Sofort nachdem er gegangen war, begann der Wind zu heulen, und ich fühlte mich krank vor Schuldgefühlen. Es war ein langer Nachmittag für mich. Das Erste, was er sagte, als er nach Hause kam, war: „Wieso hast du mich nicht gefahren, Mami? Ich bin zu spät gekommen. Der Wind hat mich zurückgeschoben. Ich musste immer wieder stehen bleiben und mich gegen einen Baum lehnen."
Ich wäre fast gestorben, als ich das hörte. Ich wollte ihn in die Arme nehmen und sagen: „Oh, du armer Junge! Was für eine furchtbare Mutter du doch hast." Aber das tat ich nicht. Ich sagte: „Wow! Was für einen Weg du hattest! All diese langen Blocks in dem bitteren Wind. Dafür hast du wirklich Ausdauer gebraucht! So etwas erwartet man von Abe Lincoln, nicht von einem sechsjährigen Jungen!"

In dem Moment war ich begeistert von mir, weil David so stolz schien. Wenn ich nun zurückblicke, habe ich eine neue Einsicht, in das, was damals geschehen war. Wenn ich ihm meine Schuldgefühle gezeigt hätte, hätte er sich schwach gefühlt, sich selbst leid getan und das Gefühl gehabt, er hätte die Kontrolle über mich. Stattdessen zeigte ich ihm meine Bewunderung für seine Anstrengung und das zeigte ihm, dass er stark war; dass er Mühsal überstehen konnte.

So viel, über das es nachzudenken galt ... So viele unbekannte Konzepte, über die ich grübeln musste und die ich mir zu eigen machen musste.

12

Zorn

In diesem Kapitel erfahren Sie:

- Wie wir unseren Zorn ausdrücken können, ohne zu verletzen.
- Wie wir unsere Botschaften an unsere Stimmung anpassen können.
- Wie wir aktiv handeln können, wenn Worte nicht ausreichen.

12.1 Das Monster in mir

Dr. Ginott wies in Richtung der attraktiven jungen Frau, die zu seiner Rechten saß. „Meine Damen“, sagte er, „wir haben heute Nachmittag einen Gast – Frau Bennett. Sie ist Reporterin bei einem nationalen Magazin und möchte einen Artikel über uns schreiben.“ Ich dachte: „Wie schmeichelhaft! Und wie anmaßend! Man muss sie sich nur anschauen, wie sie da sitzt mit diesem kühlen, überlegenen Ausdruck. Wie konnte diese vollkommen Außenstehende, jemand, dem unser Ansatz völlig fremd war, sich in eine einzelne Sitzung setzen und dann über uns berichten – vermutlich in ein paar kessen Absätzen –, über Arbeit, die wir im Laufe von Jahren verinnerlicht hatten! Nun, dieser Nachmittag würde eine Offenbarung für sie werden.“
Jede einzelne Frau war heute ein wenig klarer, ein wenig schärfer als sonst. Wir lösten Probleme, mit denen ein Salomon überfragt gewesen wäre. Wir kramten sogar ein paar alte Vorzeigefälle aus der Vergangenheit aus. Wir übertrafen uns selbst.
Als die Sitzung vorüber war, dankte uns Frau Bennet höflich. „Das hat mir außerordentlich gut gefallen“, sagte sie, „aber ich habe den Eindruck bekommen, dass ihr größtes Problem ist, mit ihrem Zorn umzugehen. Stimmt das?“
Wir waren perplex. Wenn das, nach allem, was sie gehört hatte, das Einzige war, was sie dazu sagen konnte, hatten wir offenbar überhaupt keinen Eindruck hinterlassen. Mehrere Frauen begannen gleichzeitig zu reden:

Roslyn: „Das würde ich nicht sagen! Ich meine, Zorn ist ein Problem, aber es ist sicherlich nicht unser größtes Problem.“

Evelyn: „Natürlich kann ich nur für mich sprechen, aber ich würde sagen, dass der Bereich der Geschwisterrivalität mir mehr Schwierigkeiten bereitet hat.“

Helen richtete sich in ihrem Stuhl auf und sagte in möglichst vornehmen Worten: „Frau Bennett, wir befassen uns hier mit einer gewaltigen Bandbreite menschlicher Emotionen. Nun, offensichtlich ist es niemals einfach, mit Gefühlen des Zorns umzugehen, aber es würde das Bild verfälschen, speziell diese Emotion herauszugreifen und sie unser ‚größtes Problem‘ zu

nennen. Wenn Sie uns vielleicht erneut besuchen würden, würden Sie erkennen, dass Zorn nur einen kleinen Aspekt des großen Ganzen darstellt."
Frau Bennett schrumpfte unter dem Wortschwall zusammen.
Auf dem Nachhauseweg wunderten wir uns über ihre Beschränktheit. Sie hatte überhaupt nichts verstanden. „Zu jung", folgerten wir. „Vermutlich hat sie nicht einmal Kinder." Und wir verdrängten sie aus unserem Bewusstsein.

In der darauffolgenden Woche klingelte das Telefon, als ich die Kinder gerade verabschiedete. Es war Helen. Sie klang angespannt. „Sind sie schon weg?"
„Wieso? Was ist los?", fragte ich.
„Das ist alles so schnell passiert", sagte sie. „Billy war schon fast aus der Tür, als ich bemerkte, dass er nur Turnschuhe trug. Jetzt liegt er seit einer Woche krank im Bett und es liegt immer noch Schnee und Eis draußen. Ich fühlte es in meiner Kehle aufsteigen, aber ich behielt mich unter Kontrolle. Sehr ruhig habe ich gesagt: ‚Billy, deine Stiefel.' Er sagte: ‚Die brauche ich nicht; nur Babys tragen Stiefel.'
Plötzlich knurrte ich ihn an: ‚Was ist los mit dir? Bist du dumm oder versuchst du absichtlich wieder krank zu werden? Nur weil irgendein dummer Viertklässler entschieden hat, dass Stiefel nicht mehr in Mode sind! Hast du diesen Winter noch nicht genug in der Schule verpasst?'
Ich warf ihm die Stiefel vor die Füße. Er schrie: ‚Ich hasse dich!', so laut er konnte, und ich gab ihm eine Ohrfeige. Er kreischte: ‚Mein Ohr! Mein Ohr!' Und dann sah ich ihn – den Abdruck meiner ganzen Hand auf seinem Gesicht und Ohr."
„Oh nein", murmelte ich. (Meine Gedanken sprangen zurück zu dem schrecklichen Vorfall zwischen David und mir letzte Woche. Ich fühlte den starken Drang, ihr davon zu erzählen, aber etwas hielt mich zurück.)
„Warte – da ist noch mehr", sagte sie. „Er lief danach ins Badezimmer, sah sich im Spiegel und schrie: ‚Schau, was du mit mir gemacht hast! Ich werde allen in der Schule zeigen, was du mit mir gemacht hast!'"
Das war zu viel. Ich biss die Zähne zusammen. „Ich habe vor Kurzem mit David etwas gemacht, auf das ich auch nicht gerade stolz bin."
„Du hast ihn geschlagen?", fragte Helen hoffnungsvoll.
„Nein, ich habe ihn ‚die mieseste aller Ratten' genannt."

„Ich fühle mich schon besser", seufzte Helen. „Wenigstens bin ich nicht die Einzige. Was hat David getan, um sich diesen Kosenamen zu verdienen?"
„Das ist das Seltsame daran. Ich weiß nicht einmal, was er getan hat. Die Ursache war nur, dass ich *glaubte*, dass er etwas Bestimmtes getan hätte. Ich hörte Andys flehende Stimme aus dem Schlafzimmer: ‚David – HÖR AUF!' Ich sprang auf, um loszusprinten, entschied dann aber, dass ich mich nicht einmischen würde. Sie sollten das untereinander lösen. Dann hörte ich Andy wieder schreien, nur klang es diesmal, als würde er gewürgt. Und dazu lachte dieser Esel David auch noch schadenfroh. Ich verlor die Kontrolle. Ich rannte in das Zimmer und packte ihn am Hemdkragen. ‚Weißt du, was du bist?', rief ich. ‚Du bist eine Ratte. Du bist die mieseste aller Ratten! Und weißt du was? Du bist keiner meiner Söhne. Denn deine Mutter muss eine Ratte gewesen sein!' Dann stieß ich ihn von mir fort. Er sah so klein aus plötzlich – so besiegt. Seither ist mir schlecht deswegen. Ich weiß nicht, wieso ich das gesagt habe. Ich weiß nur, dass ich mich in dem Moment nicht zurückhalten konnte. Das war das Beängstigendste daran. Es war, als gäbe es zwei Versionen von mir. Eine, die all dieses Gift ausspie, und die andere stand daneben und schaute zu – wie ein hilfloser Idiot."
Eine Weile blieb Helen still. Dann sagte sie in ungläubigem Ton: „Jan, verstehst du, was wir gerade gesagt haben? Wir haben gesagt, dass wir, trotz all unseres Wissens, immer noch nicht in der Lage sind, uns zu beherrschen, wenn wir wütend sind. Ich habe Billy heute Morgen ins Gesicht geschlagen und letzte Woche hast du David quasi verleugnet. Und wofür? Weil er keine Stiefel getragen hat? Weil er seinen Bruder geärgert hat? Ich weiß nicht ... Ich fange an zu glauben, dass es keine Rolle spielt, was wir in der Gruppe lernen, weil es einen gewissen Punkt gibt, an dem das alles vorübergehend außer Kraft gesetzt wird. Und *sie* hat es gesehen."
„Wer hat was gesehen?"
„Diese Reporterin. Sie hat das sofort herausgegriffen. Dass wir mit unseren zornigen Gefühlen nicht umgehen könnten. Aber wir waren zu beschäftigt damit, anzugeben, um über ihren Kommentar auch nur nachzudenken. Wenn ich sie heute treffen würde, würde ich sagen: ‚Frau Bennett, Sie sind eine sehr scharfsinnige Frau. Wir haben tatsächlich ein Problem. Wir alle sind liebende, ausgeglichene, geschickte Eltern, bis wir wütend werden. Dann: Bumm! All die kultivierten Hüllen fallen ab und wir sind auf dem Niveau des Neandertalers.'"

Bedrückt verfolgte ich Helens Gedankengang weiter. „Das ist noch zu hoch gegriffen. Unsere Reaktionen stammen vielleicht aus einer noch ferneren evolutionären Stufe. Ich habe einmal von einem Experiment gelesen, in dem die Reaktionen beschrieben wurden, die Ratten und Affen zeigten, wenn sie gereizt wurden. Der Wissenschaftler gab ihnen elektrische Schocks, schlug sie gelegentlich auf den Kopf und erfand alle möglichen Arten, sie zornig zu machen."

„Was ist passiert?", fragte Helen.

„Die armen Kreaturen gingen aufeinander los – sie bissen, rissen, kratzten ... manchmal bis zum Tod. Wenn die Tiere wütend genug waren – frustriert genug –, setzten scheinbar bestimmte physiologische Veränderungen ein, die in ihnen ein Gefühl von Befriedigung auslösten, wenn sie einander verletzten oder zerstörten."

„Willst du damit sagen", sagte Helen, „dass wir uns, wenn unsere Kinder uns wütend machen, wie Tiere benehmen? Dass wir sie irgendwie angreifen müssen, weil das physiologisch befriedigend ist? Falls das der Fall ist, besteht keine Hoffnung für uns!"

Als die Gruppe sich wieder traf, konfrontierten wir Dr. Ginott mit unseren erschütternden Gedanken. Er wirkte interessiert, aber unbeeindruckt. „Tatsächlich", sagte er, „wollen wir angreifen, wenn wir provoziert werden. Aber wir sind keine Affen oder Ratten. Wir sind Menschen. Und als Menschen haben wir eine Wahl. Wir können uns entscheiden, einen menschlichen Weg zu finden – einen zivilisierten Weg – um unsere wilden Gefühle auszudrücken."

„Das ist nicht so einfach", sagte Helen.

„Ein Mensch zu sein, ist niemals einfach", antwortete Dr. Ginott. „Es ist immer ein Kampf. Und wissen Sie, wann man sich von dem Kampf erholen kann? Wenn man stirbt. Wir sollten uns alle bewusster darüber sein, was in jedem von uns lauert. Man schütze mich vor dem Menschen, der sein eigenes Potenzial für Grausamkeit, Lüsternheit und Brutalität nicht kennt."

Helens Wangen röteten sich. „Ich kenne mein Potenzial", sagte sie. „Ich habe Billy letzte Woche geschlagen."

„Helen", sagte Dr. Ginott: „Ich suche immer noch nach anderen Lösungen. Ein Kind, das geschlagen wird, lernt bei jedem Schlag: Wenn du wütend

bist – schlag zu! Leider kenne ich kein Kind, dass mit Schlägen dazu gebracht wurde, sich zu einem liebevolleren Menschen zu entwickeln."
„Ich glaube, ich habe mich nicht verständlich genug gemacht, Dr. Ginott", sagte Helen. „Ich habe Billy nicht nur einen kleinen Klaps, sondern eine Ohrfeige verpasst. Wir hatten einen großen Streit darüber, ob er Stiefel anziehen würde, und es endete damit, dass ich ihm ins Gesicht schlug. Und das Ironische daran ist, dass ich mir, zwei Sekunden bevor es passierte, gesagt hatte: ‚Ich werde keine große Sache aus so etwas Lächerlichem wie einem Paar Stiefel machen. Ich werde mich kontrollieren und ruhig sprechen.'"
Dr. Ginotts Brauen wanderten in die Höhe. „Wann haben wir je gesagt, dass Eltern ruhig sprechen sollten, wenn sie innerlich kochen? Die Idee ist nicht, unseren Zorn zurückzuhalten, sondern ihn in kleinen Dosen auszustoßen, *bevor* er sich in einer Explosion Bahn bricht. Zu versuchen, geduldig zu sein, während man wütend ist, ist, als ob man mit einem Fuß auf die Bremse treten würde, während der andere Fuß auf dem Gaspedal steht. Ihr Auto würden Sie sicher nicht auf diese Weise misshandeln. Seien Sie zu sich selbst wenigstens so gut wie zu Ihrem Auto."
Evelyn lächelte ironisch. „Ich frage mich, ob das mein Problem war – dass ich versucht habe, zu geduldig zu sein. Ich weiß nur, wenn ich schließlich die Zügel schießen lasse ... Nun, ich schlage nicht, aber ich sage ganz schön gemeine Sachen. Und ich bin mir nicht sicher, ob meine Worte nicht mehr schmerzen als ein Schlag auf den Hintern."
Dr. Ginott nickte. „Wörter können wie Messer schneiden. Manche können sogar dauerhafte Narben zurücklassen. Und deshalb ist *Zorn ohne Beleidigung* unsere einzige zivilisierte Alternative zu solchen Methoden, die die Würde des Menschen verletzen. Und wir haben immer noch nicht alle Antworten. Die Suche nach neuen und noch menschlicheren Wegen, die alte, mächtige Emotion des Zorns auszudrücken, ist eine Lebensaufgabe."
„In dem Fall", sagte Helen, „sollte ich lieber sofort anfangen. Dr. Ginott. Wäre es in Ordnung, wenn wir uns heute etwas Zeit nehmen, um einige der Frauen erzählen zu lassen, welche speziellen Fertigkeiten sie anwenden, wenn sie wütend sind? Ich glaube, das könnte mir helfen."

„Ich werde euch erzählen, welche Fertigkeit mein Leben verändert hat", sagte Nell langsam. „Ich kann immer noch sehen, wie Kenneth im Wohn-

zimmer Ball spielt und ich ihm hinterherlaufe und dabei wütend erkläre, dass die Lampen teuer waren, dass ich schwer für mein Geld gearbeitet habe und dass ich von ihm erwarte, dass er mittlerweile genug weiß, um meine Besitztümer zu respektieren. Nichts, das ich sagte, hinterließ einen Eindruck bei ihm, also dachte ich, vielleicht erklärte ich es nicht gut genug. Dann hörte ich Dr. Ginott eines Tages sagen: ‚Autorität verlangt nach Kürze. Nur die Schwachen erklären, was sie tun.'
Das war ein wichtiger Tag für mich. Als ich Kenneth das nächste Mal mit dem Ball erwischte, sagte ich fest: ‚Kenneth, die Regel ist: Ball wird nur draußen gespielt!' Die Veränderung muss ihn überwältigt haben, denn er starrte mich nur an, prellte den Ball noch einmal auf und ging nach draußen."
Helen hörte mit großem Interesse zu. „Das gefällt mir", sagte sie, „ auf das ganze Wischiwaschigerede verzichten und es in einem Satz auf den Punkt bringen: ‚Die Regel ist ...'"

„Weißt du, was mir geholfen hat, Helen", sagte Roslyn. „Früher habe ich die Kinder immer bedroht, wenn sie mich wütend machten. Dann haben wir in einer der Sitzungen hier darüber gesprochen, statt Drohungen, Wahlmöglichkeiten anzubieten. Ich ging nach Hause und probierte es aus, und ich muss zugeben, es macht wirklich einen Unterschied. Wenn ich die Kinder zum Beispiel einmal im Haus Ball spielen sehe, sage ich: ‚Ihr habt die Wahl. Ihr könnt draußen mit dem Ball spielen oder dieses Privileg abgeben. Ihr entscheidet.' Das funktioniert nicht immer, aber es ist besser, als ihnen zu sagen, sie würden ‚was erleben', wenn ihr Vater nach Hause käme."

Lee sah aus, als könnte sie kaum erwarten, dass Roslyn mit Sprechen fertig wäre. „Wenn du über Zorn reden möchtest, Helen, dann bin ich vielleicht diejenige mit der meisten Erfahrung", sagte sie. „Ich habe eine sehr kurze Lunte. Mein Mann sagt, ich schreie erst und denke später. Aber ich ändere mich. Ich schreie immer noch, denn, na ja, das bin ich; aber statt die Kinder zu beleidigen, schreie ich jetzt die Dinge, an die sie sich erinnern sollen.
Zum Beispiel habe ich gerade nach dem letzten Schneesturm gesehen, wie mein älterer Junge Schneebälle nach dem jüngeren warf, was diesen nebenbei bemerkt zum Weinen brachte. Meine alte Methode wäre gewesen, aus der Tür zu schreien: ‚Lass das bleiben, du mieser Kerl! Such dir jeman-

den in deiner Größe!' Diesmal dachte ich mir: ‚Stopp. Ich muss all meinen Zorn in etwas Nützliches umwandeln. Weißt du, so wie man fließendes Wasser in Strom umwandelt. Okay, also, was möchte ich ihnen mitteilen? Und wie sage ich es knapp, sodass es in ihren Köpfen hängen bleibt?' Dann, als ich endlich den Satz im Kopf hatte, öffnete ich die Tür und schrie: ‚Schneebälle dürfen nur mit gegenseitigem Einverständnis geworfen werden!'
Mein großer Junge rief zurück: ‚Was bedeutet gegenseitiges Einverständnis?'
‚Dass beide Personen einverstanden sind', antwortete ich.
‚Nun, ich bin nicht einverstanden', sagte der Jüngere.
‚Okay, dann hören wir auf', sagte der Ältere. Und das war's."
„Das ist eine interessante Konzeptualisierung, Lee", sagte Dr. Ginott. „Kinder leben nur für so kurze Zeit zu Hause und es gibt so viel für sie zu lernen, ehe sie hinaus in die Welt gehen. Wäre es nicht wunderbar, wenn Eltern die Energie, die aus ihrem Zorn erwächst, nutzen könnten – nicht für Beleidigungen sondern um ihren Kindern Informationen und Werte zu vermitteln?!"

Wir verbrachten die restliche Sitzung damit, über weitere Möglichkeiten zu sprechen, unseren Zorn auf hilfreiche Weise auszudrücken. Als wir schließlich gingen, war ich ganz benommen. Ich war froh, dass Helen am Steuer saß und sich mit dem Verkehr in der Stoßzeit herumschlug. So hatte ich Zeit, nachzudenken. Helen war so offen gewesen und ich hatte nicht einmal gesprochen. Wieso nicht? Weil ich den Kampf mit David immer noch nicht verarbeitet hatte? Weil alle anderen so selbstsicher klangen?
Was hatte während dieser Sitzung die ganze Zeit an mir genagt? War es Angst? Die Angst, die flüsterte: ‚Es hat keinen Zweck. Du bist in einer ganz anderen Kategorie. Keine Fertigkeit der Welt hätte dich vor diesem Schlagabtausch mit David gerettet. Die Wut, die du an diesem Morgen auf ihn gespürt hast, wäre nicht durch den bloßen Gebrauch von Worten gewichen. Nichts hätte diesen Giftanschlag kontrollieren können. Es gibt Situationen und Menschen, für die nichts, *nichts* funktioniert!"
Kontrolle ... Ich versuchte mich daran zu erinnern, was Dr. Ginott über Kontrolle gesagt hatte. Hatte ich zu sehr versucht, mich zu kontrollieren? Hätte es einen Unterschied gemacht, wenn ich mich an diesem Morgen

nicht zurückgehalten hätte, sondern stattdessen gleich bei Andys erstem Schrei ins Zimmer gelaufen wäre und gerufen hätte: „Das macht mich wahnsinnig!“? Und wie ist es bei Helen? Wäre die Sache anders verlaufen, wenn sie sich nicht gesagt hätte, dass sie Billy gegenüber ruhig bleiben sollte? Könnte man den fürchterlichen Wutausbruch wirklich vermeiden, indem man die wütenden Gefühle schnell zum Ausdruck bringt?

Aber die Sprache des Zorns ohne Beleidigung zu finden, war für mich weder leicht noch ging es schnell. (Die Sprache der Liebe wohl. Mit fehlten nie die Worte, wenn es um Lob oder Zärtlichkeit ging.) Lag vielleicht *hier* das Problem?

Wurde ein Teil meines Zorns nicht nur durch das erregt, worüber ich zornig war, sondern auch durch meine Unfähigkeit, es auszudrücken? Könnte es sein, dass ich, wenn ich über all die nicht verletzenden Worte verfügen könnte – all die Feinheiten des Zorns auf meinen Lippen –, dass meine Wut sich nie wieder in so einem Maße auftürmen würde? Dass ich nie wieder die Schuldgefühle und die Demütigung erleiden müsste, die entstanden, wenn ich mein eigenes Kind angriff?

Ich atmete zum ersten Mal an diesem Tag tief durch. Ich sagte Helen, dass wir am nächsten Morgen Arbeit vor uns hätten. Irgendwie mussten wir 50 verschiede Wege, die ganze Skala unserer zornigen Gefühle auszudrücken, finden, aufschreiben und auswendig lernen. Wenn wir die Sprache des Zorns an die Stimmung der Situation anpassen konnten, wären wir vielleicht in der Lage, den Schrecken des Wutausbruchs für immer zu beseitigen!

12.2 Die Botschaft der Stimmung anpassen

Am nächsten Morgen waren wir beide sehr geschäftig. Wir saßen mit gespitzten Bleistiften und gelben Notizblöcken am Küchentisch. Unser Ziel war klar: die Sprache des Zorns ohne Beleidigungen zu meistern. Was wir benötigten, war eine Situation, die auf jeden Fall elterlichen Zorn entfachen würde. Wir einigten uns auf „den Fall des vernachlässigten Haustiers“. Es gab wohl kaum Eltern, die nicht schon einmal ein Haustier für ein Kind gekauft hatten und danach feststellen mussten, dass das Interesse des Kindes, nach der anfänglichen Begeisterung für das Füttern der Katze, das

Gassigehen mit dem Hund oder das Reinigen des Aquariums, nachließ und die Eltern, zusätzlich zu all ihren anderen Verpflichtungen, nun auch alleine für das Überleben des Tieres verantwortlich waren.
Erst letzte Woche war ich am Vogelkäfig vorbeigekommen und hatte George, den Kanarienvogel der Kinder, gesehen, wie er in einem Haufen Federn von der Mauser saß und verzweifelt in eine leere Futterschale pickte. Ich war wirklich aufgebracht. Durch zusammengepresste Zähne sagte ich den Kindern, sie seien unverantwortlich; dass sie es nicht verdienten, ein Haustier zu haben.
Nun, in der ruhigen Atmosphäre meiner Küche und ohne die Ablenkungen durch die Kinder, schrieben Helen und ich einige Alternativen auf, die ich hätte sagen können. (So ziemlich alles wäre besser als das Original.) Zusammen würden wir die Abstufungen unserer zornigen Gefühle auflisten, von leichter Gereiztheit bis zu extremer Erregung, und ihnen Formulierungen zuordnen, die dem „Zorn ohne Beleidigungen“ entsprachen. Um unseren Gedanken Struktur und Ordnung zu verleihen, entschieden wir uns für die folgende Form: Wir beschrieben die Stimmung der Eltern, die Botschaft, die sich die Eltern selbst übermittelten, und gaben dann Beispiele für Formulierungen, die sowohl die Stimmung als auch die Botschaft ausdrückten. Hier ist das Ergebnis:

Nehmen wir an, dass der Vater oder die Mutter (in diesem Fall ich) zu Anfang in guter Stimmung war. Er oder sie kommt fröhlich ins Zimmer und entdeckt dann den vernachlässigten Kanarienvogel. Ihre Stimmung verschlechtert sich – ein wenig.

STIMMUNG: leicht gereizt

Innere Botschaft

Kinder sind kindisch. Sie müssen erinnert werden – oft immer wieder an dieselben Dinge –, und das wird noch viele Jahre lang so sein. Eine meiner Aufgaben als Elternteil ist es, zu leiten und zu erinnern.

Formulierungen

1. Die Geste

Die Geste zeigt sofort große Wirkung. Außerdem erspart sie den Eltern die Mühe des Sprechens.

a) Ich hätte bedeutungsvoll auf die leere Futterschale deuten können.

b) Ich hätte die Futterschale vom Käfig losmachen und sie einem der Kinder geben können.

2. Die Nachricht

Eine Nachricht kann ein wirkungsvolles Mittel sein, um mit einem Kind zu kommunizieren, vor allem, wenn sie mit „Alles Liebe, Mama" unterschrieben ist.

a) NOTFALL!!!! VOGEL IN SCHRECKLICHER NOTLAGE ENTDECKT. WER RETTET IHN???

b) Rätsel: Wer ist gelb, singt wie ein Vogel und braucht eine ordentliche Mahlzeit? Bitte lösen und darum kümmern.

c) (Nicht so originell, aber genau so effektiv) GEORGE MUSS GEFÜTTERT WERDEN! JETZT!

3. Die einfache beschreibende Aussage

Dies ist dieselbe Kategorie, in der sich auch „Die Milch ist verschüttet." befindet. Indem ich beschreibe, statt zu befehlen, gebe ich den Kindern die Möglichkeit, selbst Verantwortung zu übernehmen.

a) „George sieht hungrig aus."

b) „George pickt in eine leere Schale."

4. Die Wiederholung der einfachen beschreibenden Aussage

Es ist sehr verlockend, wenn die erste Aussage ignoriert wurde, nun eine Litanei von Erklärungen und Anschuldigungen von sich zu geben. Aber wenn meine Stimmung nicht zu sehr abfällt und ich eine wohlformulierte Aussage habe, vertraue ich auf ihre Wirkung, bleibe am Ball und wiederhole ruhig und überlegt:

a) „George sieht hungrig aus."

b) „George pickt in eine leere Schale."

5. Einladung an die Kinder, selbst eine Lösung auszuarbeiten

Für langfristige Ergebnisse ist nichts besser geeignet, als die Kinder in den Prozess der Problemlösung einzubinden. Egal welche Lösung sie sich ausdenken – und manche ihrer Ideen können ziemlich speziell sein –, zumindest besteht eine ernsthafte Chance auf Erfolg, wenn es *ihr* Plan ist, den *sie selbst* erdacht haben. Sie haben den Ehrgeiz, dass er funktioniert. (Selbst wenn er nicht funktioniert, können sie ihn später noch modifizieren.)
„Kinder, etwas stört mich. Ich brauche eure Hilfe. Als George ins Haus kam, ist er zunächst regelmäßig gefüttert worden. Jetzt bemerke ich, dass er, wegen der Schule und anderer Beschäftigungen, immer öfter auf sein Essen verzichten muss. Denkt ihr, ihr könnt einen Fütterungsplan ausarbeiten, mit dem ihr alle einverstanden seid, und ihn mir nach dem Abendessen zeigen?" (Der Schlüssel zum Erfolg besteht hier aus den magischen Worten: „mit dem ihr alle einverstanden seid.")

STIMMUNG: gereizt

Innere Botschaft

Die Sache beginnt mir an die Nieren zu gehen, daher wäre es besser, ich würde ein bisschen Ärger auf konstruktive Weise abreagieren.

Formulierungen

1. Ein deutliche Aussage über meine Gefühle

Hier können wir das einfache „Ich bin verärgert" nehmen, oder wir können die Aussage ausweiten und kreativ sein.

a) „Ich bin gerade am Vogelkäfig vorbeigekommen und es hat mich abgestoßen, was ich darin gesehen habe!"
b) „Ich bin genervt und enttäuscht. Gewisse Kinder haben geschworen, dass sie sich gewissenhaft um ihr Haustier kümmern würden!"
c) (Die folgende Aussage könnte sogar ihr Vokabular erweitern.) „Ich bin bekümmert, betrübt und bestürzt!" (Oder: „verdrossen, verstimmt und verzweifelt". Man sollte es nur nicht übertreiben.)

2. Eine deutliche Aussage über meine Werte

Wenn ich schon die Stimme erhebe, kann ich auch etwas sagen, das sich zu erinnern lohnt.

a) „Haustiere brauchen Pflege!"
b) „Wenn ein Tier von uns abhängig ist, enttäuschen wir es nicht!"

3. Eine deutliche Aussage über meine Erwartungen

a) „In dieser Familie erwarten wir, dass die Kinder sich um ihre Haustiere kümmern."
b) „Ich bin zuversichtlich, dass meine Kinder tun werden, was nötig ist, um zu verhindern, dass ihr Haustier leidet."

4. Der Drei-Wort-Ausruf

Der Drei-Wort-Ausruf erlaubt es dem wütenden Elternteil, sich laut, direkt und kurz auszudrücken. Gleichzeitig sagt er dem Kind, dass es selbst herausfinden kann, was zu tun ist.

a) „David, der Vogel!"
b) „Jill, das Futter!"
c) „Andy, die Futterschale!"

STIMMUNG: böse!

Ich möchte sie aus ihrer Selbstzufriedenheit aufschrecken, ihnen ein wenig zusetzen.

Innere Botschaft

Ich würde gerne knurren: „Wenn ihr Kinder diesen Vogel nicht gefüttert habt, wenn ich bis drei gezählt habe, werde ich euch ... !" Aber das tue ich nicht.

(Ich weiß, dass eine Drohung in Wirklichkeit eine unwiderstehliche Herausforderung an das Kind ist, das Verbotene zu tun, um herauszufinden, ob Vater oder Mutter es ernst meinen. Darauf falle ich nicht herein. Es gibt andere Möglichkeiten, sie zu erreichen.)

Formulierungen

1. Die Wahl

„Kinder, ihr habt die Wahl. Erstens: Ihr könnt euren Vogel jetzt füttern. Zweitens: Ihr könnt euch mit eurer wütenden Mutter anlegen. Was darf es sein?“

2. Der Notruf

„Kinder, ihr habt Glück. Ihr habt ganze drei Minuten Zeit, um das Futterschälchen des Vogels mit Körnern zu füllen, ehe die bösartigen Gefühle eurer Mutter die Oberhand gewinnen.“

3. „Wenn ihr nicht gleich ...“ ersetzen mit „Sobald ...“

„Sobald George gefüttert worden ist, können wir über eure Lieblingssendung im Fernsehen sprechen. Bis dahin bin ich nicht in der Stimmung, jemandem einen Gefallen zu tun.“

STIMMUNG: vor Wut kochend!

Auch nach zahllosen Erinnerungen hat der Vogel noch nichts zu fressen. Ich möchte bestrafen, heimzahlen, verletzen. Die leere Schale ist zum Symbol geworden für die Schultasche, über die ich gestern gestolpert bin, das Fahrrad, das ich tags zuvor aus der Einfahrt räumen musste, und all die Spielsachen, Schuhe und Puzzleteile, die ich je aufgehoben und aufgeräumt habe, weil ich es leid bin, sie darum zu bitten.

Innere Botschaft

Ich werde meine Wut herauslassen, aber sie trotzdem nicht verletzen.

Formulierungen

1. Die „Wenn ich“-Aussage

Wenn man wütend ist, ist man immer versucht, einen Satz mit „Du bist ...“ zu beginnen, gefolgt von einem Schwall von Schimpfworten. Was mich hier retten kann, ist die Technik, meine Sätze mit „Wenn ich ...“ zu beginnen, gefolgt von einer Beschreibung dessen, was ich sehe und fühle. Ab geht’s!

a) „Wenn ich immer wieder darum bitte, dass der kleine Vogel gefüttert wird, und trotzdem ignoriert werde, regt mich das auf! Ich füttere den Vogel jetzt selbst – und ich bin außer mir, weil ich eure Aufgabe erledigen muss!"
b) „Wenn ich sehe, wie ein hilfloses Tier leidet, weil niemand sich darum kümmert, fühle ich mich außer mir! Ich habe das Gefühl, ich müsste jeden von euch anbrüllen und den Vogel jemandem geben, der sich anständig um ihn kümmert. Jetzt kommt mir besser für lange Zeit nicht in den Weg, denn ich kann nicht garantieren, was ich sonst sagen werde!!"

Soweit kamen Helen und ich mit unserer Übung. Gab es etwas darüber hinaus? Uns fiel nichts mehr ein.
Wir lasen unsere Notizen noch einmal und uns gefiel, was wir geschrieben hatten. Es blieb nur die Frage: Was würde in einem echten Moment des Zorns geschehen? Würde uns, unter Beschuss, eine ehrliche Aussage einfallen, die zu unserer Stimmung passte und trotzdem keinen Schaden anrichtete?
Wir würden es herausfinden.

12.3 Wenn Worte keine Wirkung zeigen

Ich bat darum, die Sitzung eröffnen zu dürfen. Erst beschrieb ich die Ereignisse und Gefühle, die Helen und mich zu unserer selbst auferlegten Aufgabe motiviert hatten, und dann las ich vor, was wir geschrieben hatten.
Als ich zu Ende gelesen hatte, nickte Dr. Ginott. „Janet, wenn eines Ihrer Ziele Selbstbeherrschung ist, dann scheint mir, sind Sie auf dem richtigen Weg. Desto mehr Möglichkeiten wir haben, unserem Zorn Ausdruck zu verleihen, desto besser stehen unsere Chancen, unsere Selbstbeherrschung nicht zu verlieren. Wenn wir dagegen zulassen, dass sich unsere zornigen Gefühle anstauen, wächst die Gefahr, dass wir in die Luft gehen.
Aber Sie haben mehr als das erreicht. Man könnte fast sagen, dass Sie beide die Arbeit von Alchemisten geleistet haben. Sie haben den Ausgangsstoff genommen, den verletzenden Stoff des Zorns, und ihn in das reine Gold der Formulierungen umgewandelt, die im besten Falle hilfreich wirken, im schlechtesten Falle aber keinen Schaden anrichten. Und was für einen Reichtum und für eine Vielfalt ich in ihren Ausdrücken des Zorns

höre! Sie haben gezeigt, dass Eltern sich nicht auf solch eine dürftige Auswahl, wie die zwischen Beleidigungen und Schlägen, beschränken müssen."
„Ich möchte nicht geringschätzig sein", sagte Katherine, „mir kommt es nur so vor, dass ... wenn diese Situation sich bei mir zu Hause derart hingezogen hätte, und ich wäre bis auf diese letzte Stufe des Zorns herabgesunken, auf der ich mich fühlte, als ob ich den Käfig zerstören und den Vogel weggeben wollte, und die Kinder hätten mich immer noch ignoriert ... dann wäre ich mir wie ein Idiot vorgekommen."
„Und nicht ohne Grund", sagte Dr. Ginott. „Bestimmte Situationen sollten sich nicht hinziehen – das sollte man nicht zulassen. Es ist schlecht für die Eltern und schlecht für das Kind."
„So habe ich noch nie darüber gedacht", sagte Evelyn. „Aber wenn das wahr ist, was können Eltern dann tun, wenn Worte keine Wirkung zeigen? Manchmal habe ich mir schon den Mund fusselig geredet gegenüber den Jungen – mit lauter hilfreichen Formulierungen übrigens. Ich drücke meine Gefühle aus; ich beschreibe das Problem; ich versuche ihre Gefühle zu verstehen – aber die Hälfte der Zeit, halten sie es nicht einmal für nötig aufzublicken. Es ist, als würde ich gegen eine Wand reden. Ich weiß nicht ... manchmal habe ich das Gefühl, ich habe nicht einmal das Kommando über meine eigenen Kinder. Es ist mehr, als hätten sie das Kommando über mich."
„Das werden sie auch haben", antwortete Dr. Ginott, „solange sie nicht den Eindruck haben, dass Sie es ernst meinen. Sie wissen, dass Sie größer sind als sie. Sie müssen inakzeptables Verhalten nicht tolerieren. Es wäre gut, wenn Ihre Kinder wüssten, dass hinter ihren Worten die Bereitschaft steckt, jederzeit aktiv zu handeln."
Evelyn wirkte erstaunt. „Aber, Dr. Ginott", protestierte sie, „ich dachte, Sie wären gegen Strafen."
„Das ist richtig, Evelyn", sagte er. „Das bin ich. In einer liebenden Beziehung hat Strafe keinen Platz. Können Sie sich vorstellen, was passieren würde, wenn ihr Mann Sie dafür bestrafen würde, dass Sie das Abendessen nicht rechtzeitig fertig haben? Aber ich sagte nichts von Strafe; ich sagte aktiv handeln. Solange ein Kind nicht weiß, dass wir bereit sind, aktiv zu handeln, um unsere Werte zu beschützen und unsere Regeln durchzusetzen, sind unsere Worte bedeutungslos. Wenn ich einem Kind sage: ‚Wenn im Haus Ball gespielt wird, stört mich das. Du kannst draußen damit spie-

len oder ihn wegräumen. Es ist deine Entscheidung‘, dann sollte ich besser darauf vorbereitet sein, ihm den Ball wegzunehmen, wenn es weitermacht. Wenn ich ihm den Ball wegnehme, könnte ich sagen: ‚Jimmy, ich sehe, du hast dich entschieden.‘

Habe ich mich verständlich ausgedrückt? Verstehen Sie, dass es meine Absicht ist, dieses inakzeptable Verhalten zu beenden und trotzdem seine Würde zu bewahren? Beachten sie, ich war nicht rachsüchtig; ich habe seinen Charakter nicht in Frage gestellt; ich habe nicht einmal versucht, ihm eine Lektion zu erteilen. Und doch habe ich, indem ich ihm den Ball weggenommen habe, auf dramatische Weise demonstriert, dass ich es ernst meine – dass meine Gefühle nicht ignoriert werden sollten.“

Evelyn sah verwirrt aus. „Aber was hat das mit Janets Problem zu tun? Angenommen, sie würde wirklich zornig werden wegen des Vogels? Und angenommen, sie hätte all das versucht, was sie aufgeschrieben hat, und nichts hätte funktioniert. Wie könnte sie aktiv handeln? So ziemlich die einzige Möglichkeit, die bliebe, wäre den Vogel wegzugeben – und das wäre zu grausam.“

„Grausam für wen?“, fragte Dr. Ginott. Die Grausamkeit, die ich hier sehe, richtet sich gegen den Elternteil, der es zulässt, täglich vom selben Problem gequält zu werden. Erneut – wichtig ist unsere Haltung. Wir sagen nicht: ‚Gut, du hast bekommen, was du verdient hast. Vielleicht lernst du es jetzt!‘ Nein. Selbst bei diesem drastischen Schritt, dem Kind sein Haustier wegzunehmen, können wir noch mit Bezug auf unsere Gefühle und unsere Werte kommunizieren. ‚Kinder‘, können wir sagen, ‚ich bemerke, wie ich mich permanent ärgere, weil ich ein leidendes Tier bei uns zu Hause sehe. Wenn ich vor der Wahl stehe, unser Haustier zu behalten und eine zornige Mutter zu sein oder das Haustier wegzugeben und eine angenehme Mutter zu sein – wisst ihr, was ich wähle.‘“

In offensichtlicher Bedrängnis sagte Evelyn: „Was, wenn sie schreien und weinen und nicht damit aufhören?“

„Habe ich jemals den Eindruck vermittelt, dass Kinder, wenn wir aktiv handeln, unsere Entscheidung wohlwollend aufnehmen würden? Jedes Kind mit ein wenig Temperament wird protestieren und sich beschweren. Und wenn es das tut, kann ich sagen: ‚Du wünschst dir, dass wir den Kanarienvogel behalten könnten. Er hat uns viel Freude bereitet. Aber er muss an einem Ort leben, wo man sich angemessen um ihn kümmert.‘“

Evelyn war immer noch nicht befriedigt: „Aber angenommen, sie bitten um eine weitere Chance?“„Eine weitere Chance!“, platzte es aus Katherine heraus. „Sie hatten bereits tausend Chancen!“

„Kinder sollten tausend Chancen haben“, sagte Dr. Ginott. „Und wissen Sie was?“ Er lächelte. „Wenn sie die aufgebraucht haben ... sollten sie noch eine weitere Chance erhalten. Wir können zu den Kindern sanft sagen: ‚Nicht jetzt. Jetzt ist kein guter Zeitpunkt, um über einen weiteren Kanarienvogel zu sprechen. In einem Monat oder sechs Wochen kannst du das Thema wieder ansprechen, dann werden wir sehen, welche Gefühle wir zu diesem Thema haben.‘“

Evelyn dachte eine Weile nach. „Ich kann alles, was sie sagen, auf intellektueller Ebene akzeptieren, aber wenn ich mir vorstelle, wie ich mich auf diese Weise verhalte, merke ich, ich kann es nicht. Ich kann die ganze Szene vor mir sehen – meine Kinder, hysterisch und mit gebrochenem Herzen, und ich, die Böse – diejenige, die verantwortlich dafür ist, dass sie unglücklich sind. Ich könnte es nicht ertragen.“

„Evelyn, die Verantwortung der Eltern, ist nicht, die Kinder glücklich zu machen; sondern ihren Charakter zu formen. Indem wir uns nur auf das Glück eines Kindes konzentrieren, tun wir ihm keinen Gefallen. Was für Werte würden wir unseren Kindern vermitteln, wenn wir Grausamkeiten gegenüber Tieren zuließen? Wussten Sie, dass Nein, eine liebevolle Antwort sein kann? Wussten Sie, dass wir, wenn wir aktiv handeln, um das inakzeptable Verhalten eines Kindes zu unterbinden, ihm einen Dienst erweisen? Was noch wichtiger ist – wir zeigen ihm, wie man ein Erwachsener sein kann, der für seine Überzeugungen einsteht.“

Ich sah mich im Zimmer um. Während Evelyn sich quälte, schrieben alle blindwütig. Sie konnten nicht schnell genug schreiben.

Ich hatte nicht mitgeschrieben. In meinem Kopf kreisten neue Gedanken und alte Erinnerungen. Vor Jahren, bevor ich Kinder hatte, stand ich einmal wie gelähmt da und beobachtete im Warenhaus eine Frau und ihren Sohn. Die Mutter knurrte aus zusammengebissenen Zähnen:

„Du nimmst diese Jacke, ob du sie magst oder nicht!“

Der Junge, blass und trotzig: „Werde ich nicht. Du kannst mich nicht zwingen.“

„Oh doch, das kann ich.“

„Ich werde sie nicht tragen!“

Die Adern der Frau traten hervor, ihre Augen waren zu Schlitzen verengt. „Du willst einfach wieder bestraft werden, nicht wahr? Du hattest noch nicht genug, was? In Ordnung, ich werde dir dein Fahrrad wegnehmen. Willst du das? Ich schätze, es reicht nicht, dass ich dir dein Taschengeld gestrichen und das Fernsehen verboten habe!“

Dieser Augenblick ist mir ins Gedächtnis eingeprägt. Das Gesicht des Jungen, vom Hass verhärtet – seine Augen leuchtend: „Das werde ich dir heimzahlen.“ Die Mutter, die wie in Raserei daherplapperte – sich verfing, im Netz ihrer eigenen Worte. Sie musste entweder jede ihrer Drohungen wahr werden lassen oder sie wäre eine Lügnerin.

Ich hatte mir hin und wieder geschworen, dass, wenn ich einmal Kinder haben würde, Strafen kein Teil unserer Beziehung sein würden.

Ich würde nie in den hässlichen Strudel von Verbrechen und Strafe gezogen werden – egal, wie groß mein Wunsch nach Vergeltung wäre. Vielleicht war ich deshalb nicht in der Lage gewesen, den Vogel wegzugeben! Selbst auf Papier. Es wäre mir wie eine Strafe vorgekommen.

Aber nun erzählte uns Dr. Ginott von einem Weg, wie Eltern energisch handeln konnten und dennoch auf der Seite ihrer Kinder blieben. Wir konnten aktiv handeln, nicht strafend, nicht um es unseren Kindern heimzuzahlen, sondern um Verhalten zu unterbinden, das zu weit ging. Wir konnten streng und fürsorglich zugleich sein. Ich hatte heute etwas sehr Wichtiges herausgefunden – aber ich wusste nicht, ob ich es anwenden konnte. Ich schrieb in mein Notizbuch: NICHT BESTRAFEN – AKTIV HANDELN!

12.4 Aktives Handeln und seine Grenzen

Ich liege auf der Lauer, um das aktive Handeln umzusetzen. Die Kinder haben bisher überhaupt nicht mitgearbeitet. In den vergangenen Tagen haben sie sich ungewöhnlich angenehm verhalten – selbst zueinander. Aber das konnten sie nicht ewig durchhalten und eines Nachmittags ergab sich eine Gelegenheit – sie drängte sich förmlich auf.

David machte Jill und Andy das Leben schwer – er reizte sie, bis sie den Tränen nahe waren. Ich unternahm mehrere Versuche, an seine gute Natur zu appellieren, und als das nichts half, handelte ich aktiv. Es schien mir

auch genau die richtige Handlung zu sein. Nicht strafend, sondern eine feste und zugleich zurückhaltende Handlung.
Mir gefiel es so gut, wie ich mich verhielt, dass ich begierig darauf wartete, der Gruppe in allen Details zu erzählen, was sich zugetragen hatte. Aber praktisch jeder hatte seine Hand zu Beginn der nächsten Sitzung gehoben. Helen schlug vor, Nummern zu ziehen, aber Evelyn stand aus ihrem Stuhl auf und verlangte die Bühne als Erste in Anspruch zu nehmen. Evelyn, bei der sonst jede Geste Unsicherheit zum Ausdruck brachte – Evelyn, die sich einmal traurig als „Marshmallow"-Evelyn bezeichnet hatte –, Evelyn, deren größte Angst es war, zu grob zu sein, stand da und sagte: „Ich habe es getan. Ich habe aktiv gehandelt. Ich bin ein Tiger!"
Wir alle lachten. „Erzählen Sie uns davon", sagte Dr. Ginott.
„Es ist am Tag nach unserem letzten Treffen passiert. Ich war mit den Zwillingen im Schuhgeschäft und es war sehr voll. Plötzlich entschieden die beiden Jungen, ein Tauziehen mit dem Maßstab zu veranstalten. Ich unterband dieses Spiel und dann begannen sie sich gegenseitig durch den Laden zu jagen. Normalerweise hätte ich geflüstert: ‚Das ist so peinlich', und gebetet, dass der Verkäufer bald käme. Aber diesmal nicht. Diesmal habe ich beide am Arm geschnappt und mit fester Stimme gesagt: ‚Die Leute in diesem Laden sollten nicht gestört werden! Ihr Jungen habt jetzt die Wahl. Erstens: Ihr könnt ruhig sitzen. Zweitens: Wir können gehen. Es ist eure Entscheidung.' Sie benahmen sich für ungefähr dreißig Sekunden und dann fingen sie wieder an. Ich fühlte kein Zögern in mir. Ich stand auf, zog meinen Mantel an und sagte: ‚Ich sehe, ihr habt euch entschieden. Lasst uns gehen.' Und ich ging aus dem Laden. Sie liefen mir hinterher, schreiend und an mir zerrend. ‚Aber du hast gesagt, du kaufst uns neue Turnschuhe.'
‚Das stimmt', antwortete ich, ‚und das werde ich auch tun – wenn ihr bereit seid, ruhig zu warten.'
‚Wir werden jetzt ruhig warten', sagten sie im Chor.
Und dann habe ich mir eine Formulierung von ihnen geliehen, Dr. Ginott. Ich sagte: ‚Ich fühle mich im Moment emotional nicht gastfreundlich', und ließ den Wagen an. Wie gefällt euch das?"
„Wichtig ist vor allem die Frage", sagte Dr. Ginott, „wie Ihnen das gefallen hat?"
„Ich fand es großartig", sagte Evelyn. „Ich fühlte mich so stark, so ... so zuständig, dass mich nicht einmal ihr Weinen verunsichert hat. Es machte mir nicht einmal etwas aus, dass ich am Ende der Woche erneut zum

Schuhgeschäft fahren müssen würde."
Bevor irgendjemand überhaupt die Gelegenheit bekam, Evelyns Verwandlung zu kommentieren, verkündete Helen: „Nun wird eine weitere befreite Frau Zeugnis ablegen. Evelyn, mir ging es diese Woche ganz ähnlich wie dir. Ich habe mein Vorgehen sogar aufgeschrieben." Dann las sie:

Freitagmorgen, 3. November. Ich öffne die Augen und denke nervös: „Wird Billy es heute zum Bus schaffen oder werde ich ihn wieder zur Schule fahren müssen?" Obwohl ich jeden Morgen mit derselben Frage im Kopf aufwache, kenne ich die Antwort bereits. Die Wahrscheinlichkeit ist groß, dass ich innerhalb einer Stunde hinter dem Steuer sitzen werde, mit einem Mantel über dem Nachthemd, Lockenwicklern im Haar, Todesängste ausstehend, weil mir der Sprit ausgehen oder ein Polizist mich anhalten könnte. Zu Beginn des Schuljahres dachte ich, dass es vielleicht einen bestimmten Grund gab, aus dem Billy nicht zur Schule gehen wollte, und dass er deshalb trödelte. Aber als wir darüber sprachen, schien alles in Ordnung zu sein. Er war zufrieden mit seinen Lehrern, seinen Fächern und hatte viele Freunde. Nachdem ich ihn ausreden hatte lassen, sprach ich über meine Gefühle. Ich sagte ihm, wie sehr es mir missfiel, eine Mischung aus Wecker und Chauffeur zu sein – und dass ich wünschte, er würde einen eigenen Plan erstellen, um den Bus rechtzeitig zu erwischen.
Ein paar Tage lang strengte er sich an, aber dann, Stück für Stück, fand ich mich in der alten Routine wieder.
„Billy, es ist Viertel nach acht. Dein Bus fährt um halb neun."
„Billy, es ist jetzt zwanzig nach acht und du bist immer noch barfuss."
„Billy, möchtest du, dass ich deine Schultasche für dich packe? Du hast nur fünf Minuten."
„Billy, ich gehe gleich an die Decke! Es ist acht Uhr neunundzwanzig und du spielst noch mit Sammelkarten!"
„Billy, ich werde wahnsinnig! Der Bus ist gerade abgefahren. Steig ins Auto."
Helen ließ ihren Zettel für einen Moment sinken. „In unserer letzten Sitzung, Dr. Ginott, sagten Sie, dass wir nicht erlauben sollten, dass gewisse Szenen sich ewig wiederholen, weil sie ungesund sind, sowohl für die Eltern wie auch für das Kind. Als ich das hörte, sagte ich mir: ‚So eine Szene gibt es bei mir. Ich mache nicht nur mich jeden Morgen verrückt, Billy erfährt auch nicht die natürlichen Konsequenzen, die es eigentlich hat, wenn

man zu spät kommt. Seine Pünktlichkeit war zu *meinem* Problem geworden statt zu *seinem*.

Aber ich konnte trotzdem noch keinen Weg sehen, wie Billy zur Schule kommen sollte, wenn ich ihn nicht fuhr. Man muss keine überfürsorgliche Mutter sein, um zu erkennen, dass eine Meile ein weiter Weg für einen kleinen Jungen ist. Außerdem gibt es dort auch noch gefährliche Straßenübergänge. Ich besprach das Problem mit meinem Mann. Halb scherzend sagte er: ‚Vielleicht solltest du ihn in ein Taxi setzen, wenn er das nächste Mal so einen Unsinn macht. Und lass es ihn von seinem Taschengeld bezahlen.' Jack meinte das vielleicht nur im Scherz, aber die Idee gefiel mir."

Helen nahm ihren Zettel wieder zur Hand und las:

Am selben Abend sagte ich Billy, dass es mich nervös und reizbar machte, wenn ich ihn zur Schule fahren musste, und dass ich es deshalb nicht mehr tun würde. Wenn er jemals wieder den Bus verpassen sollte, würden wir ein Taxi rufen – und ich würde sogar dafür bezahlen – beim ersten Mal.

Er hörte zu, aber ich glaube nicht, dass es zu ihm durchdrang, denn er sagte nur „Ja, ja, ja" und ging hinaus.

Als ich am nächsten Morgen aufwachte, fühlte ich mich, als ob eine Last von mir genommen wäre. Ich beobachtete wie 8.15 Uhr, 8.20 Uhr und 8.29 Uhr verstrichen und hatte nicht den geringsten Drang, Billy zu sagen, dass seine Zeit ablief. Ungefähr um 8.35 Uhr sah Billy schließlich von seinem Comicheft auf und nahm die Uhr wahr. Er sagte: „Hey Mama, ich habe den Bus verpasst. Du musst mich fahren."

Dann sagte ich ihm: „Billy, gestern habe ich gesagt, dass wir ab sofort, wenn du den Bus verpasst, ein Taxi rufen werden." Ich ging zum Telefon und er zog mich am Arm, während ich wählte. „Aber ich will nicht alleine in einem Taxi fahren!"

„Hmm, das kann ich verstehen", sagte ich.

Er beschwerte sich weiter, bis das Taxi vorfuhr – aber er stieg ein. Und seither war er nicht einmal zu spät! Tatsächlich hat er gestern in der Früh *mich* dazu angetrieben, schneller zu sein. Er sagte: „Hast du mein Pausenbrot noch nicht fertig, Mama? Ich will nicht noch einmal mit diesem blöden Taxi fahren müssen."

Helen sah von ihrem Zettel auf, plötzlich ein wenig unsicher. „Denkt ihr, dass das eine zu grobe Handlung war? Selbst wenn es funktioniert hat? Meine Schwester meinte, es sei gemein von mir gewesen."

„Während ich Ihnen zuhörte, Helen", sagte Dr. Ginott, „sagte ich mir: ‚Hier sehen wir eine Mutter, die erkannt hat, dass sie Gefahr lief, zum Fußabtreter zu verkommen, und den Mut fand, eine Kehrtwende einzulegen. Sie hat eine kreative Möglichkeit gefunden, um sich und ihr Kind zu beschützen.'"
Ich dachte: „Das ist es, oder? Solange man nicht handelt, ist alles Reden auf der Welt reines Blabla. Man wird tatsächlich ein Fußabtreter – manchmal nützlich, aber wer hört schon einem Fußabtreter zu?" Laut sagte ich: „Ich habe ebenfalls eine Erfahrung gemacht, in der ich mit Worten nicht weiterkam und schließlich gezwungen war zu handeln. Nur musste ich vor einem Publikum auftreten – meiner Nachbarin.
Ich stand mit ihr in der Einfahrt und plauderte nett, als Andy angerannt kam und rief: ‚David lässt mich nicht auf die Schaukel. Er sagt, Papi hat sie für ihn gekauft.' Meine Nachbarin fasste mich scharf ins Auge. Ich antwortete sehr ruhig: ‚Sag David, dass Mami gesagt hat, in unserer Familie werden Schaukeln mit allen geteilt.'
Ich wandte mich wieder meiner Nachbarin zu. Sie fuhr fort, mit ermüdendem Detailreichtum davon zu berichten, dass ihr Sohn in Yale akzeptiert worden war. Dann erschien Jill mit Tränen in den Augen. ‚David hat mich geschubst!', schluchzte sie. Meine Nachbarin beobachtete mich aufmerksam. (Ich hasse sie, dachte ich. ‚Ihre Kinder kommen nach Yale und meine scheitern schon an einer Schaukel.')
Ich legte einen Arm um Jill und sagte: ‚Du magst es nicht, geschubst zu werden, nicht wahr? Sag David, die Regel lautet: Nicht schubsen! Wenn er sich wütend fühlt, kann er seine Gefühle mit Worten ausdrücken.' Jill hörte für einen Moment auf zu weinen, dachte über meine Antwort nach und lief zurück. Kaum dass sie weg war, tauchte Andy wieder auf. Diesmal weinte *er*. ‚David hat mich geschlagen', heulte er.
Ich war aufgebracht. Verdammte Nachbarin! Es war mir egal, was sie dachte. All der Zorn, der sich in mir gesammelt hatte, während ich das jüngste, verfolgte Familienmitglied war, kochte in mir hoch. Ich wollte da hinter gehen und den Fiesling fertig machen, bis er um Gnade winselte. RACHE!!! Nun, das war es, was ich tun wollte, aber was war gleich wieder diese neue Sache, die ich ausprobieren würde? – Etwas darüber, aktiv zu handeln, um widerliches Verhalten zu unterbinden, ohne rachsüchtig zu sein. Wie würde ich das in diesem Fall anstellen? Wie sollte ich überhaupt klar denken, während mich diese Frau anstarrte?

Ich entschuldigte mich, ging hinter zur Schaukel und sagte: ‚David, hinein!' Mit meiner Hand auf seiner Schulter steuerte ich ihn zum Haus.
‚Ich hab ihn gar nicht so sehr geschlagen', protestierte David.
‚Rein!'
‚Aber das ist nicht fair!'
‚Wer redet hier von fair?', antwortete ich. ‚Ich rede von meinen Gefühlen. Ich habe das starke Gefühl, dass du von deinem Bruder und deiner Schwester getrennt werden solltest, bis dir eine bessere Art einfällt, mit ihnen zu spielen.'"
„Wow!", rief Evelyn anerkennend aus. „Du hast David kein einziges Mal beleidigt und trotzdem hattest du das Zepter fest in der Hand. Vielleicht ist es das, wonach wir gesucht haben. Es scheint immer zu funktionieren – bei uns allen."
„Nicht so schnell", sagte Dr. Ginott. „Auch wenn ich Jans Handlung zustimme, bin ich immer skeptisch, wenn eine bestimmte Fertigkeit als Allheilmittel betrachtet wird. Menschliche Beziehungen sind selten einfach. Sagen Sie mir, hatte jede von Ihnen solche positiven Erfahrungen? Was ist aus all den anderen Händen geworden, die vor einer Weile gehoben worden waren? Lassen Sie sich nicht von den Erfolgsgeschichten einschüchtern. Auch Ihre Zweifel sind wertvoll für uns."
„Nun, ich hasse es, diejenige zu sein, die einen Dämpfer verpasst", sagte Roslyn, „aber ich denke, ihr müsst zugeben, dass es Situationen gibt, in denen die Kinder einen in die Klemme bringen – wo es einfach keine Handlung gibt, die man ausführen könnte –, und die Kinder am Schluss ungeschoren mit einem Mord davonkommen."
Ein paar Frauen fragten nach einem Beispiel.
„Nun, erst letzten Sonntag hat sich die Familie auf einen Besuch bei meiner Mutter zum Abendessen vorbereitet. Ich habe alle angetrieben, weil meine Mutter sehr ärgerlich wird, wenn wir zu spät kommen. Sie plant das Abendessen immer auf die Minute genau. In dem Moment, als wir gehen wollten, entschied mein Sechsjähriger, seine Schuhe auszuziehen. Und egal wie sehr ich ihn drängte, er zog sie nicht wieder an. Er wollte, dass Mami es tat. Ich war noch nicht ganz angezogen, also versuchten es die anderen Kinder – aber er trat nur nach ihnen. Und die ganze Zeit über saß mein Mann draußen im Wagen und hupte.
Oh, ich wollte aktiv handeln, in Ordnung. Ich wollte ihn zu Hause lassen. Aber wo fand ich an einem Sonntag um zwei am Nachmittag einen Babysit-

ter? Also fand ich mich auf Händen und Knien wieder und zog einem Jungen Schuhe an, der sich die Schuhe täglich vor der Schule selbst zuband."
„Das ist ein guter Punkt, Roslyn. Wenn wir mit Kindern umgehen, geraten wir oft in Situationen, in denen unsere Möglichkeiten eingeschränkt sind. Aber wenn wir auf einfache Prinzipien zurückgreifen, stellen wir normalerweise fest, dass wir festen Boden unter den Füßen haben. Und eines unserer Prinzipien ist es, gegenüber den Kindern authentisch zu sein. Gleichzeitig mit unserer Dienstleistung können wir dem Kind auch unseren aufrichtigen Unmut angedeihen lassen. Zum Beispiel: ‚Sohn, ich mag es nicht, dir die Schuhe anzuziehen, aber ich mache es trotzdem. Und jetzt bin ich verstimmt.'"
„Aber geben wir nicht trotzdem noch nach - ist es nicht *sein* Sieg?", fragte Roslyn.
„Ein Kind lernt schnell, dass ein Sieg auf Kosten der Gutmütigkeit seiner Eltern nicht viel wert ist.", antwortete Dr. Ginott. „Die Missbilligung der Mutter lastet schwer auf einem Kind. Sie nimmt allem den Geschmack. Seine Großmutter könnte ihm den köstlichsten Kuchen backen, aber ihm würde er gar nicht schmecken."
Lange herrschte nachdenkliches Schweigen. Dann sprach Evelyn. „Nun, vielleicht ist das so", sagte sie, „aber wenn ich in dieser Situation wäre und einem meiner Söhne meine sogenannte Missbilligung zeigen würde, wäre das Erste was aus seinem Mund käme: ‚Du liebst mich nicht!'"
Dr. Ginott blickte finster auf ein imaginäres Kind herab. Streng stimmte er an: „Jetzt ist kein guter Zeitpunkt, um über Liebe zu sprechen! Jetzt ist der Zeitpunkt, Schuhe anzuziehen. Jetzt ist der Zeitpunkt, an dem wir sicherstellen müssen, dass Oma nicht warten muss! Später, im Auto, können wir über Liebe sprechen."
„Ich verstehe", sagte Evelyn und nickte. „Man sollte sich nicht ablenken oder sich Schuldgefühle einreden lassen. Man bleibt bei dem Plan, das zu tun, was getan werden muss."
„Wenn wir darüber sprechen, wie wir uns in einer schwierigen Situation verhalten sollten", sagte Lee, „muss ich sagen, ich bin ein großer Verfechter der Zusammenarbeit. Es gibt nur ein gewisses Maß an Dingen, das ich alleine tun kann, dann brauche ich eine helfende Hand. Gestern Abend zum Beispiel schlug Jason auf seine Trommeln, während ich das Abendessen zubereitete. Ich bat ihn, mit dem Spielen bis nach dem Essen zu war-

ten, weil mich der Klang aufregte. Ohne einen Schlag auszulassen, sagte er: ,Oh, alles regt dich auf. Du wirst alt. Kauf dir Ohrstöpsel.'
Ich hätte ihn umbringen können. Ich fragte mich, wie ich aktiv handeln könnte. Die Trommeln wegnehmen? Sie sind zu schwer. Jason fortschaffen? Er ist zu schwer. Ich wusste nicht, was ich tun sollte. In diesem Moment stürmte mein Mann, Gott segne ihn, aus dem Schlafzimmer herein, nahm Jason die Stöcke aus der Hand und sagte entschieden: ,Ich habe das gehört und es hat mir nicht gefallen! Deine Mutter hat gesagt: »nach dem Essen«'!"
Dr. Ginott neigte zustimmend den Kopf. „Das ist Teil der Aufgabe des Vaters – seine Frau vor dem Missbrauch durch das Kind zu schützen. Das ist eine weitere Art, wie wir unseren Kindern sagen können, dass wir uns nicht zurücklehnen und zulassen, dass die Menschen, die wir lieben, angegriffen werden – körperlich oder verbal."

Wieder Stille. Dann hob Mary, die neu in unserer Gruppe war, die Hand. „Ich mache wohl etwas falsch", sagte sie. „Ich habe in dieser Woche aktiv gehandelt, aber es schien nicht zu funktionieren. Jody ist gerade vier geworden und seine Großeltern haben ihm ein fantastisches Feuerwehrauto zum Geburtstag gekauft. Er ist so begeistert davon, dass er wahrscheinlich darin schlafen würde, wenn ich ihn ließe. Das einzige Problem ist, dass sein Zimmer langsam zu Bruch geht. Die Kratzer stören mich nicht, aber bei Löchern in der Wand ist für mich eine Linie überschritten. Seine Vorstellung von Spaß ist, die Glocke zu läuten, gegen die Wand zu krachen und ,FEUER' zu schreien!
Normalerweise hätte ich ihm gesagt, er sei ein böser Junge, und ihn bestraft, indem ich ihm das Feuerwehrauto weggenommen hätte. Aber diesmal entschied ich, etwas von dem anzuwenden, was ich hier gelernt habe. Also sagte ich ihm: ,Jody, ich mag keine Löcher in der Wand. Du musst eine wichtige Entscheidung treffen. Du kannst mit deiner Feuerwehr herumfahren und dabei von den Wänden wegbleiben oder du kannst damit aufhören, die Feuerwehr im Haus zu benutzen. Denke eine Weile darüber nach und lass mich wissen, wofür du dich entschieden hast.'
Jody sagte sofort: ,Ich weiß es. Ich will mit meiner Feuerwehr fahren. Ich werde vorsichtig sein.'
Und er war vorsichtig – ungefähr eine halbe Stunde lang. Es funktioniert wirklich, dachte ich. Dann bemerkte ich, wie die Wand wieder bebte. Ich

war so wütend, ich sagte mir: ‚Dieses Kind wird es ein für alle Mal lernen! Es ist Zeit, aktiv zu handeln.'
Ich ging in sein Zimmer und beförderte ihn aus seinem Sitz. Dann lenkte ich die Feuerwehr in mein Zimmer und schloss die Tür ab. Als er sich etwas später beruhigte, sagte er vorwurfsvoll: ‚Du hast meine Feuerwehr weggenommen! Sie gehört nicht dir. Es ist meine.'
Sehr ruhig sagte ich: ‚Ich mag keine Löcher in meinen Wänden.' Es gab jetzt nichts Strafendes in der Art, wie ich ihn behandelte. Ich handelte nur so, dass es ihn aufhalten würde. Aber an diesem Abend, als ich ihm die Feuerwehr zurückgab, fing er gleich wieder von vorne an. Ich weiß nicht, was ich jetzt tun soll."
„Mary", seufzte Dr. Ginott, „wenn wir wüssten, welche Handlungen einem Kind dabei helfen, ‚ein für alle Mal' zu lernen, würden wir eine Liste erstellen, sie veröffentlichen und sie an Eltern in der ganzen Welt senden. Aber wir wissen es nicht. Wenn Eltern sich selbst sagen: ‚Ein für alle Mal werde ich das inakzeptable Verhalten dieses Kindes beenden', dann haben sie bereits verloren. Kinder lernen nicht auf solche Weise – ‚ein für alle Mal'. Sie lernen auf eine Weise wie ‚jetzt und dann wieder und dann noch Mal'. Aber denken Sie nicht, dass Ihre Handlung nicht hilfreich war. Das war sie. Und Sie können andere Methoden versuchen. Vielleicht könnten Sie ihm in der Fantasie geben, was Sie ihm in der Realität verwehren müssen. Sie könnten sagen: ‚Jody, bestimmt wünschst du dir in einem Haus mit gepolsterten Wänden zu leben, sodass du mit deiner Feuerwehr gegen die Wände stoßen könntest, so viel du willst.'
Und wenn das keine Wirkung zeigt, erreichen Sie ihn vielleicht mit einem Straßenschild, das sie in seinem Zimmer aufhängen, auf dem steht: TEMPO REDUZIEREN – WAND VORAUS." Dr. Ginnot grinste. „Schauen Sie, wenn er in den Kindergarten kommt, wird er den anderen Kindern vier Worte voraus sein. Aber noch besser wäre es, wenn sie Jodie mit dem Problem konfrontieren und ihn fragen, welche Ideen ihm dazu einfallen. Und wenn keiner dieser Vorschläge funktioniert, wäre es vielleicht am besten, den Einsatz des Feuerwehrautos auf den Bürgersteig zu beschränken.
Worauf ich hier hinaus will, ist, dass aktive Handlungen keine *endgültige Lösung* sind. Sie sind eine vorübergehende Maßnahme – nur eines der vielen Werkzeuge in unserer Sammlung. Wertvoll, ja; aber man sollte sie nicht undifferenziert nutzen. Ein Zimmermann nutzt keinen Vorschlaghammer,

um eine Reiszwecke einzuschlagen, wenn der Druck seines Daumens dafür ausreicht.
Sie merken, Mary, dass mein Schwerpunkt nicht auf Gehorsamkeit liegt, sondern auf dem Prozess, ein Kind zur Mitarbeit zu motivieren. Um Jody von den Wänden fernzuhalten, braucht es keine ausgefallenen Tricks. Sie könnten ihn beleidigen, bestrafen, und er würde nie wieder in die Nähe der Wände gehen. Aber was würde im Inneren von Jody geschehen? Er würde sich selbst hassen, ihnen den Tod wünschen und sich noch dazu schuldig wegen dieses Wunsches fühlen. Deshalb ist mein ständiges Bestreben, die Suche nach menschlichen Alternativen."

„Ich glaube, ich verstehe, wovon Sie sprechen", sagte Katherine in feierlichem Ton. „Tatsächlich werde ich vielleicht sogar beginnen so zu leben. In unserer letzten Sitzung ist etwas mit mir geschehen. Alles, was ich an diesem Tag gehört hatte, trat plötzlich in Verbindung miteinander, ergab in meinem Geist ein großes Ganzes – Jans und Helens Bericht über den Zorn, ihre Anmerkung über den Unterschied von Strafe und aktiver Handlung.
Ich denke, das könnte eine dauerhafte Veränderung in meiner Beziehung zu Diane ausgelöst haben.
Ich weiß, ich habe nicht viel von ihr gesprochen. Ihr habt mich vor allem über die jüngeren Kinder sprechen gehört. Und dafür gibt es einen Grund. Ich hatte das Gefühl, dass das, was ich hier lerne, Diane einfach nicht betrifft. Sie ist so trotzig, so rebellisch. Nein hat für sie keine Bedeutung. Sie macht ihre eigenen Regeln. Selbst auf meine einfachste, vernünftigste Bitte bekomme ich eine gemeine Antwort. In letzter Zeit, ich vermute, es liegt daran, dass sie jetzt fast eine Jugendliche ist, ist sie noch unmöglicher als sonst. Sie reizt mich so sehr, dass ich am Ende gar keine andere Wahl habe, als sie zu bestrafen. Nichts sonst hat irgendeine Wirkung. Und selbst Strafen halten sie nur vorübergehend auf. Ich habe mich nie gut damit gefühlt.
Es widersprach allem, was Sie uns beibrachten, aber mein Mann ist vom alten Schlag und hat keine Geduld mit mir, wenn ich einige der Methoden ausprobiere, die ich hier gelernt habe. Er sagt, ich lasse ihr zu viel durchgehen. Aber das tue ich nicht. Ich habe sie häufiger bestraft, als ich mich erinnern möchte. Und ich tat es nur, weil ich nie eine klare Alternative gesehen habe.

Aber in der letzten Sitzung habe ich einen Gesamteindruck einer Alternative bekommen und ich wusste einfach, dass ich irgendwie anders sein würde.
Am selben Abend zog Diane eine ihrer üblichen Shows ab. Sie war den ganzen Nachmittag im Park skaten gewesen und kam um sieben Uhr nach Hause, überschäumend vor Entschuldigungen. Es war das dritte Mal in zwei Wochen. Es war ein Glück, dass ihr Vater nicht zu Hause war.
Oh, wie ich sie zurechtrücken wollte. Ich wollte ihr das Telefon verbieten und ihr für einen Monat jeden Kontakt mit ihren Freunden untersagen! Und dann erschien vor meinem inneren Auge das Bild dieses ganzen Kreises: Diane macht etwas falsch. Ich bestrafe sie. Sie macht etwas noch Schlimmeres, um es mir heimzuzahlen. Ich bestrafe sie stärker. Sie zahlt es mir heim – so stark sie kann. Und immer so weiter.
Ich musste all meine kaum vorhandene Beherrschung zusammennehmen, um nicht wieder in das alte Muster zurückzufallen. ‚Ich war verrückt vor Sorge!', schrie ich. ‚Weißt du, was einem jungen Mädchen im Park abends passieren könnte? Seit zwei Stunden laufe ich hier im Zimmer auf und ab. Ich wollte gerade die Polizei rufen!'
Sie begann Ausflüchte zu machen, aber ich unterbrach sie. ‚Wenn ich jetzt nur eine Ausrede höre, macht es mich noch wütender. Vielleicht morgen früh. Jedenfalls bin ich froh, dass du zu Hause bist. Gute Nacht jetzt!' Und ich verließ das Zimmer ... Das klingt für euch vielleicht nicht nach viel, aber für mich war es eine große Veränderung.
Eine halbe Stunde später schneite sie herein, als sei nichts geschehen. Sehr fröhlich sagte sie: ‚Mama, ich brauche neue Lockenwickler. Der Drogeriemarkt hat noch geöffnet. Kannst du mich fahren?'
Einen Moment lang dachte ich über ihre Bitte nach. Dann schüttelte ich den Kopf.
‚Oh, Mama!', sagte sie verächtlich. ‚Wegen heute Abend? Das ist lächerlich. Niemand hat mich überfallen, oder? Das Problem mit dir ist, dass du aus allem so eine große Sache machst.'
Sehr ruhig sagte ich: ‚Der Park ist am Abend kein sicherer Ort.'
Ihr ganzer Ausdruck änderte sich. ‚Also bestrafst du mich, ja? Ich schätze, du wirst Papi auch nicht erlauben, dass er mich zum Laden fährt.'
‚Was dein Vater macht, ist seine Sache', antwortete ich. Wenn er dich fahren will, werde ich ihn nicht aufhalten ... ich kann nicht. Ich bin noch zu wütend.'

Sie prüfte mich noch weiter. ‚Ich wette, du lässt mich morgen auch keine Freundin zu mir nach Hause einladen, oder?'
‚Das eine hat mit dem anderen nichts zu tun', sagte ich. Und ich meinte es auch so.
Es gab noch weitere Vorfälle und mit jedem Ereignis schien sich etwas zu bewegen. Es gab leichtes Tauwetter, die Feindschaften glätteten sich ein wenig. Dann, eines Tages, geschah etwas äußerst Merkwürdiges. Sie borgte sich meine Sonnenbrille und verlor sie. Als ich meine Verärgerung zum Ausdruck brachte, stand sie trotzig da und sagte: ‚Nun, wirst du mich nicht bestrafen? Was wirst du mit mir machen?' Es war fast, als würde sie darum betteln, dass ich mich wieder auf die alte Weise verhielt. Einen Moment lang wusste ich nicht, was ich sagen sollte. Langsam bildete ich die folgenden Worte: ‚Diane, ich glaube, wichtig ist nicht, dass du bestraft wirst, sondern dass du verstehst, wie ich mich fühle. Und es ist auch sehr wichtig, dass ich verstehe, wie du dich fühlst. Ich fühle mich sehr verärgert, weil meine Sonnebrille verloren gegangen ist und ich denke, vielleicht wünschst du dir gerade, dass du sie mir zurückgeben könntest.'
Sie warf mir einen Blick zu, der so ... Nun, das beste Wort, um ihn zu beschreiben, wäre vielleicht ‚freundlich'. Ich weiß nicht, wie es von hier aus weitergehen wird, aber ich weiß, dass ich nie wieder zu der alten Methode zurück will."
„Katherine", sagte Dr. Ginott, „Sie haben meinen tiefsten Respekt für Ihre Mühen. Mir scheint, dass Sie viele der Prinzipien anwenden, über die wir hier sprechen – und zwar bei einem Kind, das nicht einfach ist.
Sie haben selbst den Unterschied erlebt zwischen der Sackgasse der Bestrafung und der unbegrenzten Offenheit einer Beziehung, die sich auf die gegenseitige Achtung der Gefühle stützt."
Er wandte sich an die Gruppe. „Sehen Sie, wenn wir ein Kind bestrafen, nehmen wir ihm die Möglichkeit, sich mit sich selbst auseinanderzusetzen. Es gibt Menschen, die sagen: ‚Aber wenn wir es nicht bestrafe, lassen wir es auch mit Mord davonkommen.' Genau das Gegenteil stimmt. Wenn wir ein Kind bestrafen, machen wir es ihm zu einfach. Es hat das Gefühl, dass es für sein Verbrechen bezahlt und seine Strafe abgesessen hat. Nun hat es die Freiheit, sein Fehlverhalten zu wiederholen.
Was wollen wir denn eigentlich von einem Kind, das die Regeln übertreten hat? Wir wollen, dass es in sich geht, sich ein wenig unwohl fühlt, seine

emotionalen Hausaufgaben macht, beginnt, etwas Verantwortung für sein eigenes Leben zu spüren.
Katherine hörte zu und nickte eifrig. „Und es gibt noch etwas, das ich gerne erwähnen würde. Ich denke, wenn Eltern aufhören zu bestrafen, gibt es auch für sie selbst einen positiven Nebeneffekt. Ich stelle seit Jahren zum ersten Mal fest, dass ich mich nicht so schuldig gegenüber Diane fühle. Ich habe ihr oft extra Kleidung gekauft oder sie zu Unternehmungen gefahren, auf die ich überhaupt keine Lust hatte - nur um auszugleichen, dass ich so streng zu ihr war. Jetzt fühle ich mich viel freier, Nein zu sagen, und ich fühle nicht einmal das Bedürfnis, ihr eine Erklärung zu geben, wenn ich es tue."

Wieder blieb es lange still. „Es ... es widerstrebt mir, das zu sagen", sagte Nell, fast unhörbar, „alle machen so gute Fortschritte ... meine Erfahrung passt nicht wirklich ins Bild ... aber ich muss gestehen, dass ich einen Misserfolg hatte. Was ich sagen will, ist - ich habe aktiv gehandelt, das habe ich wirklich getan - aber dann bin ich weich geworden, als ich standhaft hätte bleiben müssen."
Wir alle wandten uns respektvoll Nell zu. Wir wussten, wie schwer es ihr fiel zu sprechen.
Sie fuhr fort: „Ich war so genervt davon, wie das Fernsehgerät missbraucht wurde, dass ich entschied Kenneths Fernsehzeit auf eine Stunde am Tag zu beschränken. Ich denke, dass selbst das noch zu lang ist, aber Kenneth fühlt sich beraubt. Er schafft es immer noch 15 oder 20 Minuten extra dranzuhängen - und das ärgert mich maßlos. Ich habe ihn deswegen einige Male geschimpft, aber als ich neulich ins Zimmer kam und entdeckte, dass er fast drei Stunden vor dem Gerät gesessen hatte, entschied ich, dass die Zeit zu Reden vorüber war. Das ging zu weit. Die Ein-Stunden-Fernsehregel würde ab sofort strikt durchgesetzt werden.
Am folgenden Abend war ich auf ihn vorbereitet. Ich stoppte genau mit. Als die Stunde vorüber war, ging ich ins Zimmer und schaltete das Gerät aus.
‚Für heute ist die Fernsehzeit vorbei, Kenneth.'
‚Aber Mama ...'
Ich wiederholte: ‚Für heute ist die Fernsehzeit vorbei, Kenneth.'
‚Aber Mama ...', sagte er klagend, ‚heute kommt eine Sondersendung über Wale.'

‚Oh, Mann', dachte ich, ‚ausgerechnet an diesem Abend! Er sieht sich so gerne Sendungen über Wale an und ich sehe sie so gerne mit ihm zusammen an. Aber ich muss hart bleiben.'
Ich sah in sein aufwärts gewandtes Gesicht und wusste nicht, was ich tun sollte. Dann sagte ich, ohne nachzudenken: ‚Kenneth, ich habe nicht vergessen, was gestern passiert ist ... ich habe entschieden, dir das Fernsehen heute Abend zu erlauben!' – Und wisst ihr, was er tat? Er nahm meine Hand und küsste sie."
„Sagen Sie mir, Nell", fragte Dr. Ginott, „wieso haben Sie das Gefühl, dass das ein Misserfolg war?"
„Nun, ich war nicht standhaft. Ich nehme an, Kenneth glaubt nun bereits, dass seine Mutter ein Schwächling ist und dass er mich beim nächsten Mal ausnützen kann."
„Wenn es um Kinder geht, sorge ich mich nie um das nächste Mal. *Wir* sind diejenigen, die bestimmen, womit ein Kind beim nächsten Mal durchkommt oder nicht ... Meiner Ansicht nach, Nell, hatten sie keinen Misserfolg. Sie hatten das Gefühl, dass es wichtiger sei, einen schönen Moment mit ihrem Sohn zu teilen, als standhaft zu sein. Sie haben ihrer inneren Stimme vertraut und wenn wir diese Stimme beachten, anstatt der strengen Regel zu folgen, liegen wir damit normalerweise nicht so falsch. Es gibt selten Situationen, in denen wir nicht unsere Menschlichkeit beweisen können, indem wir sagen: ‚Ich habe noch einmal darüber nachgedacht ...', ‚Mir ist ein anderer Aspekt aufgefallen ...', oder: ‚Heute Abend gibt es eine Ausnahme von der Regel.'"

Ich hörte zu und dachte: Ich genieße ein Privileg. Ich pflege außergewöhnlichen Umgang: Dr. Ginott mit seinem unerschütterlichen Beharren auf die menschlichen Methoden. Diese Frauen mit ihrer Entschlossenheit, nicht zurückzuweichen – Frauen, die sich in ihren kämpferischsten Momenten stur weigern zu schlagen, zu drohen oder zu beleidigen.
Nichts, was ich heute hörte, klang vertraut oder typisch. Zu keiner Zeit verhielt sich eine der Frauen rachsüchtig. („Du weinst, weil du die Turnschuhe nicht bekommen hast? Gut! Das freut mich. Vielleicht hast du jetzt deine Lektion gelernt!")
Niemals beriefen sie sich auf die Vorstellung von „Auge um Auge". („Du denkst, es ist in Ordnung, deinen Bruder zu schlagen, David? Nun, jetzt

wirst *du* geschlagen werden.“)
Niemals waren sie unaufrichtig. („Jody, deine Feuerwehr wegzunehmen tut mir mehr weh als dir.“)
Niemals machten Sie aus dem Fehlverhalten eines Kindes eine Charakterschwäche. („Du hast also meine Sonnenbrille verloren? Das überrascht mich nicht. Du warst immer schon so achtlos.“)
Niemals waren ihre Antworten überzogen. („Du hast dir das selbst eingebrockt Diane. Weil du schon wieder zu spät bist - einen Monat lang keine Schlittschuhe.“)
Niemals waren ihre Reaktionen zusammenhangslos. („Weil du den Schulbus verpasst hast, Billy, wirst du ohne dein Taschengeld auskommen müssen.“)
Statt irgendwelcher schädlicher alter Klischees, hörte ich Worte, die nicht verletzten, die ehrlich waren und gewandt, Worte, die sich nur auf den konkreten Vorfall zu diesem bestimmten Zeitpunkt bezogen.
Ich hörte von Handlungen, die inakzeptables Verhalten beendeten und zugleich die Möglichkeit eröffneten, dass ein Kind sich mit sich selbst auseinandersetzte. Sich veränderte. Wuchs.
Plötzlich wollte ich unbedingt nach Hause gehen, zu meiner Familie.

12.5 Und trotzdem gehen wir noch in die Luft

Ich wusste so viel und ich freute mich darüber, so viel zu wissen. Es verging kaum ein Tag, an dem ich nicht in den emotionalen Stromschnellen des Familienlebens ertrunken wäre, hätte ich nicht meine Fertigkeiten gehabt, an die ich mich halten konnte.
Nehmen wir einen typischen Morgen. Erwachend höre ich das freundliche Summen von Teds elektrischem Rasierapparat, vermischt mit den unschuldigen Stimmen der Kinder, die sich unterhalten.
„Ich bin eine glückliche Frau“, denke ich, „ein liebevoller Ehemann ... wunderbare Kinder.“
Verschlafen betrete ich die Küche und zucke nicht einmal bei dem Geräusch knirschender Cornflakes unter meinen Pantoffeln. Wieso ein Problem daraus machen? Mit einem freundlichen „Guten Morgen“ reiche ich David den Besen, Jill die Kehrschaufel und schenke Ted seinen Saft ein.

Selbst der Anblick der Marmeladen-Fingerabdrücke auf dem Tisch bringt mich nicht aus der Ruhe. „Schnell, Watson, beseitigen Sie die Beweise, ehe Papi hereinkommt!", sage ich, als ich Andy einen Schwamm zuwerfe. Während sie putzen wird viel gescherzt und ich denke: „Was für eine Mutter! Was für Kinder! Was für eine entzückende Familie wir sind! Wie schade, dass uns niemand sieht!"

Und dann der erste Stoß, der erste Schubser, das erste Schimpfwort und mit einem Mal erscheinen die Kinder nicht mehr gar so bezaubernd. Eine Sekunde später beginnt ein Kampf um Leben und Tod, weil nur noch eine Banane übrig ist. Wie schrecklich, mitanzusehen, wie ihr Innenleben hervorquillt. Teds Saft ergießt sich über den Tisch, als der Ellbogen des Siegers das Glas umstößt.

Plötzlich stecke ich inmitten einer völlig anderen Szene, mit völlig anderer Besetzung. Nach kaum 15 Sekunden bin ich die Besetzung für die Rolle der belagerten Mutter, mit einem gereizten Mann auf der Seitenbühne, dessen Auftritt bevorsteht und der etwas über Frühstück ohne Saft murmelt. Und die Kinder! Diese ekelhaften Kinder sind nichts als eine Horde Wilder. Die lebendige, liebevolle Stimmung, die eben noch herrschte, ist völlig verschwunden. (Ich kann mich gar nicht mehr daran erinnern.) Stattdessen herrscht nun der primitive Wunsch, ANZUGREIFEN! Mein spontanes Verlangen ist es, all ihre Köpfe aneinanderzustoßen – aber ich weiß, wohin mich Spontaneität führt.

Nun ist der Moment der Wahrheit. Da der gute Wille sich verflüchtigt hat, gibt es nichts, womit ich fortfahren kann, außer meinen Fertigkeiten. Und es stehen viele zur Auswahl: Ich kann das Problem beschreiben; den Kindern helfen, ihre eigene Lösung auszuarbeiten; eine Regel laut aussprechen; meine Erwartungen verkünden; meine Werte verfechten; meine Empörung herausschreien; eine Notiz schreiben; Wahlmöglichkeiten anbieten; aktiv handeln; etc. Ich bin reich an Möglichkeiten.

Und ich bin effektiv.

Es ist fast zu gut, um wahr zu sein.

Ein Verdacht wächst in mir. Vielleicht, wenn es mir gelänge, nicht nachzulassen, wäre ich nie wieder der Gnade dieser tyrannischen Emotionen ausgeliefert – würde nie wieder auf eine schreiende, hysterische, kampflustige Verrückte zusammenschrumpfen. Ich hätte den Ärger im Griff. Ich wäre endlich frei!

Misstrauisch beobachtete ich, wie die Tage ins Land gingen, ohne dass sich ein ernsthafter Vorfall ereignete. Egal, was geschah, ich bewältigte es. Bei unserem nächsten Treffen berichteten andere Frauen, dass der Einsatz der Fertigkeiten auch bei ihnen zu Hause das Vorkommen von Feindseligkeiten dramatisch reduziert hatte. „Wir haben die Antwort“, dachte ich triumphierend. Pasteur entdeckte einen Impfstoff gegen Milzbrand, Salk beseitigte Polio und wir haben die Formel gefunden, um die Familienkrise auszumerzen. Ich erlaubte mir, vorübergehend in meine Fantasie abzutauchen: Ich war in Schweden, schritt die Stufen zum Podest hinauf – im Namen der Gruppe –, um den ersten Friedensnobelpreis für das Auslöschen der Gewalt in der Familie entgegenzunehmen. Mit missionarischem Eifer würde ich einem erlauchten Publikum verkünden, dass die Formel anzuwenden schwierig sei, ein bisschen kompliziert, aber nicht unmöglich. Sie konnte von Eltern auf der ganzen Welt erlernt und genutzt werden. Wer weiß, welche Auswirkungen dies für den Weltfrieden haben würde? Danke ... Stürmischer Beifall!

Die Realität traf mich im Kontrast dazu hart. Ich beobachtete mit Schrecken, wie wir, eine nach der anderen, aus unserem Gnadenstand fielen – jede zu einem anderen Zeitpunkt –, jede aus einem anderen Grund.

Es schienen bestimmte Ereignisse zu sein, die uns vorübergehend überwältigten – bestimmte Situationen, die uns an die Grenzen unserer Fertigkeiten brachten, über die Schwelle unserer Ausdauer, über die Grenze gesunden Verstandes und in die Art von Verhalten, wo wir alles verletzten, an das wir glaubten und für das wir arbeiteten.

Im Auto, auf dem Weg in die Stadt, erzählte mir Helen von ihrem Martyrium. Grimmig nuschelte sie etwas davon, dass sie nicht wisse, wieso sie sich überhaupt die Mühe mache, zu einem Treffen zu gehen, da sie sowieso nicht in der Lage sei, irgendetwas, das sie lernte, umzusetzen. Dann sprach sie widerwillig von den schmerzvollen Ereignissen am Morgen. Sie sagte, dass sie sich seit längerer Zeit immer größere Sorgen mache, weil ihr Mann so spät nach Hause kam und ständig erschöpft war. An diesem Morgen schien er so müde zu sein, dass sie ihn drängte, seinen Arbeitsplatz zu wechseln. Jack nahm ihren Ratschlag nicht freundlich auf. Er knallte seine Kaffeetasse auf den Tisch und schrie: „Verdammt, du bist eine Nervensäge! Hör auf, über mein Leben zu bestimmen!“ Dann ging er – sein halbes Frühstück lag noch auf dem Tisch.

Sie war immer noch benommen von dem Ausbruch, als Billy in die Küche kam und das Sandwich auseinandernahm, das sie ihm gerade gemacht hatte. „Iiigit!“, sagte er angewidert. „Schon wieder eklige alte Fleischwurst! Du machst mir nie irgendwas Gutes. Alle anderen Mütter machen etwas Gutes für ihre Kinder.“
Helen sagt, dass in ihr ein Schalter umgelegt wurde. „Erzähl mir nichts von den anderen Müttern“, zischte sie. „Wenn du nicht zufrieden mit mir bist, dann such dir eine andere Mutter. Nicht, dass dich irgendjemand wollen würde. Und es ist mir egal, ob du isst oder nicht. Vielleicht schadet es dir gar nicht, wenn du hungrig bleibst!“
Billy schleuderte sein Sandwich auf den Boden, trat die Tür auf und rannte weinend zur Schule.
Helen sagte, danach saß sie da, allein in der Küche, starrte auf das Brot und die Fleischwurst auf dem Boden und hörte immer wieder ihre eigene Stimme: „Nicht, dass dich irgendjemand wollen würde.“ ... „Es ist mir egal, ob du isst oder nicht.“ Und Jacks Stimme: „Hör auf, über mein Leben zu bestimmen.“ Sie sagte, sie habe sich wie eine nervige Ehefrau gefühlt, eine schreckliche Mutter – eine totale Versagerin.

Und ein andermal wirkte Katherine, die eigentlich so zufrieden damit war, wie sich die Beziehung zwischen ihr und Diane entwickelte, sehr angeschlagen, als sie erzählte, was ihr passiert war.
Sie sagte, dass Diane sich in den letzten paar Wochen sehr über ihre „gemeinen“ Französisch- und Mathelehrer beschwert hätte, die sie „hassten“. Katherine hörte eine Weile verständnisvoll zu und mutmaßte dann, dass das alles vielleicht nur Einbildung sei. Wieso sollte irgendjemand sie hassen. Aber in ihrem Inneren spürte sie zugleich, wie die Angst sie umklammerte. Wurde Diane wieder schwierig? War dies der Beginn eines weiteren Problems? Vielleicht war die Schularbeit wirklich zu schwer für sie.
Dann kamen die ersten Hinweise von der Schule. Diane wäre „nicht auf den Unterricht vorbereitet“ ... „unaufmerksam“ ... „bringt sich nicht in den Unterricht ein“.
Katherine rief sofort bei der Schule an und traf sich mit beiden Lehrern. Sie versicherten ihr, dass ihre Tochter ein schlaues Mädchen sei, mehr als fähig, die Schularbeit zu erledigen. Katherine fühlte sich ein bisschen besser, ging nach Hause und sagte Diane, dass sie sich völlig getäuscht hätte.

Eigentlich schätzten ihre Lehrer sie recht hoch. Und nun, könne sie sich nicht bitte mehr anstrengen?
Einen Monat später kam das Zeugnis. Nicht nur fiel Diane in Mathe und Französisch durch, es war auch noch eine weitere Beschwerde dazugekommen: „Stört ständig den Unterricht."
Katherine war fuchsteufelswild. „Zum Teufel mit dem ganzen Ansatz", sagte sie sich. „Ich habe mir die Worte, die ich sagen sollte, zu lange verkniffen. Jetzt bekommt sie sie zu hören – geradeheraus." Sie sagte Diane, dass sie ein undankbares Gör sei, dass sie zwei Lehrer ausnutze, die sich redlich bemühten, ihr zu helfen. Sie sagte, sie habe sich geschämt, zur Schule zu gehen und zu sagen, wessen Mutter sie sei. Sie sagte, sie sei durch mit ihr und dass sie nun selbst dafür verantwortlich sei, ob sie schwimmen oder untergehen würde. Diane starrte sie kalt an und verließ das Zimmer. Aufgebracht folgte Katherine ihr und schrie ihr hinterher. „Und glaub nicht, dass du mir einfach deinen Rücken zukehren kannst! Es wird dir noch leid tun, dass das jemals geschehen ist. Glaub bloß nicht für eine Minute, dass ich das deinem Vater nicht erzählen würde. Und bilde dir auch nicht ein, dass du in den nächsten vier Wochen irgendeine Freundin einladen könntest!"
Katherine sagte, dass ihr Angriff ihr in diesem Moment gerechtfertigt erschien. Diane hatte sich das selbst eingebrockt, oder etwa nicht? Nun, vielleicht würde die klare Aussprache ihr ein bisschen Verstand einbläuen. Und dann kamen die überwältigenden Gewissensbisse. „Was habe ich getan? Ich musste den Mund nur für dreißig Sekunden öffnen, um Monate schmerzvoller Bemühung um das Wiederherstellen unserer Beziehung zunichte zu machen."
Was mich betrifft, ich hörte beiden Frauen mit einer Kombination aus Mitgefühl und wissenschaftlichem Interesse zu. Es tat mir leid, dass sie gelitten hatten, aber es war leicht zu erkennen, wie es dazu gekommen war.
Es schien so, als ob jedes Mal bestimmte Faktoren dazu beitrugen, dass es einen solchen Ausbruch gab. Der erste war Angst. Ein Vorfall oder eine Reihe von Vorfällen ereignet sich und plötzlich ist der Vater oder die Mutter von Angst ergriffen. Es ist schwierig, Fertigkeiten anzuwenden, wenn man sich zu Tode ängstigt.
Es war Katherines Angst, die sie aus dem Gleichgewicht brachte. Es war ihre Angst davor, dass ihre Tochter ein Muster von Schulversäumnissen entwickeln könnte, die Katherine dazu brachte, ihre Fertigkeiten zu igno-

rieren. Der Ausbruch, in den dies mündete, war fast unvermeidbar. Zu keinem Zeitpunkt bestätigte sie Dianes Gefühle und dann komplizierte sie das Problem, indem sie Diane auftrug, sich mehr anzustrengen – ein Misstrauensvotum, wie es im Buche steht. Keine große Chance auf Veränderung mit dieser Art des Vorgehens.

Der zweite Faktor, der einen Ausbruch auslösen konnte, stand häufig nicht in Verbindung mit dem Kind, höchstens am Rande. Eine Spannung von außen konnte eine übertriebene Reaktion auslösen. Es war der Zusammenstoß mit Jack, der Helen ihren Sohn angreifen ließ. Unter gewöhnlichen Umständen hätte sie mit Billys Beschwerde leicht umgehen können. Ich konnte sie sagen hören: „Hey, es gefällt mir nicht, mit anderen Müttern verglichen zu werden. Wenn du eine Beschwerde über deine Sandwichs hast, dann bleib beim Thema Sandwichs!"
Irgendwie fühlte ich mich seltsam unverwundbar. Mir schien, dass ich selbst unter Druck, ausgelöst von Angst oder äußeren Spannungen, gewusst hätte, was zu tun gewesen wäre.
Aber es gab eine dritte Kategorie von Stress, mit der ich mich noch nicht arrangiert hatte: die fast durchgeknallte Reaktion auf ein Problem das fortdauert und fortdauert und niemals gelöst wird. Für Lee war es: „Er hat seine Zahnspange *schon wieder* verloren." Für Mary war es: „Er ist *schon wieder* raus auf die Straße gelaufen." In meinem Fall war es: „Er hat seinen Bruder *schon wieder* verletzt."
Ich sah, wie David eine Schere nach Andy warf, die gerade so sein Auge verfehlte, und drehte komplett durch. Ich stürzte mich auf David und schrie: „Was versuchst du da? Willst du deinen Bruder umbringen? Willst du ihm das Auge ausstechen? Niemand kann sich sicher fühlen, wenn du in der Nähe bist. Du bist ein Monster!" Plötzlich fühlte ich einen stechenden Schmerz im Daumen. Er war blau und geschwollen. Ich musste mich unbewusst verletzt haben.
Ich ging aus seinem Zimmer und blieb wie angewurzelt stehen. „Was ist nur los mit mir?", dachte ich. „Wie konnte ich mich so aufführen? Ich bin kein Mensch. Vielleicht wird David mir vergeben, aber wie kann ich mir selbst jemals vergeben? Und was für eine Heuchlerin ich bin! Ich bin stets bereit, die ganze Welt zu verändern, aber ich kann nicht einmal mich selbst ändern."

Für uns alle war es also das gleiche alte Lied: der Angriff, die Reue, die Schuldgefühle. Völlig verzweifelt dachte ich mir: „Es war alles umsonst. Nur eine riesige Verschwendung - Verschwendung von Zeit und von Energie. Ich war immerzu gelaufen und hatte mir selbst eingeredet, ich würde irgendwelche Fortschritte machen, nur, um am Schluss festzustellen, dass ich im Kreis gelaufen war - ich war wieder am Anfang bei diesen vor Zorn verrückten Affen und Ratten.

Und was für eine Strecke ich zurückgelegt hatte, um von ihnen fortzukommen! Ich hatte Berichte über vernachlässigte Haustiere geschrieben, auf die Worte geachtet, die ich sprach, meine Gefühle analysiert, meine Handlungen geprüft, die Reaktionen von allen anderen analysiert. Das Ganze war ein bisschen gruslig.

Aber schlimmer als all diese Gedanken war meine Angst. Ich fürchtete, dass ich dem Selbstbewusstsein meines Kindes irreparable Schäden zugefügt hatte. Ich fürchtete, dass David mir nie wieder wirklich vertrauen könnte. Obwohl es nichts gab, was ich mir mehr wünschte, als wieder zu unserer alten Beziehung zurückzukehren, fürchtete ich, dass ich nicht wissen würde, wie.

Ein Teil von mir wollte in Davids Zimmer stürmen und um seine Vergebung bitten, und ein anderer Teil wollte ihm einhämmern, wie gefährlich es war, mit scharfen Gegenständen zu werfen. Ich wusste, dass beide Ideen die Angelegenheit nur schlimmer machen würden, also tat ich nichts. Stattdessen machte ich einen ausgedehnten Spaziergang zum Briefkasten. Und ich hatte nicht einmal einen Brief einzuwerfen.

12.6 Der Weg zurück

Während ich ging, führte ich einen inneren Dialog:

„Wieso war es geschehen?"

„Weil Brüder raufen."

„Aber wieso ist David immer der Angreifer?"

„Er ist neidisch. Er sah so ärgerlich aus, als er gestern ins Zimmer kam und sah, wie ich Andy umarmte. Könnte das der Grund dafür sein, dass er seinen Bruder mit der Schere angegriffen hat?"

„Vielleicht ist es noch einfacher. Vielleicht hat Andy ihn provoziert. Andy kann manchmal nerven."

„Aber David sollte damit besser zurechtkommen."
„Wieso?"
„Weil er größer und älter ist."
„Da machst du es schon wieder. Du identifizierst dich immer noch mit dem Kleinsten in der Familie. Denk einmal nach. Versetze dich in seine Lage. Wie würde es sich anfühlen, der Älteste zu sein? Wie würdest du dich fühlten, wenn du andauernd von einem jüngeren Bruder geplagt würdest und deine Mutter immer von dir erwarten würde, dass du es auf die leichte Schulter nimmst?"
„Ich würde mir selbst leid tun ... wäre wütend auf meine Mutter ... erbittert gegenüber meinem Bruder. Ich würde ihm wehtun wollen."
„Angenommen, du würdest ihm tatsächlich wehtun und deine Mutter würde dich erwischen? Angenommen, sie würde dich ein Monster nennen?"
„Okay, ich verstehe, worauf du hinaus willst. Aber was mache ich jetzt? Was kann ich machen?"
„Was meinst du mit: ‚Was kannst *du* tun?' Was ist mit David? Welche Verantwortung trägt *er*? *Er* hat die Schere geworfen. Er ist derjenige, der sich mit den Konsequenzen dieser Handlung auseinandersetzen muss. Und du bist diejenige, die sich darum kümmern muss, dass er es tut."
Ich fühlte meine Stärke zurückkehren. Ich könnte nun zu meinem Sohn zurückkehren. Ich wusste nicht genau, was ich sagen würde, aber das war nicht wichtig. Meine Vorgehensweise war klar: Ich würde David aufmerksam zuhören. Dann würde ich meine eigenen Werte klar darlegen – in heftigem Ton, wenn nötig. Aber es würde keine Beleidigungen geben und keine unterwürfige Entschuldigung.
Als ich von meinem Spaziergang zurück war, klopfte ich an Davids Tür. Keine Antwort. Ich öffnete sie und sah David auf dem Bett liegen, das Gesicht ins Kissen gedrückt. Ich setzte mich neben ihn.
„Kannst du jetzt zuhören, David?"
Er machte ein leises Geräusch.
„Ich denke, was heute passiert ist, hat dich sehr verletzt – sowohl innerlich als auch äußerlich."
„Du hättest mich nicht beschimpfen müssen", nuschelte er in sein Kissen, „du hättest es mir einfach sagen können."
„Das wäre besser gewesen."
„Wieso hast du es dann gemacht?"

„Ich glaube, das weißt du, David. Ich glaube du weißt, dass das, was passiert ist, mich an meine Grenzen stoßen ließ."
„Nun, Andy lässt mich an *meine* Grenzen stoßen."
„Du hast das Gefühl, dass er zu weit geht – dass er dich immer weiter belästigt, bis er dich wirklich zur Weißglut treibt."
„Genau! Das tut er! Also, was soll ich machen? Soll ich wie ein Dummkopf dastehen, während dieses neugierige Kind in meinen Schubladen herumschnüffelt?"
„Das kann einen wirklich wütend machen, wenn der kleine Bruder die privaten Schubladen durchstöbert."
„Das kannst du aber glauben! Du sagst mir immer, ich soll ihm mit Worten sagen, wie wütend ich bin. Aber das funktioniert nicht immer. Das Einzige, was diesen Widerling stoppen kann, ist meine Faust in seinem Gesicht."
„David, in diesem Punkt sind wir nicht derselben Meinung. Ich kann verstehen, dass du Andy stoppen willst – selbst mit deinen Händen, wenn es nötig ist – aber Gewalt? Eine Faust in seinem Gesicht? Scheren werfen? Oh nein!" Ich stand vom Bett auf und stand über ihm. „In unserem Zuhause ist es nicht üblich zu verletzen. Es ist strikt verboten! KEIN KIND DARF EIN ANDERES KIND VERLETZEN!"
David versteckte sein Gesicht wieder im Kissen. „Du liebst mich nicht", murmelte er.
Ich war unnachgiebig. „Du bist mir wichtig! Es ist mir wichtig, was für ein Mensch du bist! Ich erwarte von dir, dass du die Differenzen mit deinem Bruder gewaltfrei löst. Und wenn dir einmal keine friedvolle Lösung mehr einfällt, komm und erzähl es Papi oder mir, und wir werden uns darum kümmern, dass du Hilfe bekommst." David rollte sich auf den Rücken und starrte mich an. „Das bringt nichts. Du bist immer auf Andys Seite. Du magst ihn mehr."
„Kommt es dir so vor?"
„Es kommt mir nicht so vor. Es ist so."
Ich dachte lange nach. Dann sagte ich langsam: „Ich sage dir, wie es mir vorkommt. Mir kommt es so vor, als ob jedes meiner Kinder anders ist und absolut unersetzlich. Ich schätze, deshalb liebe ich jedes einzelne, nicht gleich, sondern anders. Zum Beispiel gibt es niemanden sonst auf der Welt, der aussieht wie mein Sohn David, so lächelt, so denkt, so fühlt – oder der solche Sommersprossen hat."

David sah geschmeichelt aus, wollte es aber nicht zeigen. Verächtlich fragte er: „Wer mag schon Sommersprossen?“
„Ich mag sie. Weil sie ein Teil von dir sind.“
Das war alles. Es war vorbei. Und es fühlte sich gut an, wieder Davids vernünftige Mutter zu sein.

Helens Versuch, zu einer besseren Beziehung zurückzufinden, zeigte einige Ähnlichkeiten zu meinem. Nach der ersten Reue war ihre größte Sorge, ob sie die Teile wieder zusammenfügen könnte oder nicht.
Offenbar hatte es ihr viel bedeutet, sich mir an diesem Tag im Auto offenbaren zu können, ohne dass ich sie bewertete oder ihr sagte, was sie tun sollte. Sie sagte, als sie an diesem Tag nach Hause kam, war ihr erster Impuls, sofort Jack anzurufen und die Sache auszubügeln, aber dann entschied sie sich dagegen. Es war schon genug gesprochen worden, dachte sie. Was Jack wirklich brauchte, war, dass etwas Druck von ihm genommen wurde. An diesem Abend würde *sie* den Kindern bei den Hausaufgaben helfen. An diesem Abend würde *sie* die Kinder ins Bett bringen.
Als sie darüber nachgedacht hatte, rief sie Billy in ihr Zimmer. Missmutig kam er herein.
„Billy, ich habe viel darüber nachgedacht, was heute Morgen passiert ist. Wir waren sehr wütend aufeinander, nicht wahr?“
„Du hast mich angeschrien“, sagte Billy.
„Ja, ich weiß. Aber ich denke, wir haben vielleicht beide etwas gelernt. Ich habe herausgefunden, dass mein Sohn keine Fleischwurst auf seinem Sandwich möchte, und du hast herausgefunden, dass deine Mutter in die Luft geht, wenn man auf eine bestimmte Weise mit ihr spricht.“
„Was habe ich gesagt, was so schlimm war?“
„Billy, wenn du etwas von jemandem willst, ist es eine gute Idee, denjenigen nicht anzugreifen. Es ist eine gute Idee, auf eine Weise zu fragen, die es dem anderen ermöglicht, zuzuhören.“
Billy war nicht überzeugt. „Also, was soll ich zu dir sagen? ‚Bitte, liebe Mutter, ich küsse deine Füße. Bitte mach mir keine Sandwichs mit Fleischwurst mehr, königliche Hoheit.‘“
Helen lächelte. „Das ist eine Möglichkeit. Eine andere ist: ‚Mama, wäre es zu viel Mühe, noch etwas anderes als Sandwichs mit Fleischwurst zuzubereiten? Ich habe mich an ihnen satt gegessen.“ Wenn man auf diese Weise

mit mir spricht, Billy, fühle ich mich hilfreich."
Billy kaute nachdenklich an einem Niednagel.
„Also, ich will nicht immer das sagen, von dem du willst, dass ich es sage."
„Ich verstehe", sagte Helen, kurzfristig aus der Bahn geworfen. „Vielleicht möchtest du dann überlegen, ob du mir eine Notiz schreiben willst, mit konkreten Vorschlägen."
„Nein", sagte er, „Notizen sind blöd. Ich muss jetzt gehen, Mama. Jimmy wartet auf mich."
„Nun", dachte Helen, „da habe ich wirklich ein Ei gelegt. Aber zumindest sprechen wir wieder miteinander. Und vielleicht denkt er das nächste Mal ein bisschen darüber nach, wie er um etwas bitten sollte, das er will."
Am nächsten Morgen staunte sie, als sie ein altes Stück Pappe auf ihrem Schreibtisch fand, mit einem Menü für die Woche darauf:

Montag – Thunfisch
Dienstag – Marmelade
Mittwoch – Thunfisch
Donnerstag – Marmelade
Freitag – Fleischwurst, aber nur, wenn es keinen Thunfisch gibt.

In der folgenden Woche beschrieb Katherine, wie sie mit dem Zusammenstoß mit Diane umgegangen war. Sie sagte, dass sie für Stunden zu wütend war, um normal zu funktionieren.
Immerfort dachte sie: „Ich habe mich wieder zum Feind gemacht. Trotz allem, was ich gelernt habe, und allem, was ich weiß, habe ich uns beide wieder direkt in die alte Sackasse der Bestrafungsroutine geführt. Nun kann sich Diane einfach gar nicht mehr anstrengen und die Schuld ihrer ‚grausamen Mutter' geben. Und sie hätte recht. Nur, dass es nicht daran läge, dass ich grausam bin. Nur dumm.
Wieso mache ich mir selbst Vorwürfe? Ich bin also nicht die perfekte Mutter, die die perfekten Antworten gibt. Trägt ein Kind nicht auch eine gewisse Verantwortung für sein Handeln? Ich bin nicht diejenige, die den Unterricht stört. Es ist Diane ... Was würde Dr. Ginott sagen? Ich schätze, er würde sagen, Strafe ist nicht das, was sie braucht. Ich schätze, er würde sagen, was sie braucht, sind Eltern, die *für sie* da sind – nicht *gegen sie* – während sie um ihre eigenen Lösungen ringt! ... Ich weiß nicht, ob ich das kann. Ich weiß nicht, ob ich das Geschick oder die Stärke habe."

Langsam begann Katherine über all die Beschwerden nachzudenken, die Diane über die Schule hatte. Vielleicht hätten ihre negativen Gefühle nicht verleugnet werden sollen. Wenn sie das Gefühl hatte, dass ihre Lehrer sie hassten, lag vielleicht ein Körnchen Wahrheit darin. Und selbst wenn nicht, sie brauchte trotzdem jemanden, der zuhörte, wenn sie von ihren Gefühlen sprach.

Aber was war mit der anderen Seite? Diane fiel in zwei Fächern durch und benutzte ihre „gemeinen Lehrer" als Ausrede für ihre Untätigkeit. Es musste ihr sehr klar gemacht werden, dass dies keine akzeptable Weise war, mit dem Problem umzugehen.

Dann erinnerte sich Katherine, dass die Schule ein Nachhilfeprogramm für geringe Gebühren anbot. Das Kind einer Nachbarin hatte das Angebot genutzt und hervorragende Ergebnisse erzielt. Das könnte genau die richtige Antwort für Diane sein; eine nette Oberstufenschülerin, mit der sie sich wohlfühlte, eine zielbewusste Jugendliche, die sie sogar inspirieren könnte.

Katherine begann sich besser zu fühlen.

Im Geiste entwarf sie eine grobe Skizze der Bereiche, die sie abdecken wollte. Erst würde sie ihre aufrichtigen Gefühle ausdrücken, nur diesmal ohne die Beleidigungen.

„Als ich dieses Zeugnis sah, war ich so schockiert, so enttäuscht und so wütend, dass ich einfach in die Luft gegangen bin. Ich habe einige Dinge gesagt, die ich nicht so meinte. Aber das ist jetzt vorbei."

Zweitens würde sie Diane jede Menge Zeit lassen, um zu erörtern, was sie beschäftigte. Sie würde aufmerksam zuhören und Dianes Gefühle widerspiegeln.

„Es ist nicht leicht, von Lehrern zu lernen, wenn man das Gefühl hat, dass sie dich nicht mögen – besonders in Fächern, die so schwierig sind wie Französisch und Mathe."

Sie würde sich sehr bemühen, nichts zu unterdrücken, was Diane sonst noch besprechen wollte. Es mochte sicherlich noch weitere Faktoren geben, die durch aufmerksames Zuhören ans Tageslicht kommen könnten.

Drittens würde sie mit Diane daran arbeiten, Lösungen für die Probleme zu finden.

„Diane, du musst in diesen Fächern bestehen. Nun, es steht dir frei zu entscheiden, wie du es schaffst, sie zu bestehen."

Vielleicht könnten sie die Möglichkeiten gemeinsam erkunden. Vielleicht würden ein paar Vorschläge zur rechten Zeit helfen.
„Was würdest du davon halten, deinen Vertrauenslehrer zu konsultieren?" Oder: „Vielleicht möchtest du darüber nachdenken, ob du das Nachhilfeangebot der Schule nutzen willst."
Katherine sagte, sie fing an, deutlicher zu sehen, worin ihre Aufgabe bestand. Darin, ihr Kind zu unterstützen, während dieses versuchte, selbst einige Antworten zu finden.
Als sie schließlich mit Diane sprach, sagte sie, kamen ihre Worte nicht einmal annähernd so flüssig, wie die, die sie sich im Geiste zurechtgelegt hatte, aber sie sagte auch, dass die Grundaussage dieselbe war. Diane hatte nicht viel zu sagen, bis das Thema Nachhilfe aufkam. Da schüttelte sie ihren Kopf. „Ich brauche keine Nachhilfe, Mama", sagte sie. „Es gibt ein Mädchen in meiner Klasse, das super Noten bekommt. Sie kann mir helfen, den Stoff nachzuholen, und es kostet nichts."
Katherine sagte, dass sie im ersten Moment in Versuchung war, zu streiten – auf den Nachhilfelehrer zu bestehen –, aber sie hielt ihre Zunge im Zaum. Stattdessen sagte sie: „Du hast also vor, dich selbst darum zu kümmern. Aha." Dann legte sie spontan ihren Arm um ihre Tochter.

Ich hatte mich lange mit dem Thema Zorn herumgeschlagen. Wie eine alte Dogge hatte ich monatelang auf demselben Knochen herumgekaut, hatte an jedem Zentimeter geschnüffelt, hatte ihn immer wieder herumgedreht, hatte die Enden zerbissen, um auch noch an den letzten Tropfen Mark zu kommen.
Nun konnte ich das Thema zur Seite legen. Irgendwie sagten mir unsere drei Erlebnisberichte – der von Katherine, der von Helen und mein eigener –, was ich so dringend herausfinden wollte: *Ich musste keine Angst vor meinem Zorn haben. Er konnte niemanden zerstören. Selbst wenn ich die Kontrolle völlig verlor – es war nicht alles verloren. Es gab immer einen Weg zurück.* Was für eine Erleichterung! Ich musste nicht mehr in der Tretmühle zwischen Schuld und Verzweiflung stecken bleiben. Ich konnte absteigen – weiterziehen. Ich hatte Möglichkeiten, mir selbst zu helfen.
Eine ganz neue Zusammenstellung von inneren Botschaften wirbelte in meinem Kopf herum. Nach dem nächsten Ausbruch würde ich versuchen, mich daran zu erinnern, mir zu sagen:

Es ist nicht das Ende der Welt. Jeder kann seine eigenen Verhaltensregeln brechen – sofern er in ausreichendem Maße provoziert wird. Geh nicht so hart mit dir ins Gericht. Keine weiteren Orgien der Selbstverdammung. Einen Teil der Schuldgefühle kannst du nutzen, um dich dazu anzuspornen, etwas zu verändern. Den Rest stößt du weg, sonst zieht er dich runter, legt dich lahm.

Ich werde mir sagen: Mein vorübergehender Zusammenbruch macht mich nicht aus. Er sagt mir nicht, wer ich bin. Ich bin das, wofür ich mich entscheiden werde – und damit bin ich noch nicht fertig. Ich entwickle mich immer noch. Was geschehen ist, war ärgerlich – bedauernswert – aber viel wichtiger ist es, wie ich mich danach verhalten werde.

Ich werde mir sagen: Gerate nicht in Panik, wenn du nicht sofort erkennst, wie du alles ausbessern kannst. Gib dir selbst Zeit – Zeit, mit deinen elenden Gefühlen allein zu sein. Zeit, *keine* Antworten zu haben. Zeit, um mit Unsicherheit zu leben. Es gibt keine Abkürzungen. Erst wenn du dir selbst Zeit gibst, kannst du überhaupt wieder damit anfangen, darüber nachzudenken, wie du hilfreich sein kannst. Und das wird so lange dauern, wie es muss.

Dann, wenn die schmerzvollen, verwirrten Gefühle ein bisschen abgeklungen sind, werde ich versuchen, auf konstruktive Weise nachzudenken. Ich werde mich fragen, ob noch etwas aus dem Chaos geborgen werden kann. Liegt eine neue Erkenntnis verborgen unter den Trümmern, die ich aufspüren und in der Zukunft nutzen kann? Gibt es etwas, das ich verändern muss? Gibt es etwas, das *mein Kind* verändern muss? Kann ich das, wonach ich suche, alleine finden oder brauche ich die Hilfe einer weiteren Stimme, eines weiteren Ohrs?

Und wenn ich eine hilfreiche Wahrheit finde, werde ich darüber nachdenken, wie ich sie einfach und knapp ausdrücken kann, ohne Schuld zuzuweisen oder zu moralisieren.

Ich werde die Sprache des Mitgefühls gebrauchen, Sprache, die beschreibt, Sprache, die eine neue Richtung weist, Sprache die heilt.

Mein Gefühl der Ruhe war so tief, dass es mir schwerfiel zu glauben, wie aufgewühlt ich einmal war. Wovor hatte ich mich so gefürchtet? Wieso hatte ich nicht von Anfang an lockerer sein können? Ich hatte oft gehört, wie Leute sagten: „Ich habe also die Beherrschung verloren. Ich habe ihn also geschlagen und ihm gesagt, dass er dumm sei. Na und? Er weiß, dass ich es nicht so meine. So oder so, jetzt haben wir reinen Tisch. Wenn es vorüber ist, ist es vergessen. Keine große Sache."

Aber es *war* eine große Sache. Meine Angst war begründet gewesen. Der Schaden, der durch ungezügelten Zorn angerichtet wurde, war niemals klein. Ich hatte selbst gesehen, wie eine Serie von Ausbrüchen selbst der besten Beziehung schaden und sie schwach und verwundbar zurücklassen konnte. Ich hatte gesehen, wie hasserfüllte Worte und Taten zum Teil eines Lagerhauses voll hässlicher Erinnerungen wurden – Erinnerungen, die blasser wurden, aber nie völlig verblassten.

Ich wusste nun, dass wir weiser aus unseren Ausbrüchen hervorgehen konnten, aber nicht unversehrt. Es wurde immer Schaden angerichtet – stets entstand ein weiterer Riss im Gewebe der Beziehung. Noch das Beste, was man über einen plötzlichen Angriff auf ein Kind sagen konnte, war, dass er einen dazu zwang, sich auf eine Situation zu konzentrieren, die die Aufmerksamkeit nötig hatte.

Ich hatte ursprünglich gehofft, dass ich mich, wenn ich die Natur des Zorns studierte, dauerhaft gegen meine eigenen gewaltsamen Impulse immunisieren könnte. Das war vielleicht ein bisschen verrückt, aber es gab so vieles an der Arbeit hier, das bemerkenswert, fast magisch war, dass ich dachte: Wieso nicht? Wieso sollte ich dieses eine, letzte Wunder nicht vollbringen können?

Nun, ich konnte es nicht. Und als ich wieder auf den Boden kam, bemitleidete ich mich. Es würde keinen Friedensnobelpreis für mich geben, aber ich hatte viele kleinere Preise bekommen – alle gleichermaßen wertvoll:

Ich hatte viele spezielle Fertigkeiten erlernt, auf die ich mich verlassen konnte.

Ich hatte erkannt, dass weder ich noch meine Familie so zerbrechlich waren, wie ich es einst befürchtet hatte.

Ich hatte mich mit der Tatsache abgefunden, dass ich meinen Zorn niemals vollkommen beherrschen würde. Jedes Mal, wenn der Zorn zuschlug, tat er es mit neuer Wildheit. Jedes Mal würde ich mich erneut anstrengen müssen, einen zivilisierten Weg zu finden, meine wilden Gefühle auszudrücken. Dr. Ginott hatte recht. Es war eine Lebensaufgabe.

13

Ein neues Elternbild

In diesem Kapitel erfahren Sie:

- Welche neuen Sichtweisen Ihnen den Erziehungsalltag erleichtern.

Wir waren froh, Evelyn wieder auf ihrem gewohnten Platz zu sehen. Sie hatte die letzten drei Sitzungen verpasst. Dr. Ginott begrüßte sie herzlich und erkundigte sich nach ihrer Familie.

Evelyn lächelte matt. „Ich nehme an, die Kinder sind in Ordnung, aber meinem Mann geht es nicht so gut." Sie fuhr dann damit fort, uns zu erzählen, dass ihr Mann Marty einen Herzinfarkt gehabt hatte. Er war nun wieder zu Hause, um sich zu erholen, und die Ärzte waren zufrieden mit seinen Fortschritten, aber andere Probleme stellten sich ein. Scheinbar hatten die Jungen nach der ersten Begeisterung über die Rückkehr ihres Vaters aus dem Krankenhaus angefangen, sich zu beschweren: ‚Papi ist nicht wie früher. Er boxt nicht mehr mit uns oder trägt uns hoch ins Bett. Er spielt nicht einmal Baseball mit uns!'

„Ihr könnt euch vorstellen, wie diese Worte Marty deprimiert haben", sagte Evelyn. „Ich glaube, der Schmerz durch die Enttäuschung der Kinder ist schlimmer als der Herzinfarkt. Er hat das Gefühl, er sei kein richtiger Vater mehr für seine Kinder."

Dr. Ginott hörte verständnisvoll zu. „Evelyn, Vater zu sein hat nichts damit zu tun, zu boxen oder Baseball zu spielen. Ich kenne das Bild des Vaters draußen im Park, wie er wirft und fängt; es ist sehr ansprechend. Aber Baseball können die Kinder von irgendjemandem lernen. Die Aufgabe eines Vaters ist es, seinem Sohn zu helfen, mit sich zufrieden zu sein."

„Mit sich zufrieden zu sein?", wiederholte Evelyn ängstlich.

Dr. Ginott führte aus: „Die wichtigste Aufgabe eines Vaters ist es, seinen Kindern zu helfen, sich selbst zu mögen – ihnen zu vermitteln, dass sie gute Menschen sind, Respekt verdienen, dass es angenehm ist, Zeit mit ihnen zu verbringen, dass ihre Gefühle und Vorstellungen Wert haben."

„Ich wünschte, Marty könnte das hören, es würde ihm gut tun ... Ich wünschte auch, ich wüsste, wie ich die Jungen ein wenig trösten könnte. Diese ganze Erfahrung war sehr schwer für sie. Sie haben sich furchtbar aufgeregt, als ihr Vater ins Krankenhaus gebracht wurde, und nun, wo er wieder zu Hause ist, erfahren sie so viele neue Einschränkungen. Sie können keine Freunde einladen. Sie müssen sogar auf Zehenspitzen herumlaufen und sich flüsternd unterhalten. Darüber sind sie auch nicht glücklich."

Dr. Ginott sprach mit einer Spur von Ungeduld in seiner Stimme. „Evelyn, ist es die Aufgabe der Eltern, die Kinder die ganze Zeit über glücklich zu machen?"

„Nicht direkt", protestierte Evelyn, „aber keine Mutter möchte ihre Kinder traurig oder weinend sehen."
„Für mich", antwortete Dr. Ginott, „sind das Lachen eines Kindes und seine Tränen gleichermaßen bedeutsam. Ich würde ihm nichts von seiner Enttäuschung, seinem Leid, seiner Trauer nehmen. Emotionen veredeln den Charakter. Je tiefer wir fühlen, desto menschlicher werden wir."
Für Evelyn war das schwer zu akzeptieren. „Wollen Sie damit sagen, dass es gut für ein Kind ist, unglücklich zu sein?"
„Ich würde nie nach Unglück streben. Aber wenn sich Probleme ergeben, sehe ich sie als Gelegenheit, den Kindern beizubringen, dass sie ein Teil der Lösung werden können. Evelyn, die Genesungsphase ihres Mannes kann für Ihre Söhne eine Zeit des Reifens sein. Von ihnen wird mehr Rücksicht erwartet. Sie werden zusätzliche Pflichten übernehmen müssen. Sie können an der Erfahrung wachsen – solange Sie sie ihnen nicht verderben."
Evelyn blickte skeptisch. „Ich bin nicht sicher, dass ich das verstehe."
Dr. Ginott sagte nichts.
Evelyn biss sich auf die Lippe und blickte finster auf den Fußboden. Nach ein paar Sekunden sprach sie. „Meinen Sie, dass meine Haltung gegenüber den Jungen etwas ändern kann?"
„Was denken Sie?"
„Ich denke", sagte Evelyn niedergeschlagen, „dass sie mir leid tun und dass sie sich deshalb auch selbst leid tun." Wieder Stille. „Ich sollte es mittlerweile besser wissen! Sie haben hundert Mal gesagt, dass es nicht unsere Aufgabe ist, unsere Kinder glücklich zu machen, sondern ihnen zu helfen, menschlicher zu werden. Wie oft muss ich diesen Gedanken hören, bevor er ein Teil von mir wird?"
Dr. Ginott machte eine abwehrende Geste. „Wie oft müssen wir eine Geige stimmen, bis sie den Ton hält?"
Für einen Moment sah Evelyn ihn verständnislos an, dann lächelte sie schwach.
Eine andere Frau, die ungeduldig auf eine Gelegenheit gewartet hatte, drängte sich mit ihrem Problem vor. Aber ich konnte mich auf die Diskussion, die sich anschloss, nicht konzentrieren. Ich war aufgewühlt, von dem, was ich gerade gehört hatte, und wollte etwas länger darüber nachdenken ... Evelyn war zum Treffen mit zwei vorgefassten Bildern gekommen, die

illustrierten, was Eltern tun sollten – der Vater, der mit seinem Sohn Ball spielt; die Mutter, die sich dem Glück der Kinder widmet. Keines dieser Bilder war für sie oder ihre Familie hilfreich gewesen. Und sie würde das Treffen heute mit zwei ganz anderen Auslegungen der Elternrolle verlassen, hoffentlich Auslegungen, die allen einen besseren Dienst erwiesen.
Mir kam in den Sinn, dass jede von uns auf eine Weise ein Spiel mit sich selbst spielte, in dem es darum ging, eine Übereinstimmung zu finden. Wir haben ein vorgefasstes Bild in unseren Köpfen davon, wie gute Eltern sein sollten, und dann versuchen wir uns mit diesem Bild in Einklang zu bringen. Wenn unsere Gefühle oder unsere Handlungen mit unserem inneren Bild übereinstimmen, sind wir zufrieden, erfüllt. Wenn sie das nicht tun, werden wir ängstlich, deprimiert und fühlen uns schuldig. Irgendwie haben wir das Gefühl, unsere Kinder und uns selbst enttäuscht zu haben.
Ich sah mich um. Eine Frau sprach angeregt; andere lehnten sich vor, hörten aufmerksam zu; ein paar andere schrieben in ihre Notizbücher.
Plötzlich bemerkte ich, dass während der letzten fünf Jahre etwas sehr Bedeutendes in diesem Raum vor sich gegangen war.
Stück für Stück hatten wir alle unser inneres Bild von den guten Eltern korrigiert. Mehr als das! Wir hatten ein völlig neues Portrait gemalt.
Auf einmal spürte ich ein großes Verlangen einen Schritt zurückzutreten und das Portrait in seiner Gesamtheit zu betrachten. Insbesondere wollte ich wissen, wie es sich vom Original unterschied, dem Bild, von dem wir ursprünglich ausgegangen waren. Dr. Ginott hatte gerade einige wichtige Unterschiede genannt. Welche gab es noch?
Das erste, was mir in den Sinn kam, war unsere Einstellung zum Thema Zorn.

Wir hatten früher gedacht, gute Eltern seien geduldige Eltern – ruhig, logisch. Sie schrien niemals.

Jetzt spüren wir kein Bedürfnis, unseren Zorn wegzuschließen. Wir drücken ihn aus, aber statt Beleidigungen um uns zu schleudern, schleudern wir unsere Gefühle, unsere Werte, unsere Erwartungen.

Wir hatten früher gedacht, gute Eltern sollten immer bereit sein, alles für ihr Kind zu tun – ihm bei den Hausaufgaben helfen, all seine Fragen beantworten, Lösungen für seine Probleme finden.

Jetzt wissen wir, dass Eltern manchmal „am meisten helfen, indem sie nicht helfen – indem sie sich selbst entbehrlich machen."

Wir hatten früher gedacht, dass Eltern sich um jeden Preis konsequent verhalten sollten.

Jetzt fühlen wir eine größere Freiheit dazu, noch einmal darüber nachzudenken, unsere Meinung zu ändern, mehr auf der Grundlage unserer aufrichtigen momentanen Gefühle zu leben.

Wir dachten immer, dass manche unserer negativen Gefühle als Eltern „nicht gut" wären, unvernünftig, sogar beschämend.

Jetzt wissen wir, dass Gefühle nicht richtig oder falsch sind. Gefühle *sind* einfach da. Wichtig ist es, wie wir damit umgehen, was wir fühlen.

Bis dahin gefiel mir das Bild, das ich sah. Es war eindeutig weniger zwanghaft, weniger von Schuldgefühlen bestimmt als das alte. Viel angenehmer für die Eltern. Waren die Vorzüge für die Kinder genauso groß?

Wir hatten nie gedacht, dass es eine Rolle spiele, wie wir mit unseren Kindern sprachen, solange sie wussten, dass wir sie liebten. Was uns beschäftigte, lag uns auch auf der Zunge.

Wir schätzen immer noch Spontaneität. Aber jetzt ist uns die enorme Kraft unserer Worte bewusst und wir versuchen das Hilfreiche und das Schädliche zu unterscheiden.

Wir hatten nie gewusst, wie wir mit den starken Gefühlen unserer Kinder umgehen sollten. Wir dachten, wir sollten sie entweder abschwächen oder den Kindern beibringen, anders zu fühlen:
„Sag das nicht, Schatz. In deinem Herzen liebst du deine Schwester wirklich."

Jetzt verstehen wir, dass wir unseren Kindern, wenn wir ihre Gefühle anerkennen, Gesundheit und Stärke verleihen.

Wir hatten immer gedacht, dass Eltern entscheiden sollten, was am besten für ihre Kinder ist.

Jetzt wissen wir, dass wir einem Kind jedes Mal, wenn wir ihm erlauben, den komplizierten Prozess zu durchleben, indem es seine eigene Entscheidung trifft, eine unschätzbare Erfahrung ermöglichen – jetzt und für seine zukünftige Unabhängigkeit.

Es war uns so vorgekommen, als ob es die Pflicht der Eltern sei, den Kindern „den Kopf zurechtzurücken", ihnen zu erklären, wieso einige ihrer Pläne töricht und unrealistisch seien.

Jetzt verstehen wir, dass die Außenwelt nur all zu schnell zur Stelle ist, um Flügel zu stutzen, und dass es ein Privileg der Eltern ist, die Träume der Kinder zu nähren.

Wir hatten früher gedacht, dass ein Kind sich verbessern würde, wenn wir ihm sagten, was mit ihm nicht in Ordnung sei. Wenn wir es einen Lügner nannten, würde es ehrlicher werden; wenn wir es dumm nannten, würde es schlauer werden; wenn wir es faul nannten, würde es fleißig werden.

Jetzt wissen wir, dass die Fortschritte eines Kindes darauf beruhen, dass wir es so behandeln, als ob es bereits dasjenige erreicht hätte, was es einmal werden könnte.

Und das war nur eine unvollständige Liste. Es gab so viele weitere Veränderungen des Konzepts, die unser Verhalten direkt beeinflussten. Wir bestraften die Kinder nicht mehr; wir saßen nicht mehr ständig Gericht über sie; wir bestanden immer noch auf so manchem, wir forderten und erwarteten, aber immer auf eine Weise, die ihre Würde nicht angriff.
Würde! Das war der grundlegende Unterschied zwischen dem alten Portrait und dem neuen! Das neue Portrait sprach unendlich mehr Würde zu, sowohl den Eltern als auch den Kindern.

Ich reiste im Geiste zurück zu meinen eigenen Kindern. Waren sie sich all der Veränderungen bewusst, die ich ihnen zuliebe eingeführt hatte. Konnten sie überhaupt wertschätzen, wie schwer es für mich gewesen war, die alten Muster zu durchbrechen und die neuen zu entwickeln?

Ich dachte an mein gestriges Gespräch mit Jill. Sie war den ganzen Abend über reizbar gewesen. den ganzen Abend saß ich an ihrem Bett und hörte zu, wie sie sich ein Problem nach dem anderen von der Seele redete: Sie hatte sich mit ihrer Freundin Emily gestritten. In Mathematik hatten sie gerade mit Algebra angefangen und sie verstand es nicht. Der Abgabetermin für ihren Sozialkundeaufsatz über die Entwicklung des Dritten Reiches war in zwei Tagen und sie hatte noch nicht einmal angefangen.

Mein altes inneres Elternbild wurde sofort aktiviert. Was für eine Art von Mutter bist du denn?, verlangte es zu wissen. Sitz nicht nur da. Dein Kind ist unglücklich! Mach was! Sprich ihr Mut zu wegen der Algebra. Sag ihr, dass sie schlau ist und dass sie es mit der Zeit begreifen wird. Warne sie, ihren Aufsatz nicht wieder bis zur letzten Minute aufzuschieben. Was Emily betrifft, gib ihr den Ratschlag, Vergangenes Vergangenes sein zu lassen.

Aber ich hatte auch Zugang zu einem anderen Bild, einem neueren, und glücklicherweise obsiegte es über das alte. Also saß ich nur da, sagte wenig, hörte mir alles an, was sie über ihre Gedanken und Gefühle sagte – manches davon immer und immer wieder. Langsam begann sie ein paar mögliche Lösungen zu erforschen. Wieder hörte ich nur zu. Dann schlug ich versuchsweise eine eigene Lösung vor. Nichts wurde völlig geklärt, aber nach einer Weile konnte ich sehen, wie die Anspannung ihren Körper verließ. Als ich sie ins Bett brachte, sagte ich: „Nun, du hattest auf jeden Fall einiges, mit dem du dich herumschlagen musstest."

Sie ergriff meine Hand für einen Moment und hielt sie. Ich küsste sie, schaltete das Licht aus und wollte gerade hinausgehen, da rief Jill: „Mama?"

„Ja?"

Im abgedunkelten Raum konnte ich fast spüren, wie sie nach einer Möglichkeit suchte, mir ihr Herz auszuschütten. Als sie schließlich sprach, war ihre Stimme feierlich. „Ich kann mit dir sprechen ... Weißt du, was ich denke?"

„Was?"

„Ich denke, wenn du Hitlers Mutter gewesen wärst, wäre er nicht Hitler geworden."
Ich lächelte. Glaubte sie wirklich, dass ihre Mutter ganz alleine den Lauf der Geschichte verändern könnte?
Dann dachte ich noch einmal über ihr Kompliment nach. Eigentlich bezeugte Jill Achtung, nicht nur ihrer eigenen Mutter gegenüber, sondern einer Art gegenüber, auf die Menschen miteinander umgehen, einer Art, die sie und ihre Familie stark beeinflusst hatte.
Langsam dämmerte es mir. Mein argloses Kind mochte recht haben. Und falls dem so war, wenn die liebenden Gefühle, die durch diesen Prozess erzeugt wurden, wirklich ausreichten, um einen Hitler aufzuhalten – nun, dann bestand Hoffnung für fast jeden!
Ich beugte mich vor und küsste sie noch einmal. „Junge Dame", sagte ich, „du hast mich sehr zum Nachdenken angeregt. Gute Nacht."

NACHWORT

Ein paar Wochen nach der Veröffentlichung dieses Buches erhielten wir unseren ersten Brief. Wir waren aufgeregt. Jemand da draußen hatte das Buch tatsächlich gelesen! Und es hatte ihm gefallen! Stolz stellten wir einen neuen Ordner in den Aktenschrank und beschrifteten ihn mit „BRIEFE“. Vielleicht würden wir noch ein paar bekommen.
Mittlerweile haben wir einen ganzen Schrank voll mit den Briefen, von denen wir uns nicht trennen wollten. Hier sind Auszüge aus einigen davon:

Ich weinte die ganze Zeit, während ich in Ihrem Buch von den sensiblen und liebevollen Dingen las, die man tun kann, um mit Kindern zu arbeiten. Es half mir, einen Gedanken zu ändern, an den ich mich geklammert hatte, seit ich dreizehn war: Ich werde niemals Kinder haben. Ich wollte sie nicht grob behandeln oder vernachlässigen, doch ich fürchtete, das würde ich tun, denn das war das Einzige, was ich kannte. Es ist wie der Himmel auf Erden für mich zu wissen, dass man einen anderen Weg lernen und ausdrücken kann.

P. S.: Mein Mann und ich sind in guter Hoffnung. Jetzt steht uns die wirkliche Prüfung bevor.

*

Ihr Buch hat allen unseren Familienmitgliedern enorm geholfen und neue Möglichkeiten in festgefahrenen Situationen eröffnet. Eine neue Ruhe und Nähe ist in unser Heim eingezogen. Ich habe bereits eine große Veränderung in der Beziehung zu meinen Kindern vollzogen. Die Liebe und die Offenheit wachsen immer weiter, während ich besser und besser darin werde, diese Ideen in die Praxis umzusetzen.

*

Ich bin befreit! Elf Jahre lang dachte ich, dass ich, um eine gute Mutter zu sein, alles tun müsste, was meine Kinder von mir wollten, bis zur Erschöpfung. Jetzt weiß ich, dass ich mich selbst gut behandeln und *trotzdem* eine gute Mutter sein kann.

Nicht nur Eltern schrieben uns. Dieser nächste Auszug stammt aus einem Brief eines Schülers der 12. Klasse:

Ihr Buch gibt mir so viel. Vor ein paar Tagen weinte sich meine Freundin die Augen aus, weil ihr Cousin Leukämie hat. Ich hörte ihr zu und versuchte den Schmerz und den Zorn, die sie spürte, in Worte zu fassen. Schließlich, als ihr Weinen abebbte, sagte sie, sie würde ihm schreiben.
Am selben Tag beschwerte sich mein Vater über einen gezogenen Zahn und dass der Putz von der Decke seines Möbelgeschäfts abgefallen sei. Ich sagte ihm, dass es wirklich schwer sein müsse, zwei so schmerzhafte Erlebnisse zur selben Zeit ertragen zu müssen. Nach kurzer Zeit, war er in der Lage, damit fertig zu werden.

Ein Lehrer schrieb uns:

Ich habe keine eigenen Kinder, aber ich frage mich, ob ihre Methoden auch in einer Schulumgebung angewandt werden könnten. Nachdem ich gelesen habe, wie Ted seinen streitenden Söhnen half, ihren Konflikt zu lösen, habe ich seinen Ansatz bei zwei Jungen in meiner städtischen Grundschule ausprobiert. Der Vorfall, den ich beschreiben möchte, hätte normalerweise damit geendet, dass mindestens einer der Jungen ins Büro des Direktors geschickt worden wäre. Das Folgende ist stattdessen geschehen:

(Die Szene spielt in der Kantine der Schule. Ich bin der Aufsichtslehrer.)
Christopher: (stürzt auf Jose los) „Ich werde Jose umbringen! Ich werde ihn zusammenschlagen."
Lehrer: (hält ihn zurück) „Junge, du bist wirklich wütend auf ihn!"
Christopher: „Er hat meinen Bleistift die Treppe runtergeworfen."
Lehrer: „Jose, Christopher mag es nicht, wenn jemand seinen Bleistift die

Treppe runterwirft. Es macht ihn wütend!“
Jose: „Ich wollte nur sehen, wie weit er fliegt.“
Lehrer: (an Christopher gewandt) „Oh, ich verstehe. Jose wollte dich nicht wütend machen. Er wollte nur sehen, wie weit der Bleistift fliegen würde. Nun, jetzt wo er es weiß, glaube ich, musst du dir keine Sorgen machen, dass das noch einmal passiert.“
Christopher: „Das wäre auch besser.“
Jose: (hält einen Bleistift) „Hier Christopher, du kannst meinen Bleistift werfen.“
Lehrer: „In der Schule werden keine Bleistifte geworfen. Ihr könnt das nach der Schule machen - draußen.“
Kampf vorüber. Ich fühlte mich wie ein Genie!

Eine Frau dankte uns für die Rolle, welche „Zufriedene Eltern ...“ in ihrer Ehe gespielt hatte:

Etwa vor einem Jahr geriet mein Mann in eine Midlife-Crisis und unsere Beziehung in Aufruhr. Ich las, gelinde gesagt, gerade zur rechten Zeit von ihrem Kommunikationsansatz. (Als ich es das erste Mal versuchte, sagte mein Mann: „Ich weiß *genau*, was du tust. Aber ich mag es!“) Ich würde so weit gehen zu sagen, dass Einzeltherapie, Paartherapie und die Ideen aus Ihrem Buch gleichermaßen dazu beigetragen haben, nicht nur unsere Ehe zu retten, sondern auch unsere Beziehung enorm zu bereichern.

Die Leute schrieben uns sogar medizinische Wunder zu:

Ihr Buch hat meine Hitzewallungen geheilt. Ich dachte, ich käme in die Wechseljahre (ich bin 42), aber seit ich mich damit befasse, meinen Umgang mit den Kindern zu verändern, sind sie verschwunden. Mein Arzt erzählt mir immer die Hitzewallungen kämen nur von den Nerven, aber ich glaube ihm nicht.

Nicht jeder war begeistert:

Ich lehne die nachgiebige Haltung ab, die sie in Ihrem Buch vertreten. Als ich aufwuchs, glaubten meine Eltern nicht daran, dass man „mit der Rute sparen“

sollte. Wir wurden geschlagen, wenn wir Regeln überschritten, und wurden für unsere Missetaten bestraft. Meine Brüder und Schwestern und ich sind als Erwachsene genau richtig. Wir haben heute großen Respekt gegenüber unseren Eltern, aber ich bezweifle, dass das auch für die Kinder aus Ihrem Buch gilt. Wenn ich mich an Ihre Ideen halten würde, müsste ich meine Art zu sprechen vollkommen ändern. Ich denke, es ist verrückt, jedes Mal, bevor man den Mund aufmacht, innezuhalten und jedes Wort abzuwägen. Abgesehen davon, dass ich mich anhören würde wie ein vollkommener Schwindler.

Dann kamen erste Briefe mit ausländischen Marken darauf. Aus Neuseeland lasen wir:

Ich hatte eine sehr unangenehme Kindheit, weil meine Eltern, die sich sorgten, aber keine Fertigkeiten besaßen, nicht in der Lage dazu waren, mit meiner eigensinnigen Natur auf positive Weise umzugehen. Wohl deshalb studierte ich Erziehungspsychologie. Als ich jedoch Mutter eines eigenwilligen Sohnes wurde, fühlte ich, wie ich in dieselben Muster verfiel wie meine Eltern. Mein Studium, war, wie das immer an der Universität ist, sehr theoretisch und half mir nicht mit meinem sechsjährigen Sohn. Dann habe ich Ihr Buch gekauft! Es gab all der Theorie ein Gesicht und, was mich am meisten motivierte, es zeigte, dass es jahrelange Arbeit bedeutet, eine sachkundige und positive Mutter zu werden. Jedenfalls hat es mir geholfen, meine Einstellung zu ändern, und mein Selbstbewusstsein gestärkt. Mein Sohn ist jetzt ein wirklich entzückender, aber normaler Sechsjähriger, es ist eine Freude, mit ihm zu leben!

Aus Schweden:

Nachdem ich ihr Buch gelesen habe, möchte ich am liebsten die Straße hinunterlaufen und rufen: „Heureka! Ich habe es gefunden! Ich habe es gefunden!“ Newton muss sich so gefühlt haben, als er die Schwerkraft entdeckte. Ich habe gerade entdeckt, dass es Hoffnung für uns Eltern gibt!

Aus Indonesien erreichte uns ein langer und nachdenklicher Brief von einem jungen Mann. Unser Buch hatte seine Gedanken darüber aufgewirbelt, wie er selbst großgezogen worden war. Hier sind einige Auszüge:

Mein Name ist Zubir. Ich bin 25 Jahre alt, Single, das jüngste von vier Kindern ... ich habe es nicht leicht. Ich bin jetzt, dem Alter nach, erwachsen, aber ich bin immer noch nirgendwo. Das Problem ist: Wieso ist es so schwer für mich, eine erwachsene Person zu werden? Meine Freunde nennen mich kindisch und tatsächlich fühle ich, dass das stimmt.
Ich möchte nicht sagen, dass meine Eltern schlecht sind. Aber es gibt eine Sache, die ich gefühlt habe, als ich fünf oder sechs Jahre alt war - sie fragten mich kaum, ob ich an einer Aktivität teilnehmen wollte. Sie baten mich selten, mich neben sie zu setzen und meine Gedanken zu teilen. Beispiel: „Zubir, was denkst du, wenn Papi das macht?" Oder: „Was denkst du über diesen Film?" Ich habe nie die Freiheit erlebt, meine Gedanken vor ihnen auszudrücken - nie eine Chance erhalten zu sprechen, unter vier Augen, von Herz zu Herz. Stattdessen wurde ich dazu erzogen, still zu sein und jeder Anweisung zu folgen und nicht zu versuchen, zu streiten!
Als Jugendlicher habe ich mich nie getraut, in der Schule oder in sozialen Situationen meine Meinung zu sagen. Ich hatte kein Selbstvertrauen ... Deshalb suche ich nach Hilfe, wo immer es möglich ist. Aber manchmal denke ich, wie schwer es doch ist, einen Charakter zu verändern, wenn er einmal geformt ist.

Aus der Türkei:

Mir, als Vater und Soziologielehrer, fehlen die Worte zu beschreiben, wie groß meine Freude war, als ich ihr außergewöhnliches Buch entdeckte. Ich hoffe, dass der Tag kommen wird, an dem der bestimmende Effekt der Kindheitserfahrungen auf die Zukunft sowohl der Gesellschaft als auch der Individuen an die Oberfläche kommt und wir, die wir uns in der ganzen Welt bemühen, andere dazu zu bringen, Kindern *zuzuhören*, keine Minderheit mehr sein werden.

Es freute uns auch, dass unsere Arbeit hilfreich im Umgang mit Kindern war, die sich besonderen Herausforderungen stellen mussten:

Meine Tochter Sara ist viereinhalb Jahre alt und hat einen ernsten Gehörfehler. Vor Kurzem empfahl uns ihre Lehrerin Ihr Buch. Ich habe es zweimal gelesen. Es brachte mich zum Lachen. Es brachte mich zum Weinen. Aber vor allem brachte es mich zum Nachdenken. Es brachte mich dazu, mich von außen zu betrachten und mir zuzuhören, wenn ich mit meiner Tochter sprach (oder mich durch Zeichen mit ihr verständigte). Es brachte mich dazu, Fragen zu stellen: Welche Botschaften sende ich meinem Kind? Wie hätte ich mit dieser Situation anders umgehen können? Schon jetzt sehe ich einen großen Unterschied in meiner Beziehung zu meiner Tochter. Sie hört nie auf, mich zu überraschen.

Dann gab es Briefe von Eltern, die uns recht detailliert berichteten, wie sie begonnen hatten, die Fertigkeiten zu benutzen, die sie in „Zufriedene Eltern ..." gelernt hatten.
Wir waren bezaubert von ihren originellen Ansätzen:

Ich kam nach einem langen Tag des Unterrichtens nach Hause. Es schneite heftig. Die Kinder blödelten in der Küche herum. Ich sagte: „Ich habe gerade dieses Buch über Eltern und Kinder gelesen. Darin steht, dass Kinder keine langen Erklärungen mögen. Eltern sollten sich kurz fassen. Also, passt mal auf. Hört ihr zu?

Schnee ...
Schaufel ...
Los!"

Und sie gingen tatsächlich raus und schaufelten Schnee.

*

Am Morgen ist es am schlimmsten. Mein Mann und ich müssen zur selben Zeit zur Arbeit und unsere zwei kleinen Mädchen müssen fertig sein, um mit uns rauszugehen. (Wir setzen die Dreijährige bei einem Babysitter ab und die Sechsjährige an der Schule.) Das Problem ist, dass beide Mädchen ewig brauchen, um sich anzuziehen. Ich bin ihnen ständig hinterher: „Hast du deine Schuhe an? Hast du deine Zähne geputzt?" Ich muss sie zu jedem einzelnen Schritt antreiben. Eines Abends nach dem Essen setzten wir uns also zusammen und entwarfen eine Tabelle, die die unterschiedlichen Dinge auflistete, die sie machen mussten, um fertig zu werden (für die Kleine zeichnete ich Bilder neben die Worte).

Gesicht waschen

Zähne putzen

Anziehen

Bett machen

Frühstück essen

Die Tabelle ist ein Lebensretter. Jeden Morgen rennen sie nun hin und her, um daraufzuschauen. Gestern waren sie vor uns fertig, um aus dem Haus zu gehen! Ich hoffe, es hält an.

*

Mein Mann hat keine Geduld für die Bücher, die ich über Erziehung lese, einschließlich Ihrem, das ich gerade zu Ende gelesen habe und das ich ihm schmackhaft zu machen versucht habe. Aber ich sehe, wie er mich beobachtet, wenn ich meine neuen Fertigkeiten ausprobiere. Gestern Abend sagte ich meinem Sohn: „Hier sind deine Wahlmöglichkeiten, Scotty. Du kannst heute Abend zu deinem Bett gehen. Oder du kannst hin hüpfen." Scott schaute überrascht und hüpfte dann zu seinem Bett. Ich konnte sehen, dass mein Mann beeindruckt war.
Heute wurde er wütend auf Scotty, weil der sein Dreirad nicht aufgeräumt hatte. Er schrie: „Du hast zwei Möglichkeiten!" (Ich konnte meinen Ohren nicht trauen.) Dann dachte er einen Moment nach und sagte: „Und deine *Mutter* wird dir sagen, welche!"

*

Eine Mutter, deren Kind ein langwieriges Problem hatte, beschrieb, was geschah, als sie zum ersten Mal Fertigkeiten anwandte:

Ich habe eine Neunjährige, die immer noch Wutanfälle hat. Sie hatte Koliken nach ihrer Geburt und die dauern an. Wenn sie einen Anfall hat, läuft sie violett an, schlägt wild um sich und stößt ein grauenerregendes, ohrenbetäubendes Kreischen aus, das über Stunden anhält, ganz wörtlich. Sie hat nie eingelenkt, ich schon.

Ich habe alles ausprobiert:

Sie ignorieren. Sie schreit lauter. Absolute Folter. Ich lenke ein.

Sie zurückhalten. Sie fängt an zu kratzen und zu schlagen. Ich lenke ein.

Sie auf ihr Zimmer schicken. Sie verwandelt ihr Zimmer in Kleinholz. Ich lenke ein.

Sie festhalten und ihr sagen, dass ich sie liebe. Sie reißt sich los und schreit lauter.

Ihr ein Schlafmittel verabreichen. (Auf Rat eines Arztes.) Sie schläft zwölf Stunden lang und ich leide unter enormen Schuldgefühlen.

Sie schlagen. Oh Gott! Dadurch wird sie leiser. Sie funkelt mich tagelang böse an und sagt mir bei jeder sich bietenden Gelegenheit, wie sehr sie mich hasst und wie sehr sie mir grollt.

Gestern Abend, als ich Ihr Buch gerade zu Ende las, verfiel sie in einen Riesenwutanfall. Ich schrie: „Mensch! Bist du wütend! Schnell! Nimm dir ein Blatt Papier und einen Bleistift und zeichne mir auf, wie du dich fühlst."

Sie blickte mich völlig tonlos an. Dann sagte sie, in sehr kultiviertem Tonfall: „Das ist die dümmste Idee, die ich je in meinem Leben gehört habe." Und dann ging sie wieder ihrer Beschäftigung nach, als sei nichts geschehen. ABER DER WUTANFALL WAR ZU ENDE! Es war das allererste Mal.

Ich dachte mir, dass Sie das interessieren könnte.

Offenbar dachten viele Leute, dass es uns „interessieren könnte". Als wir anfingen im ganzen Land Workshops zu veranstalten, die auf „Zufriedene Eltern ..." basierten, trafen wir zahlreiche Eltern, die uns erzählten, wie sie Fertigkeiten mit ihren Kindern angewandt hatten. Wir waren begeistert von den Rückmeldungen, und wann immer wir eine Geschichte hörten, von der wir dachten, dass sie nützlich für andere Eltern sein könnte, baten wir darum, dass man sie uns aufschrieb. Die beiden folgenden Erfahrungsberichte stammen von alleinerziehenden Müttern, die sagten, sie seien dankbar dafür zu wissen, wie sie „ihren Kindern in der Fantasie geben konnten, was sie ihnen in der Realität verwehren mussten“:

Mein Sohn (sieben) ist extrem sensibel, seit sein Vater uns verlassen hat. Er weint wegen der geringfügigsten Kleinigkeit. Dieses Jahr an Halloween, nachdem ich ihm dabei geholfen hatte, seinen Kürbis auszuhöhlen (sein Vater hatte das früher mit ihm gemacht), ließ ich ihn den Kürbis hinaus auf die Veranda tragen, wo er ihm runterfiel.

Die Tränen liefen ihm also über das Gesicht. Sein Kürbis hatte seinen einzigen Zahn verloren. Ich wusste, ich musste mir schnell etwas ausdenken, also sagte ich: „Ich weiß! Lass uns den Zahn unter den Kürbis legen und sehen, ob die Kürbis-Zahnfee heute Nacht kommt und etwas dalässt.“

Er hörte sofort auf zu weinen und sagte: „Es gibt keine Kürbis-Zahnfee!“ Aber er lächelte zaghaft. Ich sagte: „Woher weißt du das? Hast du schon einmal *deine* Zahnfee gesehen?“

Natürlich sagte er: „Nein.“ Also sagte ich: „Du wirst es sehen. Heute Nacht kommt ein großer Kürbis auf die Veranda geflogen und lässt etwas für deinen kleinen Kürbis da.“

Ach, wir hatten so viel Spaß mit dieser Geschichte. Wir einigten uns schließlich darauf, den Zahn mit einem Zahnstocher wieder an seinen Platz zu stecken. Ich fühlte mich großartig, weil ich in der Lage war, ihm dabei zu helfen, mit dieser Enttäuschung umzugehen.

*

Meine fünfzehnjährige Tochter hatte das „perfekte“ Kleid gefunden, es war ziemlich teuer. Ich erklärte ihr, dass nun, wo ihr Vater und ich geschieden waren, das Geld knapp war und wir es mir einfach nicht leisten konnten. Sie wurde wütend und mürrisch. Ich versuchte weiter an ihre Vernunft zu appellieren, aber ohne Erfolg.

Plötzlich dachte ich an die „Fantasie“. Ich änderte meine Strategie und sagte: „Bestimmt findest du es wichtiger als unser Auto.“

„Das tue ich“, sagte sie. „Verkauf das Auto! Dann können wir das Kleid kaufen.“

Ich sagte: „Bestimmt würdest du auch das Haus verkaufen.“

„Genau! Und unsere Möbel noch dazu."
„Alle?"
„Ja, sogar die aus deinem Schlafzimmer."
Sie wechselte das Thema, aber später kam sie darauf zurück und machte Vorschläge, wie sie sich das Geld für das Kleid verdienen könnte. (Damit konnte ich einigermaßen gut umgehen!)

Der nächste Beitrag stammt von einer Frau, die gerade mitten in einer Scheidung steckte:

Meine Jungen sind sieben und drei. Und meine baldige Ex-Schwiegermutter kümmert sich nach der Schule um den Siebenjährigen. Ich hasse es, wenn ich nach der Arbeit vorbeikomme, um ihn abzuholen. Es ist immer das Gleiche. Ich sage: „Wir müssen gehen." Er sagt: „Nein, ich will nicht." Der Kleine stimmt mit ein: „Wir wollen hier bei Oma bleiben." Oma wirft mir diesen Blick zu, der besagt: „Was soll ich machen? Sie lieben es nun mal hier", und es endet damit, dass ich viel zu lange bleibe und mich innerlich verzehre.
Nachdem ich den Abschnitt „Eltern sind Menschen" in „Entspannte Eltern ..." gelesen hatte, wurde mir bewusst, dass ich zugelassen hatte, dass sie mich alle manipulieren. Nun, ich setzte mich mit den Jungen zusammen, und alles, was ich fühlte, brach plötzlich aus mir heraus. Ich sagte: „Schaut, ich arbeite den ganzen Tag und dann bin ich in dieser Fahrgemeinschaft von der Arbeit, wo ich die Leute absetzen muss und dann muss ich Billy von der Tagesstätte abholen und dann muss ich zu Oma fahren, um Mark abzuholen, und ich möchte nicht warten. Es macht mich wütend. Ich will nur nach Hause fahren und bei meinen Kindern sein und zu Abend essen und mich hinsetzen und ein bisschen Zeit für mich haben."
Mein Siebenjähriger sah schockiert aus. Er sagte: „Ich will nicht, dass du wütend bist. Ich werde fertig sein, wenn du kommst."
Mein Dreijähriger sagte: „Ich werde im Auto bleiben und warten, bis du herauskommst. Dann musst du nicht wütend sein."
Ich konnte es nicht glauben. Wenn Mark jetzt länger bleiben will, ruft er mich auf der Arbeit an und fragt um Erlaubnis. Sogar an Omas Geburtstag hat er ihr gesagt, dass er nicht länger bleiben könne. Er sagte, dass Mama sich aufregt, wenn er nicht fertig ist. Also rief mich meine Schwiegermut-

ter an und fragte, ob es in Ordnung wäre, wenn er etwas länger bliebe – „nur dieses eine Mal". Ich fühlte mich großartig. Befreit!

Wir freuten uns auch darüber, von Stiefeltern zu hören. Sie erzählten uns, dass es in einer Patchwork-Familie besonders wichtig sei, sich Gefühle ehrlich mitzuteilen, ohne zu verletzen. Offenbar waren „Notizen" eine besonders beliebte Art, diese Leistung zu vollbringen:

Ich habe Schwierigkeiten, mich mit meiner jugendlichen Stieftochter (vierzehn) zu verständigen, die nun dauerhaft bei uns wohnt. Sie und ich treten uns gegenseitig wirklich leicht auf den Schlips, wenn wir miteinander sprechen. Unser größtes Streitthema ist ihre Schlampigkeit. Sie ist es gewohnt, dass ihre Mutter hinter ihr aufräumt. Ich mache das nicht.
Neulich kam ich nach Hause und sah, dass ihre Freundinnen zu Besuch gewesen waren. Es gab schmutzige Teller und Essensreste im ganzen Wohnzimmer. Ich war wirklich wütend. Ich wusste, dass meine Worte sie nie erreichen würden. Sie wäre zu feindselig, um sie zu hören. Ich befürchtete auch, dass mir, wenn ich mit ihr sprach, am Ende Worte auskämen, die ich bereuen würde. Also setzte ich mich und schrieb diese Nachricht:

Liebe Jennifer,
ich habe mich über das Chaos im Wohnzimmer geärgert. Du hast ein Recht darauf, dass deine Freundinnen dich besuchen, und ich habe ein Recht auf ein einigermaßen sauberes Haus. Wenn du deinen Freundinnen nicht hinterherputzen willst (und dafür würde ich dir keinen Vorwurf machen), könntest du sie vielleicht bitten, ihre Sachen selbst aufzuräumen. Das wüsste ich wirklich zu schätzen.

Sie war in der Lage, das aufzunehmen. Ihre Feindseligkeit nahm ab.

*

Vor Kurzem wurde ich von einem Tag auf den anderen Mutter, weil ich einen Mann geheiratet habe, der zwei kleine Söhne hat, einer ist dreieinhalb, der andere fünf. Ich habe Ihr Buch gelesen und die eine Idee, bei der ich dachte, ich könnte sie sofort anwenden, war die von den Notizen. Ich weiß,

es klingt verrückt, aber ich wollte ihnen erzählen, dass Notizen bei Kindern funktionieren, die noch nicht lesen können.
Zum Beispiel erinnerten sich die Kinder nie daran, den Toilettensitz vor der Benutzung hochzuklappen. Ergebnis: Wenn ich sie benutzen musste, saß ich jedes Mal ziemlich nass. Igitt! Also schrieb ich auf ein großes Blatt Papier und klebte es auf den Spülkasten. Der Text lautete:

Ich mag keinen nassen Sitz!

Alles Liebe
Rachel

Der Fünfjährige fragte: „Was steht auf dem Papier in der Toilette?"
Ich las es ihm vor. Er grinste und sagte: „Oh, ich verstehe es." Kurz darauf „las" er die Notiz seinem dreijährigen Bruder vor. In den nächsten zwei Wochen konnte ich die Gelegenheiten, bei denen ich auf einer nassen Brille saß, an einer Hand abzählen. Das war eine enorme Verbesserung.

Am überraschendsten für uns waren die Reaktionen, die wir von Vätern bekamen. Als wir mit unseren Vortragsreisen begannen, bestand unser Publikum fast nur aus Frauen, mit ein paar versprengten Vätern dazwischen. Über die letzten Jahre ist diese winzige Minderheit beträchtlich gewachsen. Väter machen nun fast ein Drittel unseres Publikums aus. Was ist geschehen? Die Männer selbst gaben uns einige Antworten:

„Ich hatte nie eine enge Beziehung zu meinem Vater. Ich wünsche mir für mich und meine Kinder etwas anderes."

„Mein Vater war immer so eine ernste, ferne Figur für mich, die den ganzen Tag arbeitete und sich den ganzen Abend hinter der Zeitung versteckte. Ich möchte, dass meine Kinder mich kennen."

Studien unterstützen den Wunsch dieser Väter nach mehr Kontakt zu ihren Kindern. Ein Artikel in *Psychology Today* berichtete von 200 Vätern, die über einen Zeitraum von 40 Jahren begleitet wurden. Das Ergebnis?
„Wärme und Aufmerksamkeit vom Vater führen zu zufriedenen, geschickten Jungen und reifen, unabhängigen Mädchen."

Aber wenn ein Mann keine Wärme und Aufmerksamkeit von seinem eigenen Vater erfahren hat, stellt diese neue, fürsorglichere Rolle eine Herausforderung dar. In einem unserer Vorträge bat ein Mann um Verständnis. Er sagte: „Ihr Frauen habt euer ganzes Leben dafür trainiert, Mütter zu sein. Die meisten von uns hatten kein Training dafür, Väter zu sein. Wir wünschen uns, dass unsere Bemühungen gewürdigt werden. Wir machen vielleicht Fehler, aber wir müssen ein wenig angespornt werden."
Hier! Hier! Wir freuen uns, nun berichten zu können, was einige Väter von heute uns erzählt haben:

Als meine Frau uns verlies und ich das Sorgerecht für die drei Kinder bekam, dämmerte mir, dass der Grund dafür, dass unser Haus immer sauber war, der war, dass sie es geputz hatte. Ich versuchte die Kinder dazu zu bewegen, zu helfen, aber immer, wenn ich schrie, sie sollten saubermachen, schienen sie überfordert. Sie wussten nicht, was zu tun war oder wo sie anfangen sollten. Jetzt sage ich: „Okay Kinder, DREI DINGE!" Sie wissen, dass das bedeutet, jedes von ihnen ist verantwortlich dafür, drei Dinge – ihrer Wahl – aufzuräumen. Wissen Sie, wenn man zwölf Dinge aufräumt (ich beteilige mich auch), macht das schon einen Unterschied!

*

Meine Tochter (acht) hatte lange Zeit gespart, um sich eine besondere Puppe zu kaufen. Dann sah sie das Sonderangebot im Prospekt des Spielzeugladens. Sie war total aufgeregt. An diesem Samstag verließen wir während eines Schneesturms das Haus, nur um festzustellen, dass der Laden die Puppe nicht auf Vorrat hatte. Um es noch schlimmer zu machen, waren die Angestellten auch noch unfreundlich.
Sie war den ganzen Tag über zu Tode deprimiert. Kein Mitgefühl der Welt konnte sie aufmuntern. Beim Abendessen konnte sie kaum essen. Dann ging mir ein Licht auf. Ich gab ihr ein Stück Papier und sagte: „Würdest du gerne den Leuten vom Spielwarenladen schreiben und ihnen sagen, wie du dich fühlst?"

Das Folgende hat sie geschrieben:

Lieber Toys"R"Us,
ich war so wütend darüber, dass die Puppe in ihrem Prospekt war, aber nicht im Laden. Mein Vater und ich sind nur rausgegangen, weil wir die Puppe bei ihnen kaufen wollten. Wir gingen sogar, obwohl es schneite. Als ich nach Hause kam, weinte ich so sehr. Wenn Sie mir schreiben wollen, meine Adresse lautet …

Nachdem sie den Brief geschrieben hatte, konnte sie essen.

*

Vor Kurzem habe ich ein vollkommen verrücktes Gespräch mit meinem zweijährigen Sohn Matthew geführt. Wir frühstückten zusammen im Esszimmer. Aus irgendeinem Grund sah Matthew immer wieder zur Küche.
„Was ist da drin, Papi?“, fragte er.
„Da ist nichts drin“, sagte ich ihm.
Aber er war nicht zufrieden. „Was ist da drin?“, bohrte er weiter.
Ich spielte ihm die Frage zurück: „Was *ist* da drin?“
„Ein Monster“, sagte er und blickte mich dabei mit großen Augen an. Mein erster Impuls war, ihm zu widersprechen: „Sei nicht albern. Es gibt kein Monster in unserer Küche.“ Aber ich hielt mich zurück und fragte: „Wie sieht es aus?“
„Es ist grün.“
„Was macht es?“
„Es ist hungrig. Es sucht nach Cornflakes, die es essen kann.“
„Möchtest du es dazu einladen, ein paar Cornflakes mit uns zu teilen?“
„Nein.“
„Nun, dann kannst du ihm sagen, dass es verschwinden soll.“
Matthew sah zur Küche und rief mit aller Kraft: „MONSTER, GEH WEG!!“
„Ist es weg?“, fragte ich.
„In seinem Auto“, sagte Matthew.

Die Geschichten, die Sie gerade gelesen haben, zeigen Eltern, die in einer bestimmten Situation Fertigkeiten anwenden. Dieser letzte Brief kam von einer Mutter, die seit mehr als 15 Jahren nach den Prinzipien aus unserem Buch mit ihrem Sohn, der unter andauernden Problemen litt, gearbeitet hatte:

Ich schreibe ihnen, weil ich sie wissen lassen möchte, was ihre Arbeit für meinen Sohn bedeutet hat – auch wenn er es nicht weiß. Ich fange von vorne an. Ich hatte keine echten Probleme mit Jeffrey, als er ein kleiner Junge war. Das erste Mal beunruhigt war ich, als er in die Schule kam. Ich bemerkte, dass er einsam war und sehr wenige Freunde hatte. Und doch schien er nicht allzu unglücklich zu sein und seine Noten waren in Ordnung. Als er dreizehn wurde, fing ich wirklich an, mir Sorgen zu machen. Etwas stimmte nicht mit ihm. Er war depressiv und reizbar. Er begann in seinen Klassenarbeiten zu scheitern. Ich wusste nicht, was vor sich ging. Es schien, als ob wir permanent im Clinch miteinander lägen. Er sagte dies und ich sagte das und er ging in die Luft und stürmte hinaus. Ich bemerkte auch, dass er seltsam aussah. Seine Pupillen waren erweitert. Ich nahm ihn mit zum Kinderarzt und zum Augenarzt. Sie fanden nichts. Schließlich brachte ich ihn zur Beurteilung zu einem Psychiater. Ich konnte nicht fassen, was er entdeckte. Jeff nahm Drogen, Marihuana, Aufputschmittel, Beruhigungsmittel – aber was mich sogar noch mehr aufregte, war der Kommentar des Psychiaters nach ein paar Familiensitzungen. Er sagte, dass Jeffrey sich, wenn mein Mann und ich ihn mit den besten Vorsätzen der Welt belehrten, gedemütigt fühlte. Ich war fassungslos. Das Letzte, was ich wollte, war, meinen eigenen Sohn zu demütigen.
Dann geschahen zwei Dinge: Jemand gab mir eine Ausgabe ihres Buches und meine Mutter rief an. Sie fragte nach Jeff und ich machte den Fehler, ihr die Wahrheit zu erzählen. Sie fing sofort an, mich zu bearbeiten:
„Warst du mit ihm beim Arzt? Hat er einen Urintest gemacht? Wie hast du den Psychiater gefunden? Hat Gertrude ihn dir empfohlen? Nun, ich traue ihrem Urteilsvermögen nicht sehr. Ich weiß nicht, wer daran schuld ist, aber ich kann einfach nicht verstehen, wie so etwas einem Kind passieren kann, das so intelligent und begabt ist wie er."
Ich fühlte mich krank, als ich auflegte. Und mir kam eine gewaltige Erkenntnis. Die Worte meiner Mutter hatten bewirkt, dass ich mich dumm und unzulänglich fühlte, und die Art, wie sie mit mir sprach, war *genau dieselbe*, auf die ich mit Jeff sprach! Plötzlich bekam alles, was ich in Ihrem

Buch gelesen hatte, einen Sinn, den es zuvor nicht gehabt hatte. (Ich hatte vieles übersprungen, weil es um Kinder vor der Pubertät ging.) Ich setzte mich und las es noch einmal, nur, dass ich mich diesmal nicht auf die Geschichte, sondern auf die Sprache und die Fertigkeiten konzentrierte. Stück für Stück begann ich mich zu verändern. Jedes Mal, wenn ich meine alte belehrende Routine durchbrach und meinem Sohn stattdessen zuhörte, war es, als ob ich einen Schlüssel gedreht und eine Tür geöffnet hätte. Zum Beispiel brachte er eine 4 in Englisch nach Hause. Normalerweise hätte ich gesagt: „Es gibt keine Entschuldigung für diese Vier! Ich bin sehr enttäuscht. Du weißt, dass du begabt bist. Das zeigt mir nur, dass du dich nicht anstrengst. Du wirst deinen Möglichkeiten offensichtlich nicht gerecht."

Diesmal sagte ich: „Hmmm ... also, was denkst du?"

Er zuckte mit den Schultern. Aber später gab er zu, dass er nicht zufrieden damit war. Ich nickte nur.

Nach der nächsten Prüfungszeit kam er mit einer 2 in Englisch nach Hause, aber ich sagte ihm nicht, dass ich stolz auf ihn sei. Ich sagte: „Mensch, Jeff, du hast deine Note von einer Vier auf eine Zwei verbessert! Bestimmt bist du nun wirklich zufrieden."

Und der seltsamste Teil an dem Ganzen ist, dass sich dadurch, dass ich so sprach, meine Realität veränderte. Ich wollte wirklich wissen, wie *er* sich wegen seiner Noten fühlte. Und ich fühlte mich wirklich zufrieden, wenn *er* sich zufrieden mit sich selbst fühlte.

Selbst wenn es ihm schlecht ging, versuchte ich etwas zu finden, für das ich ihn loben konnte. Mein Mann versuchte ebenfalls „ihn so zu behandeln, als wäre er bereits so, wie wir hofften, dass er eines Tages sein würde". Wir wussten nicht genau, wann er aufgehört hatte, Drogen zu nehmen, aber eines Tages bemerkten wir, dass das kein Problem mehr war.

Die nächste Hürde kam, als er bettelte, die normale Schule verlassen zu dürfen, um stattdessen an einem neuen alternativen Unterrichtsprogramm teilzunehmen, das in seiner Schule entwickelt wurde. Mir gefiel die Idee überhaupt nicht. Der Mangel an Struktur, besonders für jemanden mit einem Hintergrund wie Jeff, schien mir völlig falsch zu sein. Ich hätte ihn zwingen können, im herkömmlichen Unterricht zu bleiben, aber mein Mann war dafür, und so gab ich widerstrebend meine schriftliche Einwilligung. Es stellte sich heraus, dass dies das Beste war, was ich je getan hatte.

Jeff hob ab wie eine Rakete. Er wurde der Herausgeber der Schulzeitung, spielte in Theaterstücken mit, schrieb Gedichte, Kurzgeschichten etc. So glücklich hatte ich ihn noch nie gesehen. Für mich war klar, dass all diese kreative Energie, die sich in ihm löste, das Resultat sowohl des neuen Programms als *auch* dessen war, was wir zu Hause getan hatten.
Ich dachte, wir wären endlich über den Berg, aber seine Jahre an der Universität waren ein Albtraum. Vielleicht war es die falsche Universität für ihn. Vielleicht war es, weil er so weit weg von zu Hause war oder weil er keine echten Freunde hatte – keine echten Ziele. Wie dem auch sei, Jeff wurde immer depressiver und machte einmal sogar eine Andeutung über Suizid. Ich war verzweifelt (der Bruder meines Mannes hatte sich umgebracht) und ich überredete Jeff, einen Psychiater in der Nähe seiner Uni aufzusuchen, der ihn beriet und ihm Medikamente verschrieb.
Wir führten in diesen Jahren häufig Gespräche über das Telefon. Jedes Mal wenn ich anrief, war es, als ob ich mit einem Toten sprach. Wie wahnsinnig durchwühlte ich meinen Geist nach etwas, das ihn wieder zurück auf Spur bringen würde.
Wieder klammerte ich mich an Prinzipien. Ich wusste, ich könnte ihn nicht einfach „aufheitern". Ich versuchte mit seiner Traurigkeit in Verbindung zu kommen und ihn dann Stück für Stück auf Aspekte hinzuweisen, die an ihm großartig waren. Am Ende des Gesprächs klang er wieder wie er selbst. Während seines Masterstudiums begann er ein gewisses Maß an Hoffnung für sein Leben auszudrücken und fragte uns, was wir davon halten würden, wenn er an einem Doktorandenprogramm teilnehmen würde. Wir beide ermutigten ihn dazu, weiterzumachen.
... Glauben sie es oder nicht, Jeff ist heute Universitätsprofessor. Und ein sehr guter. Er hat einen guten Ruf unter seinen Kollegen und seine Studenten mögen und respektieren ihn. Auf der Sollseite ist er immer noch ein komplexer, schwieriger, launischer Mensch. Aber wenn ich daran denke, wie weit er es gebracht hat und wie weit wir es in unserer Beziehung gebracht haben, bin ich zutiefst dankbar. Es gab eine Zeit, in der er uns nicht mochte. Jetzt mag er uns. Er vertraute uns nicht. Jetzt vertraut er uns. Es hätte nicht das kleinste verdammte Bisschen genützt, ihn zu allen Psychiatern in der Welt zu schicken, wenn mein Mann und ich uns nicht verändert hätten. Wenn wir diese Prinzipien nicht in unsere Köpfe gehämmert hätten – ich weiß nicht, wo Jeff jetzt wäre.

Wir hatten nie zuvor einen solchen Brief erhalten, nie zuvor von Eltern gehört, die sich über eine derart ausgedehnte Zeit unentwegt um ihr Kind bemühten. Ein weiteres Mal kamen wir wieder auf dieselbe Erkenntnis zurück, nur auf einer tieferen Ebene: Die Kraft der Eltern ist begrenzt. So viele der Kräfte, die das Leben unseres Kindes formen – Temperament, Intelligenz, Aussehen, Gesundheit, Kultur, Zeitalter und simples Glück –, liegen jenseits unserer Kontrolle. Es gibt so wenig, das wir verändern können, so vieles, das wir akzeptieren müssen.

Wir haben allerdings die Kraft zu bestimmen, wie wir mit unseren Kindern kommunizieren. Wir können unsere Worte wählen und wir können unsere Haltung wählen. Und manchmal können diese Wahlen das Schicksal eines Kindes verändern.

OBERSTEBRINK

Mehr von Adele Faber und Elaine Mazlish

Der Klassiker von Adele Faber und Elaine Mazlish!

Mit vielen an der Praxis orientierten Beispielen, Zeichnungen und Übungsaufgaben vermitteln die Autorinnen alles, was für eine erfolgreiche Kommunikation zwischen Kindern und Eltern wichtig ist. Aus diesen aufmerksamen und wertschätzenden Eltern-Kind-Dialogen entsteht ein verständnisvolles Miteinander.

So sag ich's meinem Kind
Wie Kinder Regeln fürs Leben lernen
Adele Faber/Elaine Mazlish
Hardcover, 272 Seiten, 4-fbg. mit Fotos
22,90 € [D], 23,60 € [A]
ISBN 978-3-934333-41-3

Krisenlösung für die Westentasche

Schnelle Hilfe bei streitenden Kindern und fehlgeleiteter Kommunikation. Bewährte Tipps, Illustrationen und zahlreiche Beispiele zeigen, wie Sie ein harmonisches Familienklima herstellen und erhalten können.

Elternsein für Einsteiger
Einfache Regeln für ein glückliches und krisenfestes Familienleben
Adele Faber/Elaine Mazlish
Broschur, 96 Seiten, sw illustriert
9,95 € [D], 10,20 € [A]
ISBN 978-3-934333-51-2

www.oberstebrink.de